日新集

秉持『苟日新，日日新，又日新』之先贤遗训，
步步前进，日日求新。

中国出版集团公司
華文出版社

图书在版编目（CIP）数据

日新集：师友笔下阎崇年 / 谭跃，李岩主编．--
北京：华文出版社，2021.4
ISBN 978-7-5075-5448-9

Ⅰ．①日… Ⅱ．①谭… ②李… Ⅲ．①社会科学－文集②阎崇年－人物研究 Ⅳ．① C53 ② K825.81

中国版本图书馆 CIP 数据核字 (2021) 第 042186 号

日新集——师友笔下阎崇年

主　　编：谭　跃　李　岩
执行主编：宋志军　余佐赞
封面题签：杨再春
责任编辑：张超琪　李中平
特约编辑：方昊飞
出版发行：华文出版社
地　　址：北京市西城区广外大街 305 号 8 区 2 号楼
邮政编码：100055
网　　址：http://www.hwcbs.com.cn
电　　话：总编室 010-58336239　发行部 010-58336202
　　　　　责任编辑 010-63426125　010-63430751
经　　销：新华书店
印　　刷：天津艺嘉印刷科技有限公司
开　　本：710mm × 1000mm　1/16
印　　张：29.75
字　　数：279 千字
版　　次：2021 年 4 月第 1 版
印　　次：2021 年 4 月第 1 次印刷
标准书号：ISBN 978-7-5075-5448-9
定　　价：198.00 元

出版说明

《日新集——师友笔下阎崇年》是多年来知名学者、各大新闻媒体人及友人对阎崇年先生作品的推荐以及对阎先生本人的报道、采写，如今集结出版，非常具有纪念价值。书稿多形式、多角度介绍了阎崇年先生，有为人的豁达与为学的严谨，即师友笔下的阎崇年。同时，书稿也可看作是一部阎崇年先生经典作品的导读，透过这些名学者、名作家和名记者所撰写的文章，读者可更加深入地了解阎先生作品的时代性与创新性，即如阎先生所言：秉持“苟日新，日日新，又日新”之先贤遗训，步步前进，日日求新。

书稿在编辑过程中，出于尊重作者及已发表作品完整性的考虑，数字表述、专有名词、概念表述等未作改动与统一，为您带来阅读不便，敬请谅解。

承各位作者慷慨授权，本书得以顺利集结出版，在此特表诚挚谢意！

华文出版社

2020 年 3 月

史学旨趣　四合人生

——代　序

阎晓宏

【题记与作者】

原邀请阎晓宏先生为本集作序，先生过于谦让不允，便将其《史学旨趣　四合人生》一文作为代序。阎晓宏先生，毕业于北京大学哲学系。曾任国家新闻出版总署副署长、国家新闻出版广电总局副局长、国家版权局副局长、世界知识产权组织伯尔尼联盟大会副主席等职，现任全国政协文化文史和学习委员会副主任、中国版权协会理事长、中国传媒大学博士生导师等。

（一）

阎崇年先生治学严谨，学术成果与著述甚丰。关于治学，我读《阎崇年自选集》中，先生有这样两句话："求真求理，史法自然，这是我治史的旨趣。研究历史，最难之处，在于两点：说别人没有说过的义理，用别人没有用过的史料。"

先说"说别人没有说过的义理，用别人没有用过的史料"，这句话看似简单，实际上对于学术研究而言是很难的，要求在前人研究的基础上，有创新、有超越。其实，无论是什么学科，什么研究领域，只有这样的研究，才有意义，有价值。阎崇年先生的全部研究都基于这两点，其研究成果也体现了这两点。比如，在《森林帝国》一书中，他阐述了中华文明的几种文化形态，不仅包括农耕文化、草原文化、高原文化，还应包括海洋文化和森林文化。并且指出这五种文化形态不是绝对与纯粹的，在整体判断中，仍当看到有交叉或包含关系，比如，在草原文化中可能小部分地存有森林文化或农耕文化现象。其阐述以缜密的逻辑、翔实的数据、科学的分析，还原历史真实面貌，提出并回答了史学界从未系统研究和回答的问题，令人信服。

无论什么研究，都需要有基础，需要站在前人的肩膀上。但是无论什么研究，都要在前人的基础上，再向前推进一步，哪怕是一个微小的推进，也是有学术价值的。而不是只表述别人已讲述的话，重复已有的思想与成果，其思维与观点、分析与论证，仍然在原地踏步。不论是史学还是其他学术领域，这都是评价一个学者或者他的研究成果的重要标准。

阎崇年先生治学严谨，十分注重史料的掌握与考证，“用别人没有用过的史料”，崇年先生与其研究者多有论及，我再补充两个小例子。其一，阎崇年先生三十岁之后侧重研究清史，而故宫蕴藏着明清两朝最核心、最重要、甚至是史料之外的内容，先生写过《大故宫》，今年（2020）是故宫建成600年，先生又倾力推出了《故宫六百年》一书。读者只知先生写的这两本书，恐鲜有人知，先生50多年来曾去过故宫一千多次。其二，北京奥运会之前，先生应邀写了一部著作——《古都北京》，其中，安定门外西黄寺“清净化城塔”的塔额，有的书说是“化域”，究竟是“化城”还是“化域”并不能确认。“化域”的典故史料中查不到，先生做学问，既严谨，又性急，当晚，他同严钟义先生前去，因天黑看不清字，他便骑在摄影师严钟义先生脖子上用手摸，是个“城”字。他专门到广济寺图书馆，查阅《法华经》，查到“化城”典故的出处，又查了乾隆帝的有关著作，最后阎崇年先生说：“核实清楚，弄明白了，才能安下心来。”

学术研究，把相关的资料归纳整理在一块儿，已是很难。而更难的是，不仅占有浩瀚的史料，而且能够消化这些史料，并进行考辨分析，提出自己的观点与见解。最后一点才是研究的目的。这就是人们常讲的，治学先要把书读厚，然后，再把书读薄，才能够深入浅出。切忌深入深出，或者浅入浅出。所谓深入浅出，看似简单，其实很难。读阎崇年先生的书，你会感受到缜密的思维逻辑，无论多么复杂的问题，由现象到本质，剥笋一般，层层剥落，而文字凝炼，表达干净利落，生动而又上口。表述短句式多，言简意赅，从不穿靴戴帽，云里雾里，故作深奥。

在健在的学者、大家中，阎崇年先生当是著述最丰者，讲学之多，更令人叹为观止。更为难得的是，其著述的每一观点，每一个字，讲学的每句话，都经得起推敲，每一个字都是自己在键盘上敲出来的。阎崇年先生在 87 岁的高龄仍然笔耕不辍，长达几十年不间断地研究、讲学、写作，这是他的著述、讲学甚丰的一个原因，但更重要的原因，用先生自己的话来说，就是他对于史学研究的“旨趣”。

“旨趣”这两个字值得品味，不仅蕴含着先生史学研究矢志不渝的精神，也蕴含着先生在史学研究中的天然乐趣。吴昌硕有一副对联，“心中别有欢喜事；向上应无快活人”。这是从白居易的两首诗中各撷取一句，凑成一联，表述了吴昌硕的心路历程。吴昌硕先生成就斐然，读此联方知，先生原是在克己苦修中钻研前行。而我了解的阎崇年先生的精神境界，与此联所述恰恰相反。我改了两个字，放在先生身上，应是很恰当的，即：“心中常有欢喜事，向上应为快活人。”由于此，崇年先生惜时如金，年复一年，月复一月，日复一日，沉浸于超常工作的旨趣之中。一段时间，先生既忙于著述，又应喜马拉雅创始人陈小雨之约，录制口述《大故宫六百年风云史》，每天工作长达十多个小时。依我来看，这个工作量，对于一位 87 岁的老人，实在是太大了。我在给先生的信函中，表达了这样的意见，请先生定要减少工作量，多多保重。不久，收到先生的回函，他向我的关心表示感谢，并称“已经开始减少工作量，由每天四个单元减为三个单元，减下来的时间喝喝茶，写写字，看看戏”。看了他的回函，真是感慨万分。

阎崇年先生豁达、淡泊、谦逊、宽容。他常说，人生的境界，止于四合：天合，地合，人合，己合。他把这八个字，真正吃透了，如泉如水，发之于心，躬之于行，恰如《道德经》中的四个字：上善若水。我读阎崇年先生和星云大师的对话集，精神上十分享受，两位大师的对话，是智者与智者、思想与思想、观念与观念的碰撞与交融，字字如珠，句句箴言，都有大智慧。先生提出并躬行的四合说，亦贯穿其中。

阎崇年先生是著名史学家，却也是读者大众十分喜爱的学者、大家。用时髦的话说，是“大V”，粉丝无数。一次，我去阎崇年先生府上拜访，打出租车返回时，崇年先生坚持把我送上出租车，他才离开。车一开，出租车师傅脱口而出：“这不是《百家讲坛》的阎崇年吗！”凡与阎崇年先生外出到公众场合，便有素不相识者，与先生打招呼，有提出合影的，先生亦尽量满足。学者有这样的社会影响力是罕见的，亦足见其谦虚朴素的品格与宽阔的胸怀。阎崇年先生知识渊博，人又非常谦和。他讲历史，接地气，既深刻，又生动。这是公众喜爱他的主要原因。

（二）

远集坊的开门红。2017 年 9 月，中国版权协会迁址，新址落户北京东四环中国出版创意产业基地先导区，在北京朝阳区南磨房乡的支持下，基地先导区大楼的四层，无偿交由协会使用。中国版权协会在这里创建了远集坊。远集，取自屈原《离骚》中“欲远集而无所止兮，聊浮游以逍遥”和唐朝诗人韦应物

“至今蓬池上，远集八方宾”的诗句。“坊”与南磨房乡的“房”谐音。远集坊成立之初，恰逢党的十九大召开，习近平总书记指出，优秀的文化，是中华民族最深沉的精神追求，是民族凝聚力和创造力的重要源泉，是中华民族的精神命脉。

远集坊是一个不起眼的小地方，但立志高远，希望在传播优秀文化和卓越思想方面，脚踏实地做点事情。理想中的远集坊期望由各个相关文化领域最具影响的人，阐述最卓越的思想，通过媒体，特别是新媒体，力求最大限度地传播。远集坊这个平台，将富有时代精神的真知灼见，运用传统媒体和新媒体，实现最大限度的传播。这既是远集坊的理想与目标，也是面临的难题，特别是在刚刚创立之初。

远集坊开张，邀请谁来做第一讲的主讲嘉宾？大家不约而同地想到了阎崇年先生。一是阎崇年先生是著名的史学家，中央电视台《百家讲坛》的开坛主讲。他既是治学严谨，著述甚丰的大学者，又是读者乃至公众甚为喜爱的作家，阎崇年先生的语言表达也特别好，非常具有逻辑性和感染力，擅长以生动的语言表达深刻的道理；二是我和先生比较熟，常开玩笑说，“我们都是老阎家的”。

我拜访崇年先生，并如实讲了创立远集坊的初心与理想，期望他能作为第一期的主讲嘉宾，先生欣然同意，专门排出时间来到远集坊。2017 年 9 月 29 日，这对远集坊来说，是一个难忘的日子。阎崇年先生在这里首次开讲，所讲的题目是：“赫图阿拉之问”。赫图阿拉位于辽宁省抚顺市新宾满族自治县的永陵镇，其内城面积仅有北京故宫的三分之一，只有几万人口（部分住外城）。满族从这个仅有几万人的小地方出来，为何能够入主中原？毛主席和周总理都曾提出过这个问题。这也是300多年来学者、政治家、军事家等经常提出和思考的问题。阎崇年先生说："这个问题，我思考了20多年，今天在远集坊这个地方，我试着做一些回答。"

阎崇年先生能接受邀请，作为远集坊首期主讲嘉宾，已是十分之不易，先生把他思考了20多年的问题，放在了远集坊，作为首期主讲内容，更出乎意料之外，至今念及于此，亦深感先生对远集坊的倾力支持。这是一次非常有学术价值，也非常有现实意义和十分深刻生动的演讲，也是远集坊的开门红。在阎崇年先生演讲之后，我们又顺利地邀请到：故宫博物院原院长、中华诗词学会会长、著名学者郑欣淼，第三届中国书法家协会主席、著名书法家、诗人沈鹏，时任全国人大教科文卫委员会主任柳斌杰，小米创始人、董事长雷军，中国艺术研究院原院长、非遗学者王文章，中国出版集团有限公司董事长谭跃，全国政协常委、民进中央副主席、"新教育"理念创始人朱永新，中国美术馆馆长、著名雕塑家吴为山，得到app创始人罗振宇，腾讯原CEO、一丹教育基金和一丹教育奖创始人陈一丹，中国戏剧家协会分党组书记、茅盾文学奖获奖者陈彦，童话大王郑渊洁，央视著名主持人白岩松，著名网络作家唐家三少，樊登读书会创始人樊登等。自2017年9月29日阎崇年先生首次开讲到现在，已有几十位嘉宾主讲，几百位特邀嘉宾到场交流，分享其思想与观点。其中的每一位都是在相关的文化领域中颇有影响力的人士，恕我不能一一列举。现在，每一期讲座现场收看收听的观众，都保持在50万人左右，最高的一次超过了

90 万人。远集坊初步达到了创立之初所设定的目标。

（三）

与阎崇年先生交往多，还有一个因缘，就是笔墨之缘。崇年先生学识渊博，字也写得很好。在 2018 年的年初，我邀请沈鹏先生作为主讲嘉宾到远集坊讲一次书法，并邀请到苏士澍、杨再春、陈洪武、吴善璋等多位书法家，还邀请到阎崇年先生、王立平先生等文化名家。那天，北京飘雪，沈鹏先生由府上西四环，到东四环，穿城而过，来到远集坊，做了一个多小时的精彩演讲，而后，几位书法家和崇年先生等嘉宾与沈鹏先生也做了互动发言。记得那天，阎崇年先生扼要阐述了他的学书经历以及对书法功能、作用、价值的几点看法，讲书法，有史学家的视野，讲文化与书法既有高度，又很精辟。著名作曲家王立平先生醉心书法，音乐家气质，小楷甚佳，他说：“我对书法有三个体会：一是快乐，二是健康，三是交朋友。我原来不认识阎崇年老师，我看了他的字以后，崇拜得不得了。怎么他的字写得这么好呢？我就想跟阎崇年老师学习一下。我们现在成了朋友。通过书法可以交朋友。”

阎崇年先生的书法，应归入文人书法一类。先生自五岁起，家里人让他习字，后来虽有间隔，然而漫长人生的历练与渊博的学识涵养，使他的书法表现出独特的魅力。先生的书法，清穆质朴，气韵生动，行气连贯，徐疾有度，遒劲老辣，内敛而富有张力，字里充盈着书卷气，功夫得于字外，皆由学问中来。

阎崇年先生写字，内容多为自拟，或是一首诗，或是几个字，都有其内涵与蕴意。一年夏天，我出差去烟台，恰崇年先生与夫人均在烟台新居中度假写作。我去府上拜访，其时，北京炎热，而烟台临海，气候甚为适宜，海产亦新鲜而价廉。崇年先生祖籍烟台，自小在这里长大，对家乡有深厚的情感。临别先生赠我手书一诗："紫气升东海，金色映满庭。山远崑嵛秀，庄澥鱼鸟清。"又比如，对青年人的勉励，他写"日新日谦""止于至善"，这也是阎崇年先生的自身写照；以书为伴，专注精神修养，超然物外，他会写"梅妻鹤子"；在这次疫情蔓延，人人焦虑时，先生送来了篆书"事大心平"四个字。

我也喜欢写字。字虽劣，却乐此不疲。每日晨起，一杯清茶，置于案边，品茶写字，心静神怡，很享受，是一日之中最美好的时光。我写字一般是两件事，一是临帖，二是写信。临帖，平静而又美好，这里不谈。写信，如同与师长、亲人、好友谈心，笔端充盈着温馨与友情。信都是写给同事、亲友等有缘之人，偶尔也写给自己熟悉且崇敬的名家，如沈鹏先生、王立平先生、杨再春先生、郑欣淼先生等等。给阎崇年先生写信最多，每写一封，先生必亲复一函。我笑谈，给先生写信，真是抛砖得玉呀。

（四）

2020 年 4 月下旬，北京春花烂漫，虽然仍然在防控疫情之中，但是人们心情普遍好转，防控疫情进入常态化，虽然人类和病毒的战争，将持续一段时间，但是老祖宗告诉我们，既来之，则安之。做好防护的前提下，我约请阎崇年先生和他夫人解立红并华文出版社社长宋志军，来远集坊喝茶聊天。

这也是2020年元月以后，远集坊的第一次茶叙，喝茶的方式也是很特殊的，使用一次性纸杯，每人距离在两米开外，戴着口罩，品茶的时候，摘下口罩，抿一口茶，再戴上口罩。中国版权协会副理事长孙悦专门从家里带来了上好的老白茶，但是水温不够，再加之纸杯，我开玩笑说，没有泡出好茶的味道。但是那日谈天说地，氛围非常好，品味的不仅是茶，还有在北京疫情得到有效控制的情况下释放出来的好心情。其实，喝茶并不在茶的本身，与喝茶的环境、与什么人喝茶、谈论什么话题，乃至彼此的思想情感都有关联。茶中有乾坤，茶中蕴含着禅意与智慧。先贤讲，茶禅一味，可能就是这个道理。

疫情期间，最关注的话题莫过于新冠病毒。我先讲了最近读过的两本书，一本书是《病毒来袭》，一本书是《逼近的瘟疫》。由于新冠病毒的蔓延，这两本书成了畅销书。同时，也深感我们对病毒的科学认识不够，科普有欠缺，生活方式上也有陋习。这两本书里讲到的预防病毒最重要的几件事：戴口罩、洗手、分餐等，其实都是科普的常识性问题。总之，认为武汉并个别医院前期防控有欠缺，而全国整体上看，防控力度很大，仅援助湖北的医疗队伍就有42000多人，竭力抢救患者，有效地控制了病毒的蔓延，真正体现了社会主义制度的优越性，体现了把人民的生命健康放在第一位的宗旨和原则。

讲到新冠病毒，在2020年元月中旬之前，我与身边接触到的所有人，几乎都是不以为意的，没有任何警觉。这次病毒来袭，最早给我打招呼，提醒我应十分警惕的，不是新闻出版界的朋友，也不是医疗卫生界的朋友，而是年过八旬的史学家阎崇年先生。事先，我很不经意；事后，既揪心又诧异。

2020 年元月 11 日，中国版权协会在位于北京北五环的辽宁大厦，举办了远集坊 2020 年迎春茶话会，与会者 300 多人，可谓密集性聚会。

在举办这次茶话会前夕，阎崇年先生电话告诉我，传闻武汉有疫情，要当心。阎崇年先生虽然提醒了我，我却并没有放在心上。不仅加紧筹备这次茶话会，还邀请阎崇年先生出席茶话会并讲几句，给我们鼓鼓劲，真是无知无畏。崇年先生竟没有推辞，以 87 岁高龄出席了这次茶话会，并对远集坊的创办言简意赅地讲了褒奖和鼓励的话。那天的远集坊迎春茶话会办得很成功，还邀请到郑欣淼、朱永新、王智钧、王守常、郑渊洁、唐家三少、樊登等名家到场，协会的会员单位带来了十多个精彩的节目，由新媒体现场直播，观看人数超过 60 万。

北京的病毒蔓延是在庚子春节前后了，大家都度过了一个极不寻常的春节。我专门给阎崇年先生讲述了这件事并说："真是后怕，您给我打招呼，我没有在意，还邀请您参加茶话会，幸而，您和解老师平安，托您的福，我们协会的同志和几百位嘉宾也都平安，否则，正如您在史书中常讲的：'臣，死罪，死罪'。您可真是未卜先知呀！"阎崇年先生以他对历史的洞悉，漫长而又坎坷的人生经历，对这次新冠病毒的危险性虽有预知，却仍然坦然赴会，每每想起，心中很不平静。

《礼记·中庸》中的一段话："至诚之道，可以前知。……善，必先知之，不善，必先知之。故至诚如神。"而《礼记》是儒家的经典著作，把"诚"这一属于伦理道德范畴的概念，放在"道"（规律）的高度，视之为预知未来的原因。理一分殊，这与道家讲的"敬慎不败"，佛家讲的"善报"，在思维逻辑上，当属一脉。

王阳明讲："一念发动处便是行"。阎崇年先生心与行合一，上善若水，止于至善。先生至诚、至善，慎终如始，故安康吉祥，无咎。

目录

CONTENTS

《合掌录》序

星云大师

【题记与作者】

本文是星云大师为阎崇年与星云大师合著的《合掌录》(增订版)所作的序,时星云大师已是九十高龄。阎教授同星云大师先后十六次会面并晤谈。星云大师的著作汇结为《星云大师全集》,365卷,后中国大陆出版简体字横排108卷本,海峡两岸,各有雕梓。星云大师还在亚洲、美洲、澳洲创办五所大学,捐建中国书院博物馆、美术馆和扬州鉴真图书馆,并创立“扬州讲坛”其诸多文化事业。创办国际佛光会,任创会会长。

我和阎崇年教授结缘，是在 2008 年春。那年佛光山在扬州捐建的鉴真图书馆开始定期举办“扬州讲坛”，延请两岸名家共襄盛举。阎教授也欣然应我们之邀，登坛讲演。

阎教授是历史大家，他在《百家讲坛》的讲座，事理圆融，影响可谓至巨。我不大看电视，有一次无意之间打开电视机，看到阎教授在讲明朝一代名将袁崇焕，讲得真是精彩。我不敢说有什么大修行，但对世间事，明白说也不太容易让我动心了，可是阎教授的讲说能触动我心里的感情，油然对一代忠臣良将的冤死生起同情，对历史兴起感怀。这样的因缘，让我起心动念，有了邀请阎教授讲学的想法。

那次阎教授扬州之行过后不久，我们在北京见面，我邀请他到台湾讲学，担任佛光大学历史学系和历史研究所的客座教授。承蒙他首肯应允，赴台三个月，让佛光大学的学子获益良多。

阎教授在台讲学期间，及至他返回大陆之后，我到大陆参访期间，我们有过多次会面谈话，在很多的看法、意见上，相互交流，无话不谈，彼此相得。这本书，就是多次对话之后的整理结集。据说出版以后，反响不俗，我甚感安慰。

在佛门里，合掌是将两只手掌合起来，十根手指头并拢，又称“合十”，表“合十法界于一心”。《华严经》云：“合掌以为华，身为供养具；善心真实香，赞叹香云布。”说再多的话，都不如双手合十表达内心的欢喜、诚意、感谢。透过合掌，人与人可以交心、互助、祝福。而悟到真理的人，禅心妙谛都在合掌中，我就是宇宙、大众，宇宙、大众就是我，人我一如，法界平等。

美国前副总统拜登曾跟我说过，他很喜欢佛教的合掌，因为合掌的意义是世界上最珍贵的，它象征多元种族、多元信仰的融和，并且与美国立宪“和合、平等、幸福”的精神相符合。可见合掌的意义，实在是无限。

我很同意阎教授对书名“合掌”的解释。我们的对谈，一个史家，一个佛家，一个传史，一个弘法，一个来自海峡此岸，一个来自海峡彼岸，因缘际会，彼此相契，这又何尝不是一种“合掌”？

我和阎教授都出生于农家，早年都经历战乱贫困，目睹了中华民族半个多世纪的悲喜分合。坦白说，我的政治意识不强，但对于爱国爱教，希望人民幸福安乐的思想却很浓烈。我对不同国籍、不同种族、不同信仰的大家，持“和合”的态度。我们佛家把人称为“众生”，意思是“众缘和合而生”，人与人，人与自然，人与社会，大小相融，一多不异。在一个地球之上，国与国之间也是彼此息息相关，互相依凭，互为关系。所以，我弘法一生，海峡两岸和世界的和平，是我一直以来努力追求的愿景。

在这里，谨借本书增订出版的机缘，重申我的这一祈愿。是为序。

星云大师

2016 年 12 月 6 日

《清朝皇帝列传》序言

郑欣淼

【题记与作者】

本文是作者为2002年紫禁城出版社（今故宫出版社）出版的《清朝皇帝列传》（今名《清朝十二帝》）所作的序言。郑欣淼先生，时任文化部副部长、故宫博物院院长、中国紫禁城学会会长、中华诗词学会会长，是著名学者和文物学家、诗人，中央文史研究馆特约馆员。他首倡故宫学，有《故宫与故宫学》《天府永藏：两岸故宫博物院文物藏品概述》等多部专著，创立故宫研究院，推动故宫学科建设和发展。

公元前221年，秦王嬴政统一中国，自以为“德兼三皇，功高五帝”，乃自号曰“皇帝”。从此以后，皇帝就成为历代王朝最高统治者的专称。封建专制因皇帝制度的确立而得到加强，皇帝制度则是封建专制制度的核心和具体表现，二者相辅相成，如影随形。在相当长的历史阶段，皇帝制度对于多民族国家的形成与统一、封建经济和文化的发展，以及反抗外来侵略、维护社会正常秩序等方面，曾起到积极的作用。但是，皇帝制度又造成了极端的封建专制，对民众的物质盘剥和精神束缚日益强化，桎梏着中国社会的发展与进步。

皇帝的权力是无限的，“天下之事无大小皆决于上”（《史记·秦始皇本纪》）。一个王朝的兴衰治乱，固然存在多种因素，但作为最高统治者的皇帝，一般来说则起着决定性的作用。清朝虽已步入封建时代晚期，以个人独裁为核心的皇帝制度，却发展到了登峰造极的地步。因此，通过皇帝的传记去了解有清一代的历史，无疑是一个很有意思的视角。阎崇年先生的《清朝皇帝列传》，便以史学大家的独到手笔，通过对12位皇帝身世、家庭、性格、素质、情感、悲喜、业绩、成败的细腻解读，使一个个性格鲜明、栩栩如生的皇帝形象跃然纸上，更使一部近300年的清朝历史变得生动起来。

清朝上承晚明封建社会的进一步发展，专制主义中央集权极度强化，资本主义在江南地区绽露新芽；下续封建专制制度巅峰过后的社会转型，在内忧外患日益严重的历史背景下，步履蹒跚地开始了近代化的历程。曾经主宰中华民族命运的大清王朝，营造过中国封建社会的落日辉煌，也经历了闭关锁国、内外交困、艰难应变的尴尬与窘迫，最后在革命风暴中宣告帝制终结。

在清朝296年的历史舞台上，先后粉墨登场的12位皇帝，虽然悲喜功过，各有千秋，但都扮演着时代的主角。阎先生便通过对他们求真求是的记述和鞭辟入里的剖析，清晰地勾勒出一个王朝兴、盛、衰、亡的历史轨迹：

天命汗开创时代，统一女真，创立八旗，建都称汗，奠立王朝基业，展示出开国帝王的雄才大略和过人胆识；崇德帝固本鼎新，除弊拓基，建号大清，谐和民生，加速满洲社会的封建化，体现了一代政治家柔韧转圜、从容应对的气度；顺治帝定鼎北京，中原一统，兴利除弊，倾心汉化，奠定统一多民族国家的基础，展现出深居庙堂、挥斥方遒的少年天子形象；康熙帝统一版图，强化皇权，劝课农桑，吸纳西学，“虽曰守成，实同开创”，崭露出千头万绪汇朝纲、御外理内皆从容的盛世帝王的雄浑气魄；雍正帝承前启后，改革积弊，励精图治，雷厉风行，使得吏治谨严有序，表现出大刀阔斧的施政风格；乾隆帝文治不凡，武功卓越，国力超前，“大清全盛”，弥漫着江山万里、人寿年丰的豪迈，也潜伏着难以逆转的颓势与危机；嘉庆帝平庸守成，墨循祖制，大清王朝，盛极而衰，虽有勤学、勤政、勤省之心，而无振衰崛起之力，透露出平庸无识、绵软无力的性格缺欠；道光帝“恭俭惟德”，却遇难题，面对强寇，割地赔款，成为鸦片战争失败的主要责任者；咸丰帝内外交困，江河残破，却图享乐，懦弱无为，是一个典型的败家天子、渎职皇帝；同治帝幼年登基，政出懿旨，“同治中兴”，回光返照，朝政尽显母后干政色彩；光绪帝受困慈禧，国事亦非，百日维新，昙花一现，中国历史痛失变革机遇；挨至宣统幼帝，辛亥鼎革，大清王朝，终遭覆亡……

阎先生史海耕耘50余载，于清史、满学及北京史等方面成就斐然，蜚声学界。在清史研究领域，他对前期史料早已熟烂于胸，故能存真存是，还历史之本源；近年又致力于清朝中后期历史的研究，对晚清皇室人物胪陈品评，尤有卓见；而以帝王传记贯通整个清朝，进而形成对清史的长线把握，更见举重若轻之巧。阎先生治学严谨，史学功底深厚，为人却十分谦逊。他自称不是清史专家，而只是“天命朝11年的学者”，说清史研究范围太广，自己无力驾驭，只能侧重于清朝开国史。

近些年来，社会节奏呈现出逐渐加快的态势，大众阅读也出现了一种快餐式的“读图”趋向。阎先生贵为史学大家，却并不孤芳自赏。他走出书斋，经常以讲座的形式阐扬学术，普及历史。他开电视媒体历史系列讲座之先河，为历史学赢得了更多的关注和期待，他本人也由此成为备受瞩目的文化名人。如中央电视台《百家讲坛》栏目的《清十二帝疑案》《明亡清兴六十年》，北京电视台《中华文明大讲堂》栏目的《清宫疑案正解》等，都保持着很高的收视率。根据其讲稿整理而成的《正说清朝十二帝》等图书，不仅本身热销数十万册，而且引发了历史类读物的出版热潮。可见公众需要了解更多的历史知识，而以适当的方式传承历史、传承文化，恰恰是学者不可推卸的社会责任。

《清朝皇帝列传》则是阎先生以数十年的治学功底，梳理史料、厚积薄发的一部力作，2001年由紫禁城出版社出版后，一直深受读者欢迎。用阎先生自己的话说，它是“电视讲座的底本”，其后的《正说清朝十二帝》，以专题讲座的方式，提纲挈领，讲述的只是12位皇帝的某些历史侧面。本书则通过传记的形式，对清朝皇帝进行了全面解读，材料更为丰富，内容更为详尽，讲述更为具体，文字更为细腻。现在，阎先生又以其固有的严谨，进行反复推敲修订，经过剔除错讹、修正疏误、补充材料和选配图片，并将修订后的《清朝皇帝列传》更名为《清朝十二帝》，内容大有综合提升之意蕴，相信对于读者将很有裨益。

研究历史，总结经验，汲取教训，提供借鉴，这是阎先生治史的一贯态度。他提出要“敬畏历史”：“敬”就是吸取前人重要经验，从中能得到宝贵的智慧；“畏”则是避免重蹈前人错误，否则会受到历史的惩罚。他从历史哲学角度总结的“四合”观点——天合、地合、人合、己合，今人同样可以从中得到启迪。在《明亡清兴六十年》中，他又这样强调：“中华民族合则盛，分则衰；合则强，分则弱；合则荣，分则耻；合则治，分则乱。”阎先生以史资鉴的治学境界，由此可以窥见一斑。

阎先生与故宫博物院素有情缘，多年来一直热情参与故宫的相关学术活动。他是《故宫博物院院刊》和《紫禁城》杂志的主笔人之一，经常与编辑广泛交流，为提升刊物的学术含量和文化品位献智献策。除《清朝皇帝列传》外，他先后还在紫禁城出版社出版了《中国历代都城宫苑》（主编）、《清朝通史·太祖朝》和《清朝通史·太宗朝》3部著述，曾特别引用一位美国教授的话，称这种连续为自己出书的出版社是“我的出版社”，意在表明自己与出版社的亲密关系。

对于承载着中华厚重文化的紫禁城，阎先生始终有着浓厚的兴致和强烈的感情。由于他是中国紫禁城学会的副会长，我们在工作上的接触比较频繁。近年来，他对故宫学术发展、学科建设和古建维修等方面都有卓见，对于我们进行更为科学、合理的决策和管理，提供了许多有益的参考。2003年，我提出建立“故宫学”，并就故宫学融会文献、文物两类史料，打通历史与文博两种学科进行了初步阐述，其中特别强调了故宫学与清史研究之间相辅相成的关系。阎先生随即表示赞同，3年来多有助益之论。我们相互交流切磋，在砥砺中各有所益。他始终将故宫博物院的发展视为己任，我则一直把他看作故宫的专家。

《清朝皇帝列传》付梓前，阎先生嘱我写篇《序言》。我说自己并不研究清史，表示难以克成；他则半开玩笑地说：“故宫可是清朝的皇宫，研究清朝皇帝也是故宫学的内容啊！”我明白，写得好与不好是一回事，但事情无法推脱。于是只得勉为其难，草就以上，权为祝贺，而无暇虑及序之不文。

千年一帝

——《康熙大帝》代序

冯明珠

【题记与作者】

本文作为《康熙大帝》的推荐序，载于《康熙大帝》，联经出版公司出版（2009年5月，台北），繁体字竖排本。作者是著名清史学家、文物学家、文献档案学家、资深研究员，曾任台北故宫博物院院长，并担任《故宫学术季刊》与《故宫文物月刊》双主编十余年。

2008年9月间，接到阎崇年先生来自北京的长途电话，告知他的大作《康熙大帝》繁体字版即将由联经公司出版，嘱我为此书撰序。乍听之下，十分惶恐，当下回话：晚辈只敢拜读，何敢托大作序？阎先生则说，他已请林载爵先生与我联络，请勿推辞；不久果然接到林总编辑来电。十一月间，阎先生应邀来台前往佛光大学讲学，顺道出席台北故宫召开的“空间新思维：历史舆图学国际学术研讨会”，会议上阎先生亲自送上中华书局出版的《康熙大帝》，再嘱写序，我不敢再辞，只好欣然承诺。会后，我应邀出席哈佛大学中国研究所召开的“中国史传记资料数据库第一届国际研讨会”，阎先生的《康熙大帝》伴我飞越漫漫旅途，在数万尺高空上，拜读先生大作。阎先生文笔流畅，论述张弛有度，对康熙帝一生重要事迹分析、阐述、归纳、讲评，井然有序，趣味隽永，娓娓道来，引人入胜，浑然不觉飞航疲累，二十多万字的《康熙大帝》便在往返航程中拜读完毕。为了应命作序，阅读时随手记下十多条笔记；动笔前再读阎先生的《自序》，发现随手记下的笔记，有些在阎先生的《自序》中早已提及，部分则是我的读书心得，愿与读者分享。

阎先生自序中说道：就电视讲座而言，至少应满足五个基本要求：删繁就简、深入浅出、清晰表述、张弛有度、史论结合。《康熙大帝》做到了，若非如此，中央电视台的《百家讲坛》不会如此红火。五个基本要求外，阎先生的讲论注重五个视角：国际视角、平民视角、电视视角、公正视角、人文视角，《康熙大帝》也做到了；特别是电视视角，观众形形色色、老老少少、各行各业、各种水平，如何都教满意，确实不易。阎先生客气地说他以简明、清晰、准确、中允、通俗、生动，满足大家；然能达此境界，谈何容易，非专精、博学、深厚、通达，实难以至。阎先生是国际知名的明清史学者、满学专家，在三十多部、三百多篇明清史论著的基础上，才可能达到《百家讲坛》深入浅出、要而不繁、生动活泼、史论结合、引人入胜的境界。以下是笔者归纳出的本书的八项特色：

一、预留伏笔，史论结合

阎先生是一位说故事的高手，他不但会说故事，故事说得好，更高明处是引君入瓮，叫人非听他说的故事不可。《康熙大帝》二十六讲中，每一讲都预留伏笔，诱人进入。例如第一讲《伟大时代》，刊头语这样写着：

是英雄造时势，还是时势造英雄？古今中外，争论不休。英雄必借时势，时势或出英雄。时者，天时。小天时可以做小事，成大事必有大天时。

康熙出身的时代如何？是时代造就了康熙？抑或康熙缔造了时代？一系列耐人寻味的问题，将读者引入作者论述的情境中。

第六讲《削平三藩》：

一个人做大事，要有三种境界：初始应临机决断，过程要统筹兼顾，结局贵荣辱不惊。康熙在八年撤藩平叛战争中，正是这样做的。

这样的一段楔子，自然吸引读者注意这位年少君主如何“临机决断”“统筹兼顾”“荣辱不惊”，处理这积累了三十年的历史包袱。

二十六讲，二十六则楔子，则则画龙点睛，数语中的，既是引言，也是史论，非功力深厚的史家，是写不出这易读易懂又诱人的楔子。

二、分析透彻，条理分明

“多而不乱、繁而不杂，力求做出有逻辑的、有条理的清晰表述”，这是作者论述的准则，《康熙大帝》也做到了，全书分析透彻，条理分明，极具说服力。以下我举三例说明：

例一：

玄烨八岁继位，顺治帝在众多儿子中为何选中他？作者首先排除了野史逸闻的传说，分析立皇子是折冲皇帝、太后、宗室、洋人等四种意见的结果；至于玄烨为何脱颖而出，作者运用排比手法，将顺治帝临终前有资格继位的六位皇子一一比较，说明玄烨在年龄、聪颖、出过天花等条件上占了优势。

例二：

为何让索尼、苏克萨哈、遏必隆、鳌拜等四大臣辅政。作者首先分析这四人有共通特点：均属上三旗、均为异姓军功贵族、均是资深位高权重者、多受过睿亲王多尔衮排挤，其中三人是皇亲国戚。再分析当时朝中主要政治力量有三：皇室、宗室与八旗；顺治与孝庄决定借重异姓军功贵族力量，削弱宗权，巩固皇权；并通过宗室议政王大臣会议，监督辅政大臣。

例三：

作者认为《顺治遗诏》并非全是顺治皇帝自己的意思，遗诏中的罪己条："渐习汉俗，于淳朴旧制，日有更张，以致国治未臻，民生未遂""于诸王贝勒等……情谊睽隔，友爱之道未周""满洲诸臣……朕不能信任，有才莫展……而委任汉官……以致满臣无心任事"等，主要集中在满汉、文武、新旧、兴废事宜上。作者分析曰：

当时，顺治帝刚出天花，病势凶猛，心身痛苦，神志恍惚，没有心情、也没有空闲静思默想，回顾失误。从发病到去世，不足六天。同时，从顺治帝生前的作为看，他也并不是个勇于认错的皇帝，他虽然多愁善感，身体羸弱，但举止坚毅，很有主见。所以这些自责之辞，不可能全是顺治帝的本意。因此，遗诏只能是在孝庄太后及辅臣授意下，由朝臣撰拟，表明他们对顺治帝的评价。

历史的趣味之一在于有些事没有定论，解释得宜，便能叫人信服；当然历史解释是建立在扎实的史识上，凭空想象，只会流为野史传说。阎先生扎实的史学功力，缜密的逻辑思维，贯穿全书。

三、史料排比，无考存疑

《清圣祖仁皇帝实录》中关于康熙皇帝的诞生，有两段截然不同的记载，其一将康熙出生说得神乎其神：母亲孝康章皇后怀孕时，有龙环绕衣裙；诞生时合宫异香，经时不散，五色光气，充溢庭户，与日并耀（卷一）。康熙皇帝自己说：“朕之生也，并无灵异；及其长也，亦无非常。”（卷二七五）作者将两段记载均转录于书中，然后分析康熙之所以成大帝，其一是时势造英雄，因为“他遇到了一个在清朝历史上、中国历史上乃至世界历史上少有的大天时”；其二是康熙的天生好学，精力充沛，孜孜不倦，永不知足；他的成就是学而得之、行而得之、思而得之、悟而得之。这种舍灵异重理性的逻辑推论，充斥于篇。

再谈康熙帝智擒鳌拜。作者首先告诉读者，这件足以证明康熙少年睿智的事件，《实录》上的记载只有“命议政王等拏问辅臣公鳌拜等”等十三字，传达了三层意思：是皇帝命令、议政王办的、捉拿了鳌拜。但事件的时、地、方式与过程都没记述。记载不详，予人想象空间极大，于是野史、小说、戏剧红火讹传。为了厘清真相，作者征引《啸亭杂录》《竹叶亭杂记》《清史通俗演义》《清史稿》与《故宫退食录》等资料，对捉拿鳌拜的“人”提出：羽林士卒、小内监、亲王子弟、侍卫拜唐阿、内侍健童擒捕等五种说法；再运用削去法说明：清朝没有羽林军、不许太监习武、不会组亲王子弟，于是《清史稿》记载由宫廷侍卫和拜唐阿组成的队伍拿下了鳌拜便较可信了。关于鳌拜事件，作者还原真相，告诉读者最可信的官方说法只有十三字，他运用科学方法，排比分析后，为观众选择了较严谨较可信的一种说法。

说到吴三桂的败亡，读者可能更关心陈圆圆的结局，作者同样将相关的记载一一介绍，分析她不可能入官为婢、不可能城破老死。至于是城陷自缢？

出家为尼？较多的学者认为陈圆圆先已出家，吴三桂败亡前已病故。众说纷纭，由于史料不足，只能存疑。

四、贯穿古今，连结东西

《康熙大帝》虽论述一朝史事，然作者常将古今中外历史上发生过的相似事件贯通讲述，更凸显了康熙其人、其事及其时代。例如：谈到玄烨继位，作者顺便交代了皇太极与福临的入承大统、凸显了清朝衰弱的致命因素：没能确立皇位继承制度。作者分析道：

皇太极是经过错综复杂的宫廷斗争，逐一打击竞争对手，最后通过满洲上层贵族会议推举，从而争得皇位。皇太极死后，当时争夺皇位的多尔衮和豪格互不相让，都不愿意看到对方登上皇位，双方妥协的结果，是让幼年的福临即位。玄烨的继位，没有经过那种针锋相对甚至你死我活的斗争，而主要是顺治皇帝和孝庄皇太后协商的结果。但确定过程，也有一番波折。

于是在《少年天子》一讲中，娓娓道出康熙脱颖而出的秘辛。谈到少年天子背后的势力，作者又贯穿古今，分析道：

在中国皇朝历史上，少年天子背后的权力，有五种形式：一是外戚势力，如汉朝；二是太监势力，如明朝；三是太后临朝，如辽朝；四是宰相辅政，如明万历朝等；五是亲王辅政，如清顺治朝。这五种形式，各有其利弊。

然则何者对康熙朝有利呢？作者分析：顺治帝与孝庄皇太后汲取了历史教训，为康熙安排四位辅政大臣：

尽力避免汉朝的外戚、明朝的太监、辽朝的太后、清初亲王辅政的弊端，而采用大臣辅政，同时也看到明万历朝张居正一人专权之害，不是让一人辅政，而是四人联合，互展所长，彼此牵制。

作者不但贯穿古今，且将康熙置于世界史的背景下做全方位的讨论，认为国际局势有利于成就康熙大业，是时势与英雄共创了“康熙盛世”；与他同时代的名君有沙俄的彼得大帝与法国的路易十四，在《智擒鳌拜》与《爱好西学》两讲中都有精彩的比较。

五、提纲挈领，化繁为简

康熙朝的历史，人物众多，事件纷繁，怎样节缩为二十多个专题？力求既删繁就简，又大事不漏。

这是作者谦虚的自序，以二十六讲，每讲数千字，综论康熙六十一载，实属不易，非功力深厚，全盘掌控者，是办不到的。作者绝非“删繁就简”，而是以其深厚的史识，化繁为简。以下我以两例说明：

清初的中俄交涉、蒙藏关系，何其复杂，作者以三讲各五六千字，轻松交代，读者在他提纲挈领的导读下，对这段历史已有正确的认识。例如他以“北疆告急”，讲解了罗刹入侵的内外因素；以“三次东巡”“增设将军”“建立船厂”“侦察敌情”“精心部署”五小节，介绍了中俄争战前清廷的准备；再以“两次激战”“同俄缔约”叙述了雅克萨之战与《中俄尼布楚条约》。

《抗俄签约》一讲中，作者征引了康熙东巡了解敌情、制定方略时触景生情的一首诗，说明康熙皇帝的雄才大略与盖世气魄。诗云：

松花江，江水清，夜来雨过春涛生，浪花迭锦绣縠明。
松花江，江水清，浩浩瀚瀚冲波行，云霞万里开澄泓。

对笔者而言，这两句诗也正是作者集数十载的功力，为读者轻松愉悦开讲的写照。

再者，一般读者不易弄清楚的清廷与蒙古、西藏的关系，在作者阐述下，也很容易明白：

中国一个特有的文化现象，就是万里长城。有人把它作为农耕与游牧的经济与民族的分界线。清朝以前，修筑长城，防备朔方。秦始皇为什么修长城？为了防匈奴；戚继光为什么在长城上建敌楼？为了防蒙古。清朝怎么办？康熙帝又怎么办？清朝以来，实行满蒙联盟，将“长城防御北方蒙古”，变作“蒙古成为北疆长城”。清朝北部的“长城防线”，推到库页岛、外兴安岭、贝加尔湖、巴尔喀什湖一线。从而建立起新的、坚固的北疆长城。康熙帝在处理北部蒙古难题、建立北疆长城时，主要做了三件事：一是统筹蒙古，表现了雄才大略；二是多伦会盟，表现了雄图高远；三是三次亲征，表现了雄心壮志。

细读这二六九字，对康熙朝乃至有清一代的满蒙关系已经了然于胸，剩下的对一般读者而言，只是无关宏旨的一些历史情节而已。在“统一台湾”“进兵安藏”“治理黄河”“立废太子”诸讲中，所有极为复杂的问题，都在作者巧妙的安排下，交代得清楚明白。

六、比较手法，凸显主角

作者常用比较手法凸显主角康熙帝，增加了论述张力。且看他对三藩之乱两位主角的精彩描述：一方是二十岁未经战阵的康熙帝，一方是六十二岁身经百战的吴三桂。康熙面对三藩事起的变局，他勇敢坚定；处身危局之际，他气静镇定；最后平乱获胜，他谦虚淡定，自责德薄而导致乱起，拒绝上尊号。相较之下，吴三桂身为明廷宁远总兵，却在明清松锦大战危局中率先逃跑；在明朝即将败亡的危局中，先叛明降李自成，再叛李自成降清；在杀永历帝的胜局中骄纵；最后又起兵反清；一生三叛，反复无常。短短数语，两位历史人物个性跃然纸上，历史评价也高下立见。

本书的最后一讲《千年一帝》，从秦始皇到宣统，共 2132 年，前一千年《旧唐书》称唐太宗为“千载可称，一人而已”；后一千年，自辽金以降，共九十帝，通过纵向比较，论统一帝国、民族融合、社会安定、文治武功、太平盛世，迈越古人，千年以来，谁能与比？论个人修养，知敬、知勤、知慎、知止、知学，一以贯之，又有何帝能及？唐太宗之后，千年一帝，唯有康熙尔。

七、征引翔实、去讹存正

《康熙大帝》虽为电视节目《百家讲坛》撰写的讲义，强调生动、通俗、简明、易读，却立义严谨，征引翔实，绝非时下一般影视、演义、小说、野史所能比拟。书后所附《参考书目》，并未能全面反映书中征引。笔者曾逐讲查看征引，发现全书论述，基本依据档案、官书、康熙著作、正史、清人笔记、时人论著与外人著作；书中偶尔出现野史传说，主要目的在纠正无稽之谈。《康熙大帝》写作态度严谨，全书主要征引：

康熙著作：《康熙御制文集》《康熙诗词集注》《康熙庭训格言》《御制三角推算法论》《康熙几暇格物编》《康熙御制耕织图·序》《康熙御制畅春园记》《御制资治通鉴纲目·序》。

档案类：《康熙起居注册》《玉牒》《明清史料》《满文原档》《康熙朝满文朱批奏折全译》《宫中档朱批奏折》《兵部为俄应撤回侵兵并于雅库立界事致俄皇咨文》《雷金玉碑记》《中俄尼布楚条约》。

官书类：《清太宗实录》《清圣祖实录》《清世宗实录》《清仁宗实录》《圣祖本纪》《八旗通志》《八旗通志初集》《清史列传》《平定朔漠方略》《明会典》《清朝文献通考》《文献丛编》《康熙字典》。

正史：《清史稿》《明史》《史记》。

清人著作：《啸亭杂录》《竹叶亭杂录》《檐曝杂记》《日下旧闻考》《清宫述闻》《清宫遗闻》《归田琐记》《圣武记》《庭闻录》《平吴录》《吴逆始末记》《觚賸》《董在中墓志铭》《履园丛话》《台湾外纪》《海上见闻录》《郎潜纪闻三笔》《榕村续语录》《靖海纪事》《养吉斋丛录》《玫媿先生文集》《国朝画征录》《靳文襄公奏疏》《治河方略》《河防述言》《天一遗书》《柳南随笔》《郭华野先生疏稿》《午亭文编》《康熙政要》《四库全书总目提要》《松鹤山房文集》《畴人传》《国朝先正事略》《熙朝定案》《哲匠录·样式雷考》《戴名世集》《朱文公文集》《漫堂年谱》《国朝宫史》《南亭笔记》《平西王吴三桂传》等。

时人著作：《故宫退食录》《明清档案学》《吴三桂传》《清朝通史》《台湾通史》《达赖喇嘛传》《康熙写真》《黄河水利论丛》《历代治河方略探讨》《中国水利史》《清代人物传稿》《中国印刷史》《中国天文学史》《清代西人见闻录》《康熙皇帝一家》等。

外人译著：《汤若望传》、《康熙皇帝》、《俄国海军军官在俄国远东的功勋》

《俄国人在黑龙江上》、《一六八九年第一个中俄条约》、《哥萨克在黑龙江上》、《张诚日记》、《中国科学技术史》、美国国会图书馆《康熙字典》和《中美外交文化史》等。

野史：《清史通俗演义》《道咸以来朝野杂记》《清朝野史大观》。

八、图文并茂，赏心悦目

全书配载了二百四十七张珍贵图片，为讲述的历史事件，增加了图史互证的功能；其中十多张康熙画像，从少到老，朝装、便服、戎装、出巡、出征、视察、行猎、读书、研究、观察天象，以及西人笔下的康熙，从各方面呈现出主人翁的容貌，加深了读者对康熙帝的认识。作者更在关键事件或有争议的历史事件章节中，附录原档，让读者直接阅览第一手史料，以增强读者对历史事件的判断力。例如：在第三讲《少年天子》附录《顺治遗诏》，是希望读者通过阅读原档，了解作者的主张——遗诏并非全是顺治主张，也奠下康熙六年康熙皇帝为皇父全盘翻案的《孝陵神功圣德碑文》出现的原由。第四讲《智擒鳌拜》附录《啸亭杂录》《竹叶亭杂记》《清宫述闻》与《归田琐记》等四则简短的有关康熙擒鳌拜的记载，说明历史遗留下来的雪泥鸿爪，被稗官野史、影剧电视无限上纲夸大演绎。谈到康熙朝最大谜团：《康熙遗诏》究竟是否出自康熙皇帝，作者分别阐述正反两派意见，并全录了《康熙五十六年十一月辛未上谕》及《康熙遗诏》，云：

《康熙遗诏》的当时情景，历史烟云，人亡物非，已难考证。文后附录两份遗诏，其中“雍亲王皇四子胤禛，人品贵重，深肖朕躬，必能克成大统，着继朕登基，即皇帝位”是真伪问题争论的关键所在，学界见仁见智，难有定论。或许将来找到铁证，材料充实，方可做结论。这道难题，怎样解法，还请读者自己思考！

史学家努力了一辈子的学术考据，不敌历史演义与电视剧对社会大众的影响，有鉴于此，近年来不少史学工作者，凭着深厚的史学素养，流畅的文笔，纷纷投入历史通俗述作行列，但不是每个人都能成功。阎崇年先生的《百家讲坛》讲座收视长红，影响也大。当然，收视率好，奠基于讲得好；讲得好，则有赖于口才好与讲稿写得好，阎先生两者都具备了，不但开讲成功，讲稿也一版再版。笔者先后拜读过《正说清朝十二帝》与《明亡清兴六十年》，如今又先睹《康熙大帝》，倾倒于书中精彩的史评与论述，获益良多，归纳书中八项优点，郑重推荐给台湾的读者，是为序。

冯明珠

2009 年 3 月 1 日

《正说清朝十二帝》序言

聂丛丛

【题记与作者】

《正说清朝十二帝》是2004年央视《百家讲坛》栏目《清十二帝疑案》系列节目的文字稿，由中华书局出版时改为今名。本文为作者为《正说清朝十二帝》所作序言。聂丛丛女士，当时是《百家讲坛》栏目的制片人，《清十二帝疑案》在《百家讲坛》播出后，她调去央视“社会与法”频道创办《法律讲堂》栏目，现在央视科教频道担任重大项目的制片人。

与阎崇年老师相识是因为《百家讲坛》的系列节目《清十二帝疑案》，当时我和阎老师都没有想到，就是因为这个节目，《百家讲坛》声名鹊起，阎老师成为彪炳《百家讲坛》史册的“里程碑”，我与阎老师也收获了一份弥足珍贵的忘年之交。

首次见到阎老师是在他的家中，我揣着栏目出具的邀请函，心中颇为忐忑。当时的《百家讲坛》还是一个名不见经传的小栏目，当时的我也是一个没任何资历的“小女生”，真的不知道像阎老师这样在业界颇具威望的史学家是否看得上我和我的栏目。好在我还有“初生牛犊不怕虎”的冲劲儿和“无知者无畏”的勇气！凭着这份冲劲儿和勇气，我说明了来意，阎老师笑了，对！就是那种现在大家都很熟悉的海报上的“标准笑”！我知道我成功了！

“历史是镜子，历史也是艺术。它可以借鉴，更可以欣赏。”讲起历史，阎老师就像是在说故事。当时我在《百家讲坛》已经做了三年制片人，接触的专家学者不上千也过百，能把学问当故事讲的，阎老师是我碰到的第一人。

“乾隆属兔，关于他妈是谁可有很多传闻……”谈起“清十二帝”，阎老师就像说起“隔壁老王”。这种平民视角我久觅不得，阎老师给了我一个大大的惊喜！本来此行的目的是请阎老师做节目的策划，兼讲一集他最拿手的“努尔哈赤”，但是因为这突如其来的惊喜，“初生牛犊不怕虎”的我当即决定正式邀请阎老师做《百家讲坛》栏目大型历史系列节目《清十二帝疑案》的策划人兼完整系列的主讲人，这对于当时《百家讲坛》一位专家一讲、一讲一个主题的节目形态来说是“开先河”的，对主讲人的要求也是前所未有的。当我激动地递上聘书的时候，当阎老师脸上带着“标准笑”从我手里接过聘书的时候，我们都没有很明确地意识到，我们传递的是一种怎样的压力！我的压力来自于节目创新的风险，而阎老师的压力则来自于节目创作本身。好在我们都顶住了压力！好在结果还不错！

《百家讲坛》因为《清十二帝疑案》而家喻户晓，阎老师也成功开创了《百家讲坛》一个主讲人一个系列、一个系列自成体系的节目样板，也因此，我在任何场合都会毫不讳言地说——阎崇年老师永远是《百家讲坛》“发展史上”绕不开的“里程碑”！没有阎老师的《清十二帝疑案》就不会有红极一时的《百家讲坛》栏目！

我至今记得《清十二帝疑案》播出后阎老师给我打的那个电话。

那是个冬日的傍晚，冷，阎老师来电时我正在路边等出租车，手忙脚乱地倒腾了半天才从包里摸出了电话，刚按下接收键就听到阎老师兴奋的声音：《百家讲坛》现在的影响力可真大呀！我在外出差，出租车司机居然认出了我，说他八十多的爷爷和四岁的儿子都看咱们的《清十二帝疑案》，下车时怎么说也不收我车钱！哈哈哈哈……我边和阎老师在电话两端这么兴奋地哈哈大笑着，边坐上了出租车，也许是我们的谈话内容让司机师傅听到了，我挂断电话后，司机说：我们家也看《清十二帝疑案》，那个阎专家有学问，讲得好！听到这话，记得当时的我长长地出了口气，把脸看向窗外，透过扑满雾气的车窗看着寒风中料峭的灯火，心里暖暖的。

再次见到阎老师是在《百家讲坛》栏目的机房，他抱着一个大大的资料包正襟危坐，专注于编辑机监视器中自己的表现，不时与编导轻声交流着什么。我在机房门口站了很久，终于还是没有过去打扰他。编导告诉我，每期节目阎老师都要亲自过目，将自己表达不够准确的地方、编导编辑中不够确切的地方、甚至错别字都一一挑出修改。编导说：真没见过这么认真的主讲人。

在《百家讲坛》当制片人的这些年，密切接触过的学者不下几百位，他们普遍都是行为严谨、做事认真，这也许是学者的性格特征吧。但是，阎老师的认真还是让我很是吃惊！我看到过他为准备一期节目做的文案，几十页打印纸，洋洋数万言，不做任何改动就是一篇极好的既有学术价值又非常好读的历史人物传记，但电视由于其表现上的局限性，只能从中撷取若干个兴趣点，不得不大量做减法，弱化其中的系统性、史料性、完整性和学术性。我大呼可惜，要知道这些减下去的精华都是阎老师在铺了一地的各种资料中，按我们节目的要求筛选，用自己的学术观点提炼出来的，这是非常艰辛枯燥的工作！阎老师告诉我，为了节约时间，他每天的中午饭就是一碗面条，从做《清十二帝疑案》开始就没变过！幸好！中华书局将这些完整的文稿集结出书了，终于让阎老师吃面条省下的时间没有浪费，也让我免去了暴殄天物的愧疚之心，感谢中华书局！

祝阎老师永葆学术青春。

聂丛丛

2004 年 8 月于中央电视台《百家讲坛》办公室

与阎崇年谈满学

李乔

【题记与作者】

本文是1991年北京市社会科学院满学研究所成立，1993年北京满学会成立后，《北京日报》理论部主任、著名学者李乔先生对阎崇年进行的专访文稿，并刊载于《北京日报》2000年5月22日。李乔先生为《北京日报》原编委、理论部主任，国务院特殊津贴专家，北京市政协委员。

记者最近就满学问题，访问了北京满学会会长、北京市社会科学院满学研究所研究员阎崇年先生。

李 乔：20 世纪，人文科学不断有新学科创立，如甲骨学、敦煌学、蒙古学等等，近年又听说有满学，什么是满学呢？

阎崇年：以往没有见到严谨而规范的满学定义。我试着给满学做了界定：满学，英文写作 Manchuology，就是满洲学的简称，是主要研究满族历史、语言、文化、八旗、社会等及其同中华各族和世界各国文化双向影响的学科。它有三层涵义：核心是研究满族历史、语言和文化；外延是研究满族同中国 55 个兄弟民族的关系；展伸是研究满族同世界各国文化双向影响。对此，学术界已经认同。

李 乔：如果为研究满族建立满学，那么中国其他少数民族是否都要建立自己的学科？建立满学的根据何在？

阎崇年：满学不仅属于满族，而且属于科学。建立满学不是某个民族的意志，而是学术发展的必然。因为：满族有从肃慎算起三千多年的悠久历史；满族建立过大清皇朝，我国少数民族建立大一统皇朝的只有蒙古族和满族；满族人口有一千万，在 55 个少数民族中仅亚于壮族而位列第二；满族现存一千多种满文图书，二百万件满文档案；满文在东北亚的文化人类学中具有特殊价值；满学有广泛的国际影响等。满学已成为一门正在兴起的国际性学科。上述六种因素，进行综合考量，建立满学实属必要。

李　乔：满学同清史、满族史有什么区别？我的印象是不大好区分。

阎崇年：满学同清史、满族史，就像《红楼梦》里的贾宝玉和林黛玉一样，既是“你中有我，我中有你”，又是分院居住：一个住怡红院，另一个住潇湘馆。满学从纵向来说，涵盖的时间更长，它上溯商周肃慎、中到辽金女真、下至当代满族；从横向说，涵盖的空间更宽，不仅研究满族历史、语言、宗教、民俗等，还研究它同各族、各国的互动关系。

李　乔：最近我读您的《满学论集》。据我所知，作为个人的满学论文集，这是第一部。您这本书，对帮助读者了解古都北京有什么作用？

阎崇年：北京的古都文化同满学密不可分。今天中外游人看到的故宫、天坛、颐和园等，有的是清朝重修的，有的是清朝兴建的，它们都绘上了浓重的满洲文化色彩。如清坤宁宫变成萨满祭祀场所就是一例。但是，现在人们对满洲文化的了解太肤浅，以至于影响对北京古都文化的理解。热门电视剧《雍正王朝》片头的“雍”字，竟是错字，简直贻笑大方。让民众知道哪些是历史真实，哪些是艺术戏说，这是满学学者的一项社会责任。除了拙著《满学论集》外，近年我主编的《满学研究》已做了六辑。开展满学研究既会加深对中华多民族文化内涵的认识与理解，也会有利于古都北京多元文化内涵的发掘与展现。

李　乔：北京是多民族的聚居地，研究满学对北京多民族文化有哪些作用？

阎崇年：北京文化的一个特色就是多民族的文化融和，它特别融入了满洲文化。在满学领域深入探讨满、汉文化的相互影响，加深了解北京多元文化的历史与特点，会增进民族团结，有重要社会价值。

李　乔：郭沫若说过，满族人口比汉族人口少得多，清军入关、定鼎中原是一桩奇事。研究满学对破解这个历史之谜，是不是能够提供一把历史的钥匙？

阎崇年：这正是满学研究的一个重要课题。弱小民族取得胜利，其历史经验，有永恒价值。满族有杰出领袖、八旗制度、铁骑劲旅，皇帝勤政，包容进取等。满洲的崛兴经验，值得镜鉴，对于中华民族在21世纪的繁荣昌盛，具有重要意义。

李　乔：您研究清史多年，怎么走进了满学领地呢？听说您跟一位八旗人士学过满语，是吗？

阎崇年：我在研究清史时，发现不懂满语受到很大局限，而外国的清史大家多通满文。于是，我从1964年随做过光绪朝佐领的那寿山先生学满语。82岁的那老授课之余，与我谈了许多旧清往事。后来溥杰先生又与我谈过清史，他说小时候只知道《皇朝开国方略》一点知识，很愿意同我谈祖先的故事。同满族老人对话，就是同历史对话，萌发了我开掘满学的动意。后撰写《努尔哈赤传》，成立满学研究所，建立北京满学会，创办《满学研究》并举办两届国际满学研讨会，我走进了满学。

李　乔：鲁迅、周作人都谈到过萨满教，但他们没有做过专门研究，您的《满学论集》中有两篇研究萨满教的文章，我很感兴趣。

阎崇年：您的大作《行业神崇拜——中国民众造神运动研究》，同民间宗教有一定关系。萨满教是满洲的原始宗教。清代宫廷、满族家庭都有索罗杆子，我提出 12 条证据，证明它象征神树，杆上锡斗盛食品祭祀乌鸦，也就是祭祀其原始的图腾。他们的祭祀地，由野祭，到堂子。今北京贵宾楼饭店原址就是清代满洲的堂子。我建议在中华民族园重建堂子，被采纳。不久可以在那里再现满族的八角建筑、旗人风俗、宗教乐舞等。

李　乔：前面谈到满语，据我所知，凡是研究边疆、民族的学者，都要有较高的语言学修养，史学大家陈寅恪先生就通多种语言。

阎崇年：是的。海外的学者，语言学的素养比我们好一些。这自有我国的历史、地理原因。但是，到 21 世纪中叶，学术发展到了一个全新的阶段，那时不懂满文的清史、满族史学者，不会成为国际大家，也不会得到国际认同。

满学大家阎崇年

陈英华

【题记与作者】

本文是《人物》周刊记者陈英华先生的专访。载于《人物》2006年7月号。《北京市社会科学院院报》于2006年11月7日第17期，全文转载，并附加《前言》。兹将《北京市社会科学院院报·前言》著录于本文之前。

前言：阎崇年先生是北京市社会科学院满学研究所的研究员。近三十年来，北京市社会科学院注重突出首都特色，注重基础理论研究和应用对策研究的双重创新，涌现出一批卓有成就的专家学者和优秀的科研成果，在首都经济、北京史、城市问题、文化产业、社区建设等研究领域形成自己的特色，产生了较大的社会影响。1991 年，经阎崇年先生倡议，北京市社会科学院创建了全世界第一个专业满学研究机构——北京市社会科学院满学研究所，并创办了北京满学会。满学研究由此成为北京市社会科学院的优长学科之一。

2004 年在央视《百家讲坛》栏目热播的《清十二帝疑案》使多年来埋头搞学术的阎崇年先生一夜之间成了社会公众人物。他在满学研究、清史研究方面取得的成就不仅得到了社会上的肯定，也得到了北京市委市政府领导的重视。最近，中共北京市委常委、宣传部长蔡赴朝在读了阎崇年的新著《明亡清兴六十年》后，致信阎先生，感谢他为人民群众奉献了又一佳作，并对阎先生在研究中表现出的严谨的治学精神，渊博的学识表示敬佩，赞扬阎先生在讲坛上的大家风范为首都学者争了光。他还勉励阎先生不断取得新的学术成果，使社会科学在广大人民群众中，产生更大的积极影响。

72 岁的阎崇年很忙。他一边和记者聊着天，一边在电脑上整理着第二天即将召开的满学学术年会的材料。还不断地有电话打进来，有媒体要求采访的，还有询问落实第二天会议安排的。

曾任北京市社会科学院满学研究所所长，现任北京满学会会长，研究满学四十余年，著作等身，但真正使阎崇年成为公众人物的是在中央电视台《百家讲坛》栏目热播的《清十二帝疑案》。这个节目 2004 年创下了央视 10 频道收视率的最高纪录，这是事先包括阎崇年本人都不曾想到的。央视《百家讲坛》栏目的制片人这样评价阎崇年，“能把学问当评书讲的，能把历史当故事说的，阎老师是第一人”。不久前，央视还专门举办了“清十二帝疑案”的学术研讨会。

由于电视节目的热播，也产生了一连串的连带效应。全国各地纷纷邀请阎崇年去讲课、讲学。由阎崇年先生讲稿整理而成的《正说清朝十二帝》一书已热销逾 40 万册，在排行榜上持续走高。一年内加印了 16 次。同时，还引发了历史系列图书的出版热，掀起了一股“正说”历史的旋风。

历史需要正说

在回忆刚开始介入《清十二帝疑案》的制作时，阎崇年概括为八个字：“如临深渊，如履薄冰。”虽然阎崇年对努尔哈赤的研究最为深入透彻，但还是不敢懈怠。“央视实行末位淘汰，如果我讲得不好，编导还跟着我受连累。”在和栏目的编导多次沟通后，阎崇年选择了一种颇具创新性的方案：既要客观真实，又要好听好看。

此前《百家讲坛》都是每个人讲一讲。《清十二帝疑案》在开始的时候编导也是考虑一位学者讲清朝的一个皇帝，由于阎崇年出版过《努尔哈赤传》，所以他被安排讲努尔哈赤。

2004年5月13日星期六，在中国人民大学多功能厅，阎崇年走上《百家讲坛》，讲《清十二帝疑案》的第一讲“努尔哈赤”。让他没想到的是，就在当天下午当编导们把当天录制的节目剪辑出来后告诉他：“45分钟的片子剪出来后，台里开了个会，说您的这集可以称为范本。”后来在央视编导的要求下，阎崇年将十二帝全部讲完，讲到“康熙”的时候收视率就创下了该栏目的新高。

在长达一年的《清十二帝疑案》节目制作过程中，他停掉了所有的会议和出差，专心致志地投入到节目内容的准备上。期间，阎崇年为每次讲座准备两万字的讲稿，从周一到周四，每天写五千字的文稿，周五串稿子、给家人做试讲，周六再进行一次修改和调整，晚上散步的时候阎先生会一边遛弯儿一边把第二天讲的内容在脑子里过一遍，周日就正式到电视台开讲。周一又开始下一讲的准备，循环往复。

这一年里，看过阎崇年讲座的很多人都成了他节目的忠实“粉丝”。他们中上自90岁的老翁下迄8岁小学生，遍及各行各业。

一位外地孩子的家长给阎崇年来信说，他上小学二年级的儿子平时特别闹，从来都坐不住，老师和家长都一直拿他没有办法，但是，有一天家里电视正好换台换到了《清十二帝疑案》，这孩子坐在电视机前竟然没闹，看下去了。此后，每周六，一到点就安静地看电视，还拿个小本做笔记，包括清朝十二个皇帝的名字、年号、生卒年月、陵寝等等都能够一一背下来。家长来信感谢阎先生，说孩子现在对学习感兴趣，上课也不再闹了，学习也用功了，连老师也感到奇怪。这位家长说，将来一定要到北京来看阎先生。一次阎崇年乘火车出差，车票买的是上铺，一进车厢，立刻被两个“粉丝”认了出来，并且一定要把自己的下铺换给阎先生，后来一聊天才知道这两位“粉丝”都是军队的师级干部。清华大学教授、两院院士吴良镛先生一次见到阎崇年说：“我和爱人都喜欢听您讲。”一位出租车司机在给阎崇年的来信中说，他每天中午 12 点半赶回家边吃饭边听讲座，晚上下班回家后 8 点要先睡觉，半夜起来后再看重播，从不耽误。一位喜欢篆刻的观众听阎先生讲了努尔哈赤成功的“四合”因素后，刻了一方印有“四合书屋”四个字的印章，专门送到了阎先生家。

有一件事让阎崇年很受感动。前一段时间他被南京方面邀请去做讲座，事前主办方向读者发两千多张票，不到半个小时就全部发完。可不巧的是，讲座那天的早晨下起了瓢泼大雨，主办方开始担心当天的上座率，在接阎崇年到会场时对他说今天可能不会来什么人了，让阎崇年有些思想准备，但没想到当天会场座无虚席，还有不少人没有座位是站着听的。主办方后来对阎崇年说，幸亏今天下大雨了，要不还不知道来多少人呢！讲座后许多人请阎崇年在书上签名，结果签名从上午 11 点多一直进行到下午 1 点。

阎崇年收到过的最长的一封来信有 121 页 36300 字，后来，阎崇年在回信的时候回赠对方一本书以示感谢。来信者中年龄最大的有 90 高龄。阎崇年说读者们其实是很有水平的，任何一点小错误都可能被他们看出来，在《正说清朝十二帝》一书中有幅图片，是一张皇帝的诏书，有读者来信说该图下面标注的文字和图片上的内容不符，阎崇年马上翻书去看，由于图上的字迹太小看不清楚，找来放大镜后发现确实是错了。在《正说清朝十二帝》一书中曾提到珍妃的哥哥，原来写的是她的胞兄，但珍妃娘家的后人和阎崇年联系，并拿出了自己家的家谱，告诉阎崇年应该是堂兄而不是胞兄，后来阎崇年在重印的时候把这个错误改了过来。

《正说清朝十二帝》这本书第一次只印了 5000 册，基本上是还没有上市就没有了，第二次还是印了 5000 册，刚一上市就销售一空。盗版书商看到了其中巨大的市场机会，于是很快盗版书开始大量上市。阎崇年感慨地说，过去他写了 20 本书，但发行量都很少，能卖到 1000 册就算不错了，《袁崇焕研究论集》仅卖出不到 200 册。当时有些书他不要稿费出版社还不太愿意出，而现在已有 70 多家出版社与阎崇年联系希望与之合作。

阎先生说现在人们对历史学感兴趣了这是一件好事，但是同时对历史学也应该有一个正确的认识，因为历史学的功能是多元的。阎崇年将历史学的功能分为四个方面：第一是学术功能，主要包括学术论文和专著，重在同本行的学者交流。第二是资治功能，读者读完之后，能从中了解、领悟历史的经验和教训，这个也是很需要的，像司马光的《资治通鉴》。第三是文化功能，历史学者要传承文化，传承历史，要让广大读者了解更多的历史知识，提高文化素质。第四是教化功能，要对广大青少年进行爱祖国、爱历史、爱民族的爱国主义教育，这是历史学工作者不可推卸的责任。

勇敢是学者的第一品格

阎崇年先生出生在山东蓬莱一个靠山面海的渔村。曾祖父、祖父、父亲早年来北京“打工”。1949 年 4 月阎崇年来到北京，在北京六中读中学，后考到北京师范大学，1980 年进入北京市社会科学院。1991 年北京市社会科学院满学研究所创建任所长，1993 年北京满学会创建任会长。主要著作包括：论文集《满学论集》《燕史集》《袁崇焕研究论集》和《燕步集》共 4 部；专著有《努尔哈赤传》《天命汗》《清朝通史·太祖朝》《清朝通史·太宗朝》《中国历史大事编年·清代卷》《古都北京》《清朝皇帝列传》等 25 部；主编《满学研究》（一至七辑）、《袁崇焕学术论文集》、《戚继光研究论集》、《20 世纪世界满学著作提要》等 14 部。先后发表满学、清史、北京史论文二百余篇。

阎崇年早年攻先秦史，一次他将自己的一篇先秦史论文拿去请中国科学院历史研究所（时称中国科学院历史研究所，1977 年改称“中国社会科学院历史研究所”）的杨向奎教授指教，杨先生看后连连叫好。几天之后，杨向奎给当时只有二十多岁的阎崇年写来一封信，希望阎崇年转攻清史。在信中杨向奎提出先秦历史大多依靠关中的地下发掘资料，身在北京就没有这种资源上的优势。而清史研究北京则有着别处无法相比的优势，宫廷建筑、清宫档案都集中在北京。收到这封信后阎崇年“闭门”思考了一个月，之后他做出了研究清史的抉择，由此开始了他四十多年漫长的研究之路。

1963年阎崇年被下放到南口农场劳动，为了能够学习他带了很多书，有《毛泽东选集》《马克斯恩格思选集》，还带了许多当时被归入封资修之类的线装书。阎崇年回忆说："自己能够有今天的学术上的积累实在要得益于下放的三年遇到了一位好领导麻自通先生，当时有人反映说我看封资修的书，他就给我安排上夜班，这样就可以使看到的人少一些，还可以让我有好一点的环境看书。即使是在十年'文革'期间我也抓紧时间看书，《努尔哈赤传》就是在'文革'的时候写成的。"这段时间被阎崇年很好地利用起来，而且非常幸运的是"文革"期间阎崇年躲过了红卫兵的抄家，这样才使得早期买的许多书籍得以保存了下来。

阎崇年每天早晨4点起床开始工作，晚上11点休息，几十年如一日。他除了将主要精力放在清史研究上，还经常阅读《大学》《中庸》《论语》《孟子》以及《说文解字》等大量中国古典著作。他说，中国传统文化的根源在先秦，这是我们中华文化的一个重要根源。因为从事的是历史研究工作，对每一个字是怎么回事都要弄清楚，所以《说文解字》这本书一直在阎崇年先生案头放着。《史记》同样是对阎崇年产生重大影响的一部书。他说，司马迁讲"究天人之际，通古今之变，成一家之言"，要研究天人之间的关系。他后来提出"四合"即天合、地合、人合、己合，也是受了这个思想的启发。

作为满学大家，阎崇年认为清朝对中国传统文化的传承是有着巨大贡献的。他说，在世界四大文明古国中，古埃及、古印度、古巴比伦的语言文字都中断了，只有中国没有断。在中国历史上有三次可能断的朝代：一是南北朝，因为很短没有断；二是蒙古人建的元朝，也因为很短而没有断；三就是清朝。清朝是少数民族建立的政权，统治时间长达近三个世纪，可是中国传统文化还是没有断。为什么呢？阎崇年说："如果当时的清朝政府要求所有的汉人都必须说满语，必须学习满族文化，必须用满文去进行科举考试，那现在的历史就是另一回事了。"他认为，清朝皇帝并没有强制推行满族文化，相反还积极地学习汉语，如乾隆修《四库全书》，对中国传统文化的传承是有功的。尽管也有文字狱，有"嘉定三屠""扬州十日"，但过不掩功，总体而言，清朝对中国文化的传承起到了重要作用。

与许多学者不同的是，在交谈中，阎先生多次提出勇敢的品格对于一个学者的重要性。他说，勤奋、刻苦、执著、创新这些固然重要，但他始终认为勇敢是作为学者最为重要的品格，自己能够在学术界有一点成就，或许就是因为比同行多一些勇敢的原因。"一个学者在遇到困难的时候没有胆量是不行的。"阎崇年说。

阎崇年的治学态度非常严谨，他称自己"不是清史专家"，只是"天命朝 11 年的专家"。因为清史的范围太广，而他重点研究的是清朝开国史。阎崇年说，"天命朝 11 年，我可以说我所有材料都看过了。要说没看过的，估计是个考古新发现什么的，但是，我肯定会比一般人先知道。"这一点也是阎先生颇为自慰的地方，他是在全球范围内最早发表研究努尔哈赤研究专题论文和学术传记专著的学者。

近二十年，阎崇年先生还倾力于满学学科的建设。在此前学术界一直有一种说法就是满学是欧洲最先有的。上世纪80年代，阎崇年看到我国有藏学、蒙古学等学科，但没有把满学作为专门的学科，于是，1989年，阎崇年提出成立满学研究所的想法。1991年北京市社会科学院成立满学研究所，它是全世界第一个把满族历史、语言、文化整合成一个学科来研究的专业的满学研究机构。1992年8月召开了第一届国际满学研讨会，至今国际研讨会已举办了五届。1993年，在有关方面的支持下，又成立满学会，满学会目前已有会员100多人。他还主编出版了满学研究的论文集《满学研究》。通过阎崇年和满学研究所等一批学人多年的努力，满学研究在国内已渐成气候，满学研究的中心在中国、在北京已被国内外同行所公认。

变与不变

继《正说清朝十二帝》后，阎崇年先生又出版了新书《袁崇焕传》。阎崇年似乎对袁崇焕有着一种特殊的情感，曾出版过四部关于袁崇焕的论集、传记等，同时，他正在与中央电视台制作一部《明亡清兴六十年》系列讲座。讲座以袁崇焕为主线，前后时间跨度60年。这个讲座已在今年9月央视的《百家讲坛》栏目中播出。

谈起袁崇焕，阎先生非常激动。他说："袁崇焕的爱国精神值得我们好好学习，这也是我写《袁崇焕传》的原因。我希望有更多的人了解袁崇焕，学习袁崇焕。"阎崇年并不赞成有人提出袁崇焕的精神实质是"忠孝"的提法，他认为袁崇焕的精神实质是“爱国”和“爱民”。他爱的不仅仅是皇帝，他更爱国家和人民，他维护的是国家和民众的利益。袁崇焕做文官不爱财，做武官不惜死。他死后被抄家，家无余资，甚至连他的父亲发丧都没有钱，需要友人资助。“我们现在应该学习袁崇焕爱国的精神，勇敢的精神，求新的精神，清廉的精神。我自己从中受到很大的震动和启发，所以我写袁崇焕。”

学习历史，总结历史，并为今天的人们所用，这是阎崇年进行历史研究的一贯态度。在讲课中，他总结了“四合”“四力”，在读者和观众中产生了很大的影响。在讲努尔哈赤时，他把努尔哈赤的成功归结为“天合、地合、人合、己合”，其中又尤以“己合”为最重要，他说现在很多人能够面对成功，无法面对失败，心理不平衡、生理不平衡，这都是“己合”没有处理好的原因。他总结的“四力”也是一个人在现实社会中通向成功应该具备的能力，即：智力、努力、毅力和合力。他说，只有把这“四合”与“四力”组合好才能有所作为。

阎崇年先生回顾自己44年来清史、满学的研究，认为：我这些年的学术研究主要做了三件事情：第一，我为清朝开国史的研究添砖加瓦。写了《努尔哈赤传》《袁崇焕研究论集》《满学论集》《清朝通史·太祖朝》《清朝通史·太宗朝》等，《清朝开国史》一百二十万字，是一部至今字数最多的清朝开国历史研究的专著。第二，我倡议并创建了第一个专业满学研究机构——北京市社会科学院满学研究所和第一个满学专家教授组成的群众性的学术团体——北京满学会，倡议并主持五届国际满学研讨会，主编《满学研究》（一至七辑）、《20

世纪世界满学著作提要》等；和国内外满学同仁一起，将满族历史、语言、文化的研究整合成为一个国际性的新兴的学科——满学（Manchuology）。第三，我在中央电视台《百家讲坛》主讲《清十二帝疑案》和《明亡清兴六十年》等，开电视媒体百讲历史系列的先河，产生广泛而深远的学术与文化的影响。

平日阎崇年先生喜欢黄梅戏，最近刚刚把喜欢的黄梅戏光盘都买齐了，闲暇时他会认认真真地听上一段，他从这些不同时代、不同艺术家的音像中能够鲜明地感受到风格的流变。阎崇年这样评价自己："我出生在一个半海半山乡村的亦农亦商的家庭，从小受着农、渔、商三种文化的熏陶，身上有着比一些人多一点的刻苦、勇敢和通变的素质。一个人必须变，但应该是在变与不变之间。'变里有不变，不变里有变'。对我来讲，这次是电视台把我逼上讲坛了，我变了，但是我一辈子研究满学、清史的专业志向不能变，这是我学术的根本。我要在变与不变中坚守我的学术本分。"

从《正说清朝十二帝》看经典的形成与特点

宋志军

【题记与作者】

本文作者为中华书局出版《正说清朝十二帝》一书的责编宋志军先生。他还是《袁崇焕传》、《明亡清兴六十年》、《康熙大帝》、《阎崇年说清史》（三册）、《清宫疑案正解》、《阎崇年图文历史书系》（八册）等书的策划和责编。宋志军先生先后任中华书局大众读物分社社长、中华书局副总经理、华文出版社社长等职。

2004年国庆长假期间，阎崇年先生的著作《正说清朝十二帝》甫一面世，就与《狼图腾》一道成为北京地坛书市的“爆品”，出版社库房里的书，都被北京市新华书店“就地截留”。所以长假一过，马上加印。而各地需求之旺盛，仍大出意料之外，因印量不足，一时间供不应求。

经验证明，畅销常与“时尚”相关。《正说清朝十二帝》的“时尚”主要体现在学术与电视的结合，阎先生此前在央视《百家讲坛》所作的《清十二帝疑案》电视讲座广受欢迎，电视观众转化为读者，上至九旬老者，下到六七岁孩童，其数量之大，购书热情之高，确实远远超出传统出版者的经验范围之外。而出版者的另一个经验则是，“时尚”的东西往往不持久。不少与“时尚”紧密贴合的畅销书，当潮流已过时仍大量加印，结果把利润变成了库存。所以不少书店的朋友好心提醒，不要头脑发热，加印量要控制。万圣书园的老板刘苏里先生却不这样看，他预言《正说清朝十二帝》不会只热一阵儿，而会成为经典，“十年、二十年、五十年后，这本书依然会有需求”。

作为本书的责任编辑，刘苏里先生的论断引发了我长久的思考：什么是经典？经典的本质特征有哪些？按照这样的标准，《正说清朝十二帝》是否符合？

一、“经典”的“三性”

经的本义是织布机上的纵线。段玉裁说，“织之从（纵）丝谓之经。必先有经而后有纬。”（《说文解字注》）也就是说，相对于纬线（横线），经线是先存在的。同时，经线静而纬线动，纬线围绕经线，往来穿梭，遂成布匹。从这个意义上说，经线是相对恒定的，带有决定性的。

典，《说文解字》释为“五帝之书也。从册在丌上，尊阁之也。”也就是说，典指的是上古圣人之作，要供奉起来供瞻仰、学习。“典范”“典则”等语词，揭示了“典”是一个很高的标准，具有示范性特征。

综上，经典至少有三个特征：开创性，即先于同类作品而存在；恒定性，即持久地“被需求”，不易“过时”；示范性，即有一大批模仿或跟进者。

以此“三性”来衡量，《正说清朝十二帝》无疑都是符合的。

刘苏里先生说的“十年、二十年、五十年”，是从恒定性的角度定义经典。《正说清朝十二帝》从面世到现在，十六七年过去了，依然受到读者喜爱，常销不衰。这是时间给出的答案。

以开创性论，阎崇年先生从电视讲座到图书出版都是有开创之功的。

阎先生被公认为《百家讲坛》的“开坛元勋”，而事实上，他并不是首位登上《百家讲坛》的学者。所谓“开坛”，体现在哪里？我认为，阎先生之于《百家讲坛》，一个最重要的贡献是帮讲坛找到了学术内容与大众趣味的结合点。具体来说，就是以学术为内核，以大众关注的“话题”为切入点，以故事和评说为主要表达方式。因此，学者不觉其浅，大众不觉其深。《百家讲坛》“让专家、学者为百姓服务”的栏目宗旨，可以说是从阎先生的节目开始比较好地实现的。阎先生的第二个贡献，是在《百家讲坛》确立“普及中国优秀传统文化”的栏目定位和战略方向上起到了“灯塔”的作用。回顾《百家讲坛》的历史，会清晰发现，这档于2001年开播的讲座类栏目，起初选材是比较宽泛的，曾涉及文化、生物、医学、经济、军事等类别，而在2004年、2005年之后，明显向以社科文史为主要类别的中华优秀传统文化方向聚焦。《清十二帝疑案》讲座的巨大成功以及由此进行的案例总结、经验推广，无疑使得《百家讲坛》的战略定位越来越明晰，此后逐渐形成了比较鲜明的风格和特色。阎先生的第三个贡献，我以为是与《百家讲坛》栏目组一起开创了“主讲人制”。此前的节目形式，大致可以名之曰“主题制”，即围绕一个主题，多位名家讲说。比如2004年3月份，讲坛曾推出一个“女人说话”系列节目，邀请的讲者有张抗抗、李玲、叶广岑、李银河、陈丹燕等七位。由一位嘉宾把十几讲、甚至数十讲的内容完整讲述出来，在阎先生之前似未有过，而阎先生之后，则很快成为讲坛的主要节目形式。有上述三大开创之功，说阎崇年先生是《百家讲坛》“开坛元勋”，诚不为过！

从图书出版的角度，我认为，阎先生及其《正说清朝十二帝》的开创性主要体现在：一是开启了出版与《百家讲坛》电视讲座成功“联姻”的范例，此后，《百家讲坛》的“坛坛好酒”，几乎都被图书出版者抢购一空。电视讲座为出版预热，出版为电视讲座进一步扬名，成为一种现象、一个模式。二是首先树起了“正说历史”的大旗，在“戏说”泛滥的当时，起到拨乱反正作用。

“正说”很快成为当年出版领域最热的话题，响应者多，跟进者众，汇成潮流。三是示范了高质量的普及读物所应有的内核——没有学术积淀的普及既不能深入、更不能持久；缺乏大众表达的所谓普及，只能是“知音少，弦断有谁听”！《正说清朝十二帝》背后的学术积淀不必多说，我这里想着重谈谈大众表达。大众表达绝不仅是把话说得浅白那么简单，从根本上说，首先要有服务大众的意识。服务的前提是尊重和了解，大众关心的话题是什么，困惑在哪里，了然于胸并认真地去答疑解惑，也就找到了与大众交流的共鸣点。《正说清朝十二帝》从“疑案”切入，这个“点”找得很准。服务大众，也不意味着事事处处曲意迎合。出版物是精神产品，理应对读者的精神世界起到向上的引领作用。而图书市场上确实也有不少以满足人们猎奇心理、低俗趣味而达其促销目的之作品，这样的作品不仅无益，而且有害。《正说清朝十二帝》的“正”，是正本清源，也是弘扬正气，用阎先生的话说，就是对待历史，要有敬畏之心，不要“戏说”，更不能“胡说”。“正”是世界观，也是方法论。实践证明，用“正说”的方式讲述历史，同样能够赢得读者。大众表达还要重在“表达”。把复杂的事情说简单，把抽象的道理写直观，把学术话语转换为百姓语言，是极不容易的事，阎先生的《正说清朝十二帝》却很好地解决了这个问题。该书实际上是以皇帝为线索串起的清朝简史，写十二帝但不局限于皇帝本人，而是通过皇帝写那个时代。这种以人物带历史的讲述方式，是大众读者比较容易接受的方式。同时，阎先生对每个人物都不是按照一个固定套路来写，而是突出其主要特点，比如写顺治帝的关键词是“关系”（同母后、同皇叔、同爱妃、同洋人、同僧人），写咸丰帝的关键词是“错”（错坐了皇帝宝座、错离了皇都北京、错定了顾命大臣），这样的写法显然不是学术论文的路数，却便于大众读者理解和掌握。

关于阎先生和《正说清朝十二帝》的示范性，就无需费词了。根据开卷数据，自2004年以来，冠以“正说”之名的图书，超过250种，足见阎先生和《正说清朝十二帝》的引领力之强、示范作用之大。

二、经典产生的条件

任何事物的成功背后都需要具备一定的主客观条件。阎崇年先生论人讲史常言“四合”，即天合、地合、人合、己合，就是对这种主客观条件的进一步具体化。以“四合”理论来分析《正说清朝十二帝》的经典化过程，我发现也是合适的。

先说“天合”。《正说清朝十二帝》出版前，多年来戏说历史成风，电视、书籍，铺天盖地。“戏说”泛滥，反而在一定程度上激发了民众了解历史真相的热情。阎先生电视讲座的播出、图书的出版，恰好回应了这种需求，因此既带热了电视栏目，也拉动了图书市场。这是“大势”，也就是“天时”。如果没有这个天时，虽然好的作品终不会被埋没，但也难以一下就如此深入人心，引起巨大反响。

次说“地合”。阎先生的讲座在中国最权威的媒体之一中央电视台播出，图书在中国最权威的传统文化出版重镇中华书局出版，这样的平台与阎先生的著名学者身份、与“正说”的旗帜多么契合！通过这样的平台进行传播，恰如登高一呼，应者必众。这就是占了地利。

三说“人合”。在图书宣传过程中，阎先生常讲一个“千人糕”的故事。故事说，看起来很普通的一块糕点，实际上凝聚了各个方面许多人的心血，比如生产原料离不开农民，磨成粉需要工人，做成糕点需要技师，再加上各种辅料，更是需要方方面面的人。他的意思是说，《正说清朝十二帝》的形成，也需要方方面面的资源、智慧和心力。这既是自谦，也道出了精品形成的不易。比如一讲内容，不光要过自己这关，还要过家人的关，现场观众的关，电视台的关，电视观众的关，出版社三审的关，广大读者的关……也可以说，这些内容正是吸收了各方面的意见，集中了各方面的智慧，才百炼成钢的。作为责任编辑，我对这些也是有深切体会的。阎先生闻过则喜的雅量和知错必改的认真，尤其让我印象深刻。记得当时有位同事的孩子，刚上中学，发现书中有一处把“珍妃”的“珍”误写为“诊”，向我反馈。这本是编校人员的失误，不属于内容质量问题，但阎先生还是很认真地给那孩子签了一本书，并写上感谢和鼓励的话。此后，我和阎先生之间有了一个默契，几乎每次临近重印都要打电话问他“有没有修订”，也几乎每次都会有几处修订内容。起初还有所谓的“硬伤”，到后来就差不多都是“精益求精”了。这部书到现在重印了近 60 次，我离开中华书局也四年多了，前些天见到阎先生，我又问：“现在重印还有修订吗？”得到的回答是：“还有，但是少了些。”

最后说“己合”。这些年随阎先生出席各种活动，听他在不同场合做节目、做讲座，发现他都在做“分内之事”，决不跨行。我觉得这是一种看透了舍与得的智慧。《正说清朝十二帝》之所以得到包括学界同行在内的广泛认可，不也正是因为它植根于阎先生数十年心无旁骛的清史研究之上吗？这就是“己合”，所谓厚积薄发、博采约取！没有这样深厚的根基，经典之花又何从绽放？

阎崇年先生践行“四合”人生，更是“己合”典范。在米寿之年，他仍身健笔健，推出《故宫六百年》等新著。这些新著视野宏阔、立意高远，不论是文笔、剪裁还是思想方法，都炉火纯青；而以《正说清朝十二帝》等为代表的一批旧作，经过岁月淘洗，依然生机勃勃、广受欢迎。古人以立德、立功、立言为“三不朽”，阎崇年先生人高寿，书也长寿，于个人、于读者，都是十分幸运的事！

《正说清朝十二帝》的脚本好

徐彻

【题记与作者】

本文原载于《文化学刊》2007年第6期。因本文已在网络上大量流传，故作者除个别文字外，不再做改动。本文作者徐彻先生，著名历史学家，吉林大学历史学硕士，辽海出版社编审、教授，曾任辽宁古籍出版社社长兼总编辑。吉林大学等高校客座教授，为享受国务院特殊津贴专家。专著有《慈禧大传》《张作霖》《张学良》《清代全史》等，著述四十余部，千余万字。徐彻先生于2019年3月5日病逝，收录此文，敬示悼念。

《正说清朝十二帝》正在热销，势头不减。现已印刷27版，印数50万册。销售数量，大得惊人。一本历史著作能够有如此大的销量，固然与作者在中央电视台《百家讲坛》的讲座有根本关系，但是同作者讲座“脚本”的优劣也是密不可分的。作者的讲座获得了完全的成功。有心人在探讨作者成功的原因，说法林林总总。总体来看，我认为有五好，即选题好，脚本好，台风好，口才好，形象好。

其他的“好”现在不讲，只讲脚本好。脚本好是讲座成功的基础。所谓脚本，就是本书。

我认真地阅读了全书，并深入地进行了思考，认为这个脚本有许多值得称道之处。

第一，慎重选材，精心构思。正说清朝十二帝是一个大题目，不易把握。如果从1616年努尔哈赤成立后金国算起，到1912年清帝溥仪宣布退位为止，清朝延续296年，将近3个世纪。记载清帝活动的历史实录《清实录》有4250万字。在如此漫长的时间里，在如此浩瀚的史料中，作者要想精确地捕捉到清朝十二帝的史料，肯定会有老虎吃天之感。如果仅仅依靠《清史稿》里的《皇帝本纪》，又失之过于简略。好在作者曾经撰写过专著《清朝皇帝列传》，这为撰写本书直接地奠定了有力的基础。而且，关于清朝十二帝多年来又出版了不同版本的多种专著，这为撰写本书也间接地提供了有益的信息。总之，清史研究的蓬勃发展有利于本书的撰写。这从本书每个皇帝之后的“相关阅读书目推荐”即可窥知一二。如“光绪帝载湉”一章的“相关阅读书目推荐”就推荐了阎崇年著《清朝皇帝列传·光绪皇帝》、冯元魁著《光绪帝》、徐彻著《慈禧大传》和余同元主编的《清朝通史·光绪宣统朝》等4部书。

但即便如此，选材是否得当仍然是至关重要的第一步。选材既要抓住有关皇帝的本质，又要具有相当的趣味，这是对作者选材本领的一个严峻考验。作者经过反复思考，得出了大事和小事、要事和秘事一起抓的观点。每位皇帝都要选一二件大事要事，也选一二件小事秘事，这就既考虑了皇帝的重要性，又照顾了读者的趣味性。

作者阎崇年是研究清史和满学的专家。作者撰著、主编清史、满学著作40余部，发表论文300余篇。这些论著奠定了作者作为清史大家的坚实基础。

现以撰写“天命汗努尔哈赤”一章为例，来说明选材的不易。作者是研究努尔哈赤的专家。1983年出版了《努尔哈赤传》，1993年修订出版了《天命汗》，2003年还出版了《清朝通史·太祖朝》。同时，作者还撰写了一篇巨文《努尔哈赤论》（《明清史论丛》第3辑）。因此，作者在撰写本书的“天命汗努尔哈赤”一章时，可以说成竹在胸，可以信手拈来。他只设立了两个小标题：“十大功绩与成功之谜”和“兵败宁远及悲剧之因”。作者运用概括的手法，高屋建瓴地指出了努尔哈赤的十大功绩：统一女真各部，统一东北地区，制定满族文字，创建八旗制度，促进满族形成，建立后金政权，丰富军事经验，制定抚蒙政策，推进社会改革，决策迁都沈阳。作者总结写道：

“努尔哈赤一生打过12次大胜仗，留下十大历史功绩，他的人生轨迹可以说是光彩夺目。”

在概括地论述了努尔哈赤十大历史功绩的基础上，作者指出了努尔哈赤留下的12桩历史疑案：“近一个世纪以来，史学家研究努尔哈赤，有很多成果，也有很多谜团。努尔哈赤至少留下12桩历史疑案——先世之谜、姓氏之谜、身世之谜、幽弟之谜、杀子之谜、族名之谜、八旗之谜、建元之谜、大妃之谜、叶赫老女之谜、炮伤之谜和遗诏之谜，等等。”至此，作者笔锋一转，下文专门论述努尔哈赤的成功之谜和兵败之谜。

作者设问道：“努尔哈赤成功的秘密在哪里？”然后自问自答：“而更关键的因素在于他实现了‘四合’——天合、地合、人合、己合。”作者最后写道：“清太祖努尔哈赤一生善于‘天合、地合、人合、己合’，实现了最大的人生价值。”

努尔哈赤为什么兵败宁远呢？作者指出：“天命汗晚年，被胜利和权力腐蚀了聪明，冲昏了头脑，犯下错误，吞下苦果。”但最后作者评价道：“瑕不掩瑜。清太祖努尔哈赤虽然晚年有过一些失误，犯过一些错误，但他仍不失为一位杰出的历史人物。”这个评价是准确的。

努尔哈赤的十大历史功绩，作者是点到为止。而努尔哈赤留下的12桩历史疑案，作者留给研究者去探讨。作者只选取了两个谜案，进行分析。以上行文既有抽象的概述，又有具体的阐发，可以看出作者在选材上的高超的功力，精到的匠心。

清太祖努尔哈赤作为清朝的开国之君，对清朝历史有着重要影响，作者分析并论述道："努尔哈赤既播下了康乾盛世的种子，也埋下了光宣衰世的基因。"

第二，巧选谜案，耐心化解。作者在选材上手法高超，在论述上也是手段高明的。本书提出了一些历史谜案，这些谜案多年来令人迷惑不解。作者对于破解这些历史谜案，似乎多有偏爱。许多清史之谜，在他的层层剖析下，迎刃而解。有的经过他的分析，得出一时不能破解的令人信服的结论。如本书论述的"慈禧身世异说"，就表现了作者考证解谜的深厚的功力。关于慈禧的出生地，史学界目前存在六说：甘肃兰州说，浙江乍浦说，安徽芜湖说，内蒙古呼和浩特说，山西长治说，北京说。作者经过严密的考证和有力的推理，否定了前五说，根据档案提出了北京说。言之成理，无懈可击。像这样有理有据地化解谜案，本书随在多有，不胜枚举。

第三，爬罗剔抉，尊重档案。爬罗剔抉，就是发掘搜罗，挑拣选择。作者在研究历史难题时，非常注意运用爬罗剔抉的方法。在爬罗剔抉的前提下，极其重视档案等第一手资料。这是作为历史大家的作者研究历史的重要方法。这一研究方法贯穿本书的始终。我们只举一例加以说明。作者在研究论述乾隆帝"亲生母亲之谜"时，就始终娴熟地运用了这个方法。

作者论述：乾隆的生母，正史记载为“原任四品典仪官、加封一等承恩公凌柱女”；野史传说则有多种说法，如热河宫女李金柱、内务府包衣女子、傻大姐、“村姑”、海宁陈夫人等。乾隆的生母是谁，确实是一桩历史疑案。

作者进一步论述：野史记载与民间传说，有多种说法。以下作者提出了五种传说：第一种传说，乾隆生母是浙江海宁陈世倌的夫人。这是许啸天《清宫十三朝演义》和金庸的《书剑恩仇录》等小说的记载。第二种传说，乾隆生母是承德的一个贫家女子。这是晚清诗人、掌故学家王闿运在其《湘绮楼文集》里首先提出，张采田的《清列朝后妃传稿》加以引用传播的。第三种传说，乾隆生母是热河汉人宫女李佳氏。这是曾经作过热河都统幕僚的近代作家冒鹤亭提出的，后经作家周黎庵渲染，再经台湾学者庄练及台湾小说家高阳的认同，传播甚广，似成铁案的。第四种传说，是晚清文人天嘏在《满清外史》中提出的。他说乾隆帝喜欢穿戴汉族衣服，因此乾隆帝是汉家女子所生。第五种传说，是民国总理熊希龄听“老宫役”说的，乾隆生母是“傻大姐”。这个说法又被《胡适之日记》传播开来。

以上五种传说，都是出自野史、小说、笔记、日记、口碑等不可靠的资料。作者在前引爬罗剔抉的基础上，引用了正史等档案资料进行论证，结论就牢靠可信。作者引用了第一历史档案馆保存的《玉牒》和清宫档案《雍正朝汉文谕旨汇编》《清世宗宪皇帝实录》，得出结论：乾隆生母是熹妃。至于熹妃原来姓钱氏，后来姓钮祜禄氏，作者提出了一个大胆的假设：乾隆帝的“母亲总要有一个高贵的出身。因此，将熹妃的钱氏篡改为钮祜禄氏。是否可能由内大臣

‘满洲镶黄旗四品典仪凌柱’将钱氏认作干女儿？”议论至此，作者并不武断下结论，还是留有余地，他说：“乾隆生母问题，仍为历史疑案。”表现了作者对历史疑案的慎重的历史唯物主义的态度。

第四，长于提炼，善于概括。作者要想运用极短的篇幅恰到好处地论述一个皇帝，就有一个对该皇帝一生事迹的选择提炼、简洁概括的问题。长于提炼，善于概括，正是作者的一大特点。作者针对每位皇帝的具体特点，对他们的一生都作了富于个性的提炼概括。

作者提炼概括每位清朝皇帝一生的特点时，是经过认真缜密的思考的。2005年，我同作者有过多次接触。我们共同参加了一些清史、满学的国际会议。作者跟我聊到写作本书的体会时，曾谈到他对一些皇帝的一生是如何提炼概括的。

如谈到顺治帝时，作者经过长考，突然眼前一亮，想到可以运用“同……的关系”的模式来概括，从而顺利地写出了：同母后的关系，同皇叔的关系，同爱妃的关系，同洋人的关系，同僧人的关系。这五个关系，恰如其分地概括了顺治帝的一生。细细想来，顺治帝的一生确实是在处理和这五个人的关系：母后孝庄皇太后，皇叔摄政王多尔衮，爱妃董鄂妃，耶稣会士汤若望，僧人玉林琇，僧人还有憨璞聪等。作者漂亮地运用了五个排比句式，简洁地概括了顺治帝的一生。

又如谈到撰写咸丰帝时，作者的灵感来了，他突然想到了陆游的词《钗头风》：“红酥手，黄縢酒，满城春色宫墙柳。东风恶，欢情薄，一怀愁绪，几年离索。错！错！错！”这里的三个“错”字启发了作者，使作者拟写出了咸丰帝一节的如下的节题：错坐了皇帝宝座，错离了皇都北京，错定了顾命大臣。熟悉咸丰帝历史的人，一定会为作者所拟定的节题拍案叫绝。因为这三个排比节题，确实中肯扼要地点出了咸丰帝的一生。

除以上四点外，本书的特点还有许多。如史料选取的得当，材料剪裁的得体，叙议结合的完美，语言叙述的简洁，行文过渡的自然，修辞运用的娴熟，评价用语的准确，标点使用的确切，等等。打铁还需本身硬。一本书的成功绝对不是偶然的，可以说是作者综合实力的体现。这是和作者平时刻苦的学习、广泛的阅读、积极的思考及深入的研究密不可分的。

我同阎崇年先生相识 20 余年，其间多有交往，深感先生是一位恂恂儒者、谦谦君子。先生的家可以称为一个大书库，屋里到处是书。先生接受新鲜事物很快，是最早学会电脑的老一辈史学家之一。

《正说清朝十二帝》是高深的历史著作走向百姓、走向大众的一个成功的范本，值得深入研究。还是本文开头的那句话：脚本好是讲座成功的基础。

央视访谈录：董倩对话阎崇年

【题记与作者】

2006年6月22日，中央电视台《百家讲坛》制片人万卫先生，邀请央视著名主持人董倩和主讲人阎崇年，在中央电视台10频道《百家讲坛》录制现场，进行了一场对话，并在央视播出。董倩女士，1995年北京大学历史系毕业，同年进入中央电视台新闻中心评论部，先后在《东方之子》《新闻调查》《新闻1+1》《面对面》做采访记者、主持人。对话记录稿，经整理如下。

董　倩：观众朋友们大家好，从 2004 年 3 月开始，大家就会发现在《百家讲坛》这个栏目中走上了一位研究清史的学者，他用非常生动的语言给大家讲述着有清一朝 296 年的历史，让我们看到一位位皇上，一共十二位皇上非常有意思的事情，让我们领略到了我们平常领略不到的清朝的繁盛，以及我们熟悉的清朝的腐朽，这位学者就是北京满学会会长、北京市社科院研究员阎崇年先生，今天我们就把阎崇年先生请到现场，阎先生请。

阎崇年：谢谢主持人，谢谢大家。

董　倩：为什么要谢我？

阎崇年：因为您是我们今天对谈的主持人，您今天是我的领导。

董　倩：平时大家对阎先生的认识更多是阎先生自己坐在这儿，以非常生动的语言，用非常平静的状态，来讲述这段历史。今天加了一个因素，加了我，我相信跟阎先生的对话，可以让大家更多地了解阎先生这个人。

（一）

董　倩：我想首先有一个问题，大家非常关注，就是为什么您会走上电视？把您研究的东西给大家讲着听。

阎崇年：这是一个完全偶然的机会，因为中央电视台 10 频道《百家讲坛》设立一个专题，叫《清十二帝疑案》，就是十二个皇帝请十二个人讲，栏目编导打电话给我，说阎老师，请您讲第一讲——清太祖努尔哈赤。我说奇怪啊，您中央电视台怎么知道我啊？她说您写过一本书叫《努尔哈赤传》。我说不错，是写过了，就这本书（展示原书）。

董　倩： 哪年出版的？

阎崇年： 1983年北京出版社出版的。她说所以我们知道您研究努尔哈赤，就请您讲努尔哈赤。我说我不行啊，哪讲得好啊？

董　倩： 是真的觉得自己不行，还是推托一下？

阎崇年： 真的觉得没底。

董　倩： 为什么？

阎崇年： 因为当着电视观众，我没有滔滔不绝讲一个小时过，个别采访三五分钟，七八分钟的有，站着滔滔不绝讲一个小时从来没有过。

董　倩： 您觉得这个任务您能完成吗？

阎崇年： 我觉得是心里没底。后来，我说好吧，试试看吧，行就行，不行的话你们就给毙掉算了。结果我就去了。

董　倩： 是在这个地方吗？

阎崇年： 没有在这个地方，是在中国人民大学多功能厅，观众很多，有本科生、硕士生、博士生、博士后，还有老师，因为贴了海报，谁来都可以。

董　倩： 有多少人？

阎崇年： 大约有七百多人。

董　倩： 那么多人啊？

阎崇年： 那个多功能厅根本坐不下了，走道里头、窗户旁边全是人。不仅仅是学历史的，学文学、哲学、法学，还有搞计算机的，搞经济学的，国际关系的，什么专业都有。

董　倩： 那很奇怪，一次讲座在没有开始之前，大家都不摸底的情况下，一下子来这么多人，这是不很常见的情况吧。

阎崇年：他们也没有做宣传，就是贴了一张海报，在中国人民大学贴了海报，可能很多人知道我的名字吧，因为我写过几本书，然后就来了。

董　倩：您一上台就能滔滔不绝地说吗？两腿有没有发抖？

阎崇年：没有，我往台上一站，所有事情就都忘了，脑子里都是我要讲的努尔哈赤。滔滔不绝，讲了很长时间，我问那位编导，我讲了多长时间呢？她看表以后，说您整整讲了 60 分钟了。我说打住，你们需要 45 分钟，我已经超出 15 分钟了。

董　倩：您不是不紧张吗？

阎崇年：不是啊，我当时是顾不上其他的了，结果两个嘴角就有白沫子，而且也没有喝水，后来说你怎么也不擦一擦嘴角啊？后来播放的时候，我从美国接到一个长途电话。

董　倩：谁给您打的电话？

阎崇年：是我儿子从美国打来的电话。

董　倩：他怎么看到的？

阎崇年：他看到了，他说您怎么也不擦一擦嘴角啊？我说当时也顾不上了。后来我就说编导，你们怎么也没看见？停一下，完了擦擦嘴再接着讲。她说我们听得出神，也忘了。

董　倩：您说到这儿，我们不妨看一下，您第一次登上讲坛的时候是什么样？再看一下，您心里先别打鼓，我们一起看一下。

【大屏幕回放一】

董　倩：这是两年前的节目，为什么鼓掌？

观　众：精彩！

董　倩：阎老师看完自己第一次露面、亮相，怎么评价？

阎崇年：我觉得 60 分吧，算及格。

董　倩：对自己评价不低，能评上及格呢。

阎崇年：后来他们就问我说：阎老师，我们一块儿吃顿饭吧？我说不行，你们特别忙，怎么能吃饭呢？他们说都安排好了。我说不行，饭不可以轻易吃。

董　倩：为什么？

阎崇年：俗话说，吃了人家的嘴短。

董　倩：为什么呢？

阎崇年：在吃饭的时候，对方提出要求，你就不好意思拒绝。

董　倩：他们又提出什么要求呢？

阎崇年：他们提出要求，说清朝十二位皇帝请您一个人讲。我说不行。她说为什么不行？我说讲好了，不好；讲不好，就更不好了——你本来就不行，你在那儿逞能，果然讲砸了吧！她说没事，您就讲吧。又让一步说：您加一讲好不好？就加皇太极！我说讲皇太极行，我写过皇太极朝的历史，60 多万字，把它压缩成一万字讲，我心里有数，我就答应了。我把皇太极讲了。讲完了她们又说，阎老师您再加一集顺治吧！我说讲顺治不行，不要说全国，就咱们北京研究清顺治的专家很多人，都有专著。她们不依不饶说：阎老师，您讲吧！我想顺治帝有故事，出家做和尚的故事，太后下嫁的故事，还有董鄂妃的故事，都很有意思。我说，研究顺治帝的先生都是我的朋友，讲不好他们也会谅解我，就答应了。

董　倩：那您的顾虑都没有了吗？

阎崇年：这个时候，有一点信心了。我觉得顺治帝也好讲，肯定大家有兴趣，就把顺治讲了。讲完顺治帝后，电视台的先生告诉我，收视率就冲上去了。接着又要我讲康熙。我说康熙不能讲，康熙六十一年，才讲45分钟，那怎么讲？你要精彩故事讲多了，重大历史事件讲不了，我们清史界通不过啊，你怎么净讲后宫的花花事儿？后来我就跟他们商量，讲几个故事，也讲重大的历史事件，把康熙这个人物的功绩和特点能突出出来。不错，《百家讲坛》的一些编导挺开明，就同意了。我这硬着头皮讲了康熙。康熙讲完以后，收视率又上去了，这就叫“上了贼船下不来了”。往下，你得讲康熙的儿子雍正啊，得讲康熙的孙子乾隆啊，他子子孙孙就延续下去了，一直讲到宣统。

讲完宣统还不行，还得讲，我说还讲什么？他们说十二位皇帝是横着说的，您再纵着说，就叫作总说，就是清朝历史几个重大问题，比如八旗制度问题，皇位继承问题，等等，我就纵着说。说完了还不行，说您得回答问题。我说观众提的问题义不容辞回答一次吧。结果是问题连着问题，没完没了。就一次接一次，一讲连一讲，一年多了，人就很瘦了。同事们说您瘦成这个样子，是不是得大病了？我说不行，停一停，讲了38讲，就暂告一段落。

董　倩：这个累主要是来自哪方面的累，是精神上的累还是体力上的累？

阎崇年：体力上和精神上都累，因为每讲一讲我都精心地来看材料，精心地思考，精心地设计，每字每句都得精心地琢磨，因为究竟这个电视媒体面对广大人群，和我们底下三五个人聊天是不一样的，特别是记录在案，网上也有，光盘也有，文字也有，那是在众目睽睽之下，还是非常辛苦的。

董　倩：我看您节目的时候，我们全家人老少几代一起看，当时就看您讲课的时候从来都是往前看，从来不低头，后来我们家里人说你瞧人家张口就来，这是什么本事，因为我是学历史的，我说这可不是张口就来，张口就来有胡说的性质在里面，这一看人家经过精心准备，您是每次要准备多长时间？

阎崇年：有一句话：给别人一碗水，要准备一桶水。所以我要讲45分钟，必须准备，大约讲5000多字，我要准备的资料写成约两万字的文稿，就是四倍于所讲的。这样在讲的时候有所选择，把一些更重要的事情讲给大家听。

董　倩：但问题是您是研究努尔哈赤的，稍微推延一点可以研究到皇太极，这都是您的囊中之物，但是接下来的十个皇帝，您可并不是专门研究他们的，对于努尔哈赤和皇太极来说一周可能是够的，但对于其他的，并不是在您研究范围之内的那些皇上来说，一周的研究时间是不是够？

阎崇年：清史是一个整体，学前头必须了解到后头。像一条江河一样，不仅要了解河源，还要了解下游。我四十多年以来，始终关注清朝全部历史的发展，如我已出版了《清朝皇帝列传》，但我研究重点是在清的前期。

董　倩：作为一个在讲坛上面对公众讲课、讲演的人，他心里可能有一个观众的预设，我这些东西讲给谁听的，您心中预设的观众群、听众群是哪些人？

阎崇年：观众群、听众群第一次我不太清楚，我一看观众，主要以学生为主，以大学生、本科生、硕士生、博士生和一部分年轻老师为主，后来我就不断地观察，还有接到很多的电话和来信，成分不同了，大概年龄最小的是上小学一年级，6岁，年龄最大的，给我写信的是90岁。观众的分布是很广的，北到黑龙江，南到海南岛；而且职业也不同，有出租车司机、工人、外企的白领，还有大学教授、两院的院士。

董　倩：面对这么大的观众群体，有一句话叫作“众口难调”，您怎么讲？有的时候满足了这一群体可能忽视另一个群体。

阎崇年：但是我想，这么多人有共同点，共同点是什么呢？我后来归纳为“四求”：第一是求知，从6岁的小孩一直到90岁的老人，他看你的电视要求得到一些知识，我就尽量满足观众的知识需求。第二是求真，因为在我讲之前，这20年时间，电视剧，特别是清代、清宫电视剧可以说铺天盖地，家喻户晓，人人都看，哪些是真的？哪些是正说？哪些是戏说？希望分辨一下。男女老幼，不同行业，不同地区，不同文化，求真却是共同的。我就求真。我讲真实的历史到底是怎么回事。

董　倩：拨乱反正。

阎崇年：不敢这么说，我力求正说。您比如康熙微服私访，很多人都问，是真的还是假的，有没有这个事，六七岁的孩子有这个问题，八九十岁的老人也有这个问题，我自然要回答这个问题：历史上没有这个事。

第三是求励，励志那个励，特别是中青年，25—40岁左右这个年龄段，他们都朝气蓬勃地发展，找一点历史的智慧，能够对自己的事业成长有所帮助，我就尽量利用历史上的经验，特别是一些教训，通过电视讲坛，给大家励志和启发。最后听我讲的很多是公务员和官兵，这些人主要是求鉴，《资治通鉴》的鉴，吸取一些历史的经验和教训，对我们安邦治国，对我们国家的发展，中华民族的复兴能有所助益。

董　倩：那这“四求”是在一开始就预定好了，还是不断地总结出来的？

阎崇年：不断地总结出来的。我讲时有一个特点，我眼睛老看着大家，哪个地方大家有兴趣了，他也有点微笑；哪些地方不太感兴趣了，他可能就闭会儿眼睛——我就随时调整，根据大家的表情随时调整我的内容。

董　倩：说到这儿，肯定跟学者的感觉就完全不一样，我们说学者可能就低头看自己的稿子，看自己的研究，不用管别人，走自己的路，让别人爱怎么说怎么说，但是现在不一样了，您走上电视了，在电视的讲坛上要关注每一个人的表情，比如说这个人，他怎么闭上眼了，他是不是困了，那么他闭眼了，困了，是不是我说得不好了，要很在意别人了，这是不是跟您以前做学者很大的不一样的地方。

阎崇年：是不一样了。原来我写论文的时候，我发表过一篇论文，我估计有三个人看就不错了。我写这篇论文，就想给三五个人看。但是在电视上讲不一样，因为你面对广大的观众，他不看呢，他就给你毙了，就影响你们的收视率。

董　倩：他就给您毙了。

阎崇年：影响您们的收视率，跟我的关系不太大。

董　倩：我总觉得电视是一个威力很大的东西，有时候它的威力之大可能自己都会始料未及的。从 2004 年 3 月您走上《百家讲坛》一直到现在，您讲了这么多成功的讲座，越来越多的观众认识了您，而且随着您书的出版，越来越多的读者通过文字也知道您了，那接下来的问题就是您渐渐已经成为一个公众人物了，生活有没有受到改变，因为电视它的威力在于有的时候它能够改变一个人的生活方式。

阎崇年：生活有改变。我最主要就是对不住广大的受众。

董　倩：为什么呢？

阎崇年：因为电话是不断的，来信是多多的。

董　倩：他们怎么知道您家里电话的？

阎崇年：他们问我们单位，我们单位一般都不告诉，说这事，我们也不太清楚，他到班上什么时候问他吧，尽量不告诉。问地址，单位说地址网上有，也不好找。信就像雪片一样一摞一摞的，但是我也回不了那么多信，我 24 小时什么事不做，光回信也回不过来，所以我对广大受众来说，最大的一个歉意，就是不能一一地回信，也不能一一回电话。但是我也回了一部分，您比如一个老先生 90 岁了，卧病在床，他跟我说，您的《百家讲坛》，我每一讲必听，手颤抖着写了很长的一封信，我就给这个老先生回了一封信，因为他比我年长，我尊重他。

董　信：有没有因为您在电视上反复出现，会成为一个公众人物，比如说有的走上《百家讲坛》的学者，因为这样的一种传播，在路上更多的时候会被别人认出来，戴上一个大墨镜。您会吗？

阎崇年：我不戴墨镜。

董　信：没人认出来，还是不怕别人认出来？

阎崇年：被认出来以后，人家很主动，阎老师您好，我在《百家讲坛》里头看见您，握握手。我说谢谢您，有什么批评您就跟我说，当然说很多赞美的话了，从来没有一句批评的话，我说谢谢您，我就过去了。

董　信：那怎么可能，说阎老师您讲的真不好，不可能的事。

阎崇年：但是我不戴墨镜。

董　信：为什么？

阎崇年：我觉得没有必要隐瞒自己的身份，因为在商场也好，在街上也好，我前不久去意大利，在罗马的广场，好几个人认出来，上海的，非要拉我在意大利罗马的广场照个相，我说好，照相，握手。还有一次在法国巴黎塞纳河的游艇上，一个旅行团的人认出了我，拉着一起照相。因为观众对你是一种热情，也可以说是一种尊敬，我没有必要戴墨镜隐瞒我，我一定上去握握手，对人家表示感谢、敬意。

（二）

董　倩：我想在座的有很多观众朋友几乎是阎老师讲的每一堂讲座都要听的，我想知道你们对于阎老师的评价。阎老师讲了这么长时间，38 讲。你们的评价是什么？

观　众：先谢谢咱们的美女主持人给我这个机会。

董　倩：您先自我介绍一下。

观众：我是咱们一个热心观众，我姓于。我对《百家讲坛》的节目，一开始就很喜欢，但是达到更喜欢的程度，确实是听了阎老师的讲课。

董　倩：那您喜欢阎老师讲课的什么地方呢？为什么喜欢阎老师讲课？

观　众：像大家听到的，阎老师讲课生动等等。还有一个看法，就是阎老师讲课的时候，他把这个阳春白雪和下里巴人结合得非常好，使很多很多观众，不同文化层次的观众，不同年龄、不同性别、不同民族的观众，包括我们的外国友人都能够听得入神，这是阎老师的成功之处，也是我很受感动的地方。

董　倩：非常感谢。我再听一位，因为我们知道的观众有一位是从天津赶来的，虽然天津离北京并不远，但是作为一名听众，为了听讲座而从天津赶过来，我觉得这个路途就不近了，为什么要为了阎老师的讲座每次要赶过来？

观　众：简单说，就这么一句话，爱自己所爱，学自己所学，不计成本。

董　倩：阎老师是你所爱？

观　众：不是，阎老师讲的是我所想学的。

董　倩：你现在的工作是不坐班，是吗？

观　众：今天是下夜班。

董　倩：那等于是你没睡觉就过来了？

观　众：对，对。

董　倩：为一个讲座，也不睡觉还要赶这么远的路要过来听，是什么吸引你呢？

观　众：就是我刚才所说，自己想学，自己想学可以激发身体里的潜能。

董　倩：但问题是阎老师的讲座不是说偷偷摸摸就对几个人，他是有电视转播的，到时候你可以在电视机前看。

观　众：先睹为快。

董　倩：阎老师见到这样的观众肯定很感动，从天津过来的。大家给他鼓鼓掌。

观　众：阎老师对我相当鼓励，还赠我他多年珍藏的一本老版的书，已经绝版的书。

董　倩：我想知道你怎么看阎老师讲的这一系列讲座，对你的启发大不大？

观　众：使我的人生观、历史观都上了一个层次。

董　倩：那好，非常感谢。

观　众：谢谢，谢谢！

董　倩：阎老师，有一个问题，有这么多观众喜欢您，肯定因为对您的喜欢所以会有更多的人听您的讲座，因为我们现在是一个市场经济的社会，讲座做得好就要出书，书出得多，您作为作者，我们不回避利的问题，因为我们知道古往今来中国的知识分子是谈义不谈利的，但是因为今天恰恰我们处在这样一个市场经济的社会，这又成为一个不可避免的问题了。因为这些书的出版，您现在是不是一个渐渐富起来的学者了？

阎崇年：富还说不上，比原来的稿费稍微多一点。我觉得您提这个问题，就是义和利这个事情，我原来出书，最少的一本书印 200 册，就是这本书《袁崇焕研究论集》。

董　倩：哪一年的？

阎崇年：1994 年台北文史哲出版社出版的。

董　倩：《正说清朝十二帝》到现在一共印了多少册？

阎崇年：到现在印了 36 万册。

董　倩：在多长时间印了这么多？

阎崇年：一年多的时间，但盗版的书，据有人估计，比正版书还多，有人估计盗版书大概有 50 多万册。

董　倩：您怎么看待这庞大的数字？您认为它庞大吗？

阎崇年：他们说是历史类的书，我的《正说清朝十二帝》发行量创造了一个最高。我觉得能够把自己研究的成果被更多的读者接受，我当然很高兴了。但是，另一面，我也感觉责任重大，因为你原来错一个字，200 本只影响 200 个人，你现在错一个字，那就影响几十万人，有的书可能还不止一个人看，可能全家人看，可能就是影响数以百万计的人，所以每一个字都尽可能是反复斟酌，责任大。

董　倩：而且，我们换个角度来看，书发行量越大，您作为作者获益越多，这是很好的一件事情啊！那接下来会不会利用这样一个很好的趋势，不断地写出更多更好的作品？

阎崇年：我想，这个书不能因为读者喜欢，市场畅销，版税稍微多一点，像机器一样加班加点地“生产”。我还是做研究有一定成果，到了瓜熟蒂落、水到渠成的时候，我再拿出一本，否则我是不会拿出来的。

董　倩：您的意思是顺其自然？

阎崇年：是的，顺其自然，不要追求一种市场的效应，一定要对广大的读者负责。

董　倩：比如说我听到这样的一种说法，真正的大家是怎么请也请不出来的，比如钱锺书先生，他说我一辈子不接受采访就不接受采访，您怎么看待这种评价？真正的学者是应当在书斋里面，而不应该走向电视？

阎崇年：我不这么看，我觉得一个学者有多种责任，第一种责任叫作学术责任，主要是跟同行交流，推动学术发展，这是一种学者。学者还有别的责任，就是把所学的知识——这个知识来自人民，还要回归人民，有这个责任。我学习和研究清史应当说有五十年了，我把我这五十年所学的东西，我不能最后带着走了，我要把我学的东西尽可能地回报给社会，回报给民众，因为我上学是用助学金上的，大家的钱供我上的学，当然我要把知识回报给社会。我觉得这也是一个学者应该有的责任。

董　倩：这是阎老师的解释，我想听听观众朋友们的看法。

观　众：老师您好，我是来自中国传媒大学的学生，我觉得作为学者来说，应该把自己的知识还给人民。而且作为一位应该说是有深厚学养的学者来说，他身上肯定也天生地肩负着这样的责任，应该把自己的所学让更多的公众用他们能够接受的方式来接受。

董　倩：我还有一个问题想问，那就是阎老师您在研究这么多清史人物的过程中，肯定从他们身上学到了很多，感悟到很多东西，那您觉得自己的性格更像哪位历史人物呢？

阎崇年：我觉得——

第一，清太祖努尔哈赤最优秀的一个品质就是开创，他开创了一个时代，开创了大清帝国。对我来说，包括对你们年轻学子来说，我觉得第一重要的就是开创。一个人立志、开创，才可能做很多的事情；如果不立志，没有开创思想，唯唯诺诺，墨守成规，很难做出重大的事情。

第二，我从康熙皇帝身上学到的一种精神就是学习精神。康熙皇帝很忙啊，可以说是日理万机，在那么忙的情况下，每天早上天不亮就起来，先学习，学习完了之后再上早朝，早朝完了之后回到宫里头，接着工作和学习，他学习书法，学习儒家经典，学习自然科学等等，一直到晚上还是在学习。我觉得，我从他身上学到了一种顽强、刻苦学习的精神。

第三，我对袁崇焕是情有独钟，袁崇焕有很多的品质，我觉得他最重要的一个品质就是勇敢。困难怎么办？克服。挫折怎么办？战胜。一个人在人生前进的道路上，会遇到种种的困难、挫折、坎坷，但是就要有一种精神，勇敢前进，去战胜它。

我举上面的三个例子，来回答您，谢谢！

（三）

董　倩：刚才阎老师提到了他心目中一个人物，袁崇焕，经常来听的观众应该知道，阎老师已经开始讲袁崇焕了，那么可能对于更多的电视观众来说并不熟悉，您为什么在讲完“清十二帝”以后要再开一个系列讲袁崇焕[①]，为什么？

阎崇年：我有一个想法，这个袁崇焕生活的时代，您是学历史的，恰恰是中国历史上一个大变革的时代，明末清初是一个大变革的时代。这个时代的历史经验和教训对后来的人，太深刻，也太多。另外在这个历史时代，不是袁崇焕一个人，是群星灿烂，明朝的，清朝的，农民军的，李自成他们，还有蒙古林丹汗的，整个中国当时的历史舞台上是群星灿烂。我想通过袁崇焕这样一个人做线索，把有关重要人物都拉到这个历史舞台上，展现明亡清兴这六十年波澜壮阔的历史。

譬如，明朝的万历皇帝要说，他儿子泰昌皇帝要说，他孙子天启皇帝要说，天启皇帝特好玩儿，特有意思，说完了他弟弟崇祯皇帝还得说，这是明朝的。有很多的大学士、将军、学者都很重要，比如说吴三桂，大家都很关心，吴三桂也在这个历史时代。这是明朝，那清朝呢？清朝也是猛将如云，重要人物要说。那当时政治舞台除了明、清之外，还有农民军一方，李自成也是个很重要的人物，当时是四方势力，当时是明、清、农民军还有蒙古。这样我初步算了一下得 48 讲。我就这么一讲一讲，试试看，现在已经录了 24 讲了。

---

① 这个系列最初的片名叫《袁崇焕》。每集的片头都出现巨大红字《袁崇焕》。录播、制作完成后入库待播。一天，突然接到制片人万卫先生电话，说要换片名，因问卷调查有人不知道袁崇焕这个人，影响收视率。我说，凡是读过中学的都知道“袁崇焕”。回答是：调查农村不识字的老大爷、老大妈他们不知道“袁崇焕”。于是建议改名为《明亡清兴六十年》。我立即联系中华书局李岩总经理。回答说：书已排好版，等电视一播出就开机印刷，改书名还来得及。中央电视台以《明亡清兴六十年》为片名，重新改名包装。中华书局也以《明亡清兴六十年》为书名出版。

董　倩：阎老师，我很关注一个问题，当然从明末清初这样一个历史大转折的时期，有很多切入点，为什么您偏偏找到袁崇焕这样的一个人物作为历史的切入点？

阎崇年：《明史·袁崇焕传》有一句话："自崇焕死，边事益无人，明亡征决矣。"就是袁崇焕这一个人的生死影响到明、清的兴亡。

董　倩：这是《明史》这么评价的，您对于袁崇焕这个人是不是也是有一份比较独特的感情？

阎崇年：我对这段历史的研究有几个人，特别是袁崇焕，震撼我的心。

董　倩：为什么这么说？

阎崇年：因为我觉得袁崇焕这个人，他身上有一种气就叫作正气，用孟子的话来说叫作浩然正气；袁崇焕身上有一种精神，爱国精神，他这个爱国精神是强烈的爱国，不是一般地说说而已。袁崇焕的这个浩然正气和爱国精神深深地震撼了我。我愿意把我受到的震撼，传递给全国广大电视观众，也震撼他们。

董　倩：说到这儿，您肯定是要做相关方面的各种各样的准备，案头上的准备要做，有时候作为历史学者也要到现场去追古，去看一看现场，我们就拍了一段短片，让观众朋友们和我们一起看一下。

【大屏幕回放二】

董　倩：您是去兴城，是吧？

阎崇年：袁崇焕去的地方，我们基本上都去过。

董　倩：您要考察很多袁崇焕当年经过的地方，是吧？

阎崇年：我是这样，为了讲袁崇焕，我想我准备了有三十年，包括：第一，是资料的准备，我为此查了大量的袁崇焕的资料。可以说一句话吧，关于袁崇焕能够找到的资料我都看了。因为我不停地跟踪资料。第二，是进行学术研究，因为必须站在历史高度上、学术高度上来看。为此，我出了四本关于袁崇焕的书——第一本书是《袁崇焕研究论集》，第二本书是《袁崇焕传》，第三本书叫《袁崇焕》，第四本书是把袁崇焕有关资料集在一起叫《袁崇焕资料集录》（与俞三乐合编）。这是研究的成果。第三呢？咱们中国有一句话，叫“读万卷书，行万里路”，要进行实地考察。为了研究袁崇焕，我到了广东的东莞，袁崇焕的老家，到了广西的藤县、平南县，到了福建的邵武，袁崇焕在那儿做知县，到了辽宁的兴城（宁远），袁崇焕进行宁远之战的地方，到了辽宁的锦州，就是宁锦保卫战的地方，特别是北京，北京袁崇焕祠、墓、庙，等等，不是一次，多次进行实地考察。可以这么说吧，袁崇焕走过的主要地方我都走过。还进行了袁崇焕有关的学术研讨，一共四次袁崇焕的学术研讨会，第一次是 1984 年在广西藤县举行的，这是中国历史上第一次关于袁崇焕的学术研讨会，我倡议的，我主持的，那个会规模很大，会后出了一个论文集，叫《袁崇焕研究论文集》。后来又在香港中文大学、辽宁兴城和广东东莞先后举办过三次。

董　倩：对于袁崇焕这个人物的准备，应该说在史料上您已经准备得很充足、很丰富了。

阎崇年：比较充足，比较丰富，包括与袁崇焕对立的后金—清方面的大量资料和研究，但可能还有很多地方没有看到。

董　倩：所以您对我们来说，是有资格，也有胆量，来站在这样的一个讲台上，去讲袁崇焕这个人。

阎崇年：不是这样，我现在的心态，在讲袁崇焕时的心态，还是如履薄冰，如临深渊。

董　倩：为什么这样？您已经掌握了这么多史料，还这样的话，那谁还能讲？

阎崇年：我不是故意的谦虚，每一讲之前我觉得自己的知识都是零，都是从零开始，都要认真地准备，一直到上讲台之前，心里觉得还是准备不够，坐下开讲时，别的都忘了，就是一个意念——开始讲。

董　倩：阎老师，我就在想一个问题，您作为研究历史的学者，研究历史人物肯定有您专业的考虑，但是，历史人物在我们国家几千年历史上是灿若星汉，有各种各样的人物是可以研究的，您之所以选择袁崇焕这样的一个历史人物，是不是在某种程度上是因为，他身上具备的一些性格特质，也是在某种程度上是您愿意向他学习的。

阎崇年：您刚才说的这个历史人物，我算了一下，清代有名可考的历史人物，有小传的有十万人以上，明、清合起来，历史人物大概是以数十万计，还不包括更远的历史。我们中国从秦始皇以下，重要历史人物，我想应当以百万计。但是，真正能够震撼整个中华民族的心，整个中国人民的心的，不是特别多。袁崇焕是其中的一位。

历史上能称得上是大丈夫的人不多，我给袁崇焕提出了四个“大”，您刚才说大丈夫的“大”，我说袁崇焕是大仁、大智、大勇、大廉。“仁”就是仁者爱人的“仁”；“智”就是袁崇焕的智慧。我开始注意袁崇焕比较晚。努尔哈赤很重要，清朝的开创者，作战四十四年，战无不胜，攻无不克，居然败在了袁崇焕手下，说明袁崇焕比努尔哈赤高明。那我就研究袁崇焕比他高明在什么地方，就是智慧比努尔哈赤高明。他还有大勇，袁崇焕的“勇”，既有政治上的“勇”，又有军事上的“勇”。他作为一个蓟辽督师，相当于一个大军区的司令，还兼兵部尚书，打仗的时候，不是在后头，你们冲啊，你们冲啊，不是这样，而是身先士卒，他的盔甲中的敌方的矢镞像刺猬皮一样，几次出生入死。受了伤，把战袍撕下来之后，裹着伤，继续骑着马拼杀，勇敢。当初他做了一个很小的官，六品，当时他的顶头上司叫王在晋，任辽东经略兼兵部尚书，是二品大官，他要在山海关外八里的地方再修一座城，保卫山海关。袁崇焕说不行，提意见，他人微言轻，王在晋不听。怎么办？在这种情况下，他直接给当朝宰相叶向高写了一封信，提出他自己的看法，叶向高没答复，又写第二封信，叶向高重视了，经商量派大学士、天启皇帝的老师孙承宗，到前方去视察，了解实际情况，最后接纳了袁崇焕的意见，不容易，一个六品小官，敢直接把自己的意见写到当朝宰相那儿，并且被采纳了，需要有一种勇敢的精神。还有大廉，清正廉洁的“廉”，他做福建邵武知县，老百姓房子着火了，他没有说你们冲啊，你们救火去，没有！自己亲自爬墙上房，提着水桶给老百姓救火去，一个封建社会里七品的知县，还穿着官服给老百姓救火。我读过的历史人物不少，我认为在中国历史上，身为知县亲自上房给老百姓救火的仅此一例。死了抄家，袁崇焕是兵部尚书兼蓟辽督师，最后抄家的结果给皇帝奏报四个字，“家无余资”。历史上这么大的官，像袁崇焕这么清廉的，有，不多。所以我说袁崇焕是大仁、大智、大勇、大廉，他的这种浩然正气和爱国精神，的确是我们中华民族的精英，也值得我们今天的人学习。

（四）

董　倩：我们进入到阎老师的书斋，您的书斋叫“四合书斋”吧？

阎崇年：叫“四合书屋”。

董　倩：四合书屋。天合、地合、人合、己合。这己合，我们在书里面看到过，您的讲座也提到过，为什么把自己的书屋叫四合书屋？

阎崇年：我主要是读清史的书，也读明史的书，明清史不分家，我看了很多明清的人物传，我就感悟人生——那么多的历史人物，他们成功的基本经验是什么？很多人是悲剧，是失败者，他们失败的历史教训又是什么？最后我总结两个字“四合”，就是一个人要做成事情，必须四合，就是天合、地合、人合、己合。一个人做不成事，失败了，悲剧，最后就是三个字，四不合，就是天不合、地不合、人不合、己不合。一个人，天合、地合、人合都很好，事业正旺的时候，死了，这个人事情还是做不成啊，己不合。有很多的精英，三十多岁，四十多岁，英年早逝，那后来有很多事情都做不成，所以我概括成天合、地合、人合、己合。我愿意把这个话也送给您，送给大家，跟您分享，跟大家分享。

董　倩：谢谢。可能对于阎老师的这种研究，大家从电视屏幕上了解多一些，但是阎老师平时在书屋里面是怎么治学的呢？我们不妨通过短片一起来看一下。

【大屏幕回放三】

董　倩：大家有什么感受？我就觉得四个字，汗牛充栋，全都是书。阎老师研究了一辈子历史，最后总结出来四个字，对历史的态度要敬畏。

阎崇年：是。

董　倩：为什么？

阎崇年：我觉得对历史首先是要敬，因为历史不是一两个人，是几千年人类经验的总结，所以对待这个经验要敬。为什么要畏呢？人类历史有很多的挫折，有很多的教训，甚至是血的教训，对于这些教训不能掉以轻心。要有一个畏的态度，把这些教训吸取了，我们今天尽量避免那些教训，才能使我们国家更兴旺，民族更复兴。

董　倩：随着年龄的增长，还有阅历的加深，我越来越觉得，不管一个人在做什么，不管你从事的职业是什么，不管你官有多大，知道一点历史，一点坏处都没有，你看今天他只是带来了他几本书而已，他研究了一辈子，然后我们是受益者，多好。

阎崇年：袁崇焕这一个人为什么是48集？我刚才说了，就用袁崇焕做个线索，来折射明亡清兴六十年历史，这样我就把他分做上、中、下三篇——上篇，是袁崇焕登上历史舞台前的明清政局，就是袁崇焕登上历史舞台大的历史文化背景，了解这个对袁崇焕的事迹、功过，就更容易理解；中篇，是袁崇焕与辽东政局，这是他八年建功立业的历史；下篇，是袁崇焕身后明清政局，就是袁崇焕死了之后，形势是怎么发展的。一直说到清军入关，迁都北京，明朝结束。总之，起点是明万历十一年（1583年），努尔哈赤起兵，就是从万历说起，一直说到崇祯灭亡，明朝结束。所以分做上、中、下三篇，这么把它概括起来。

董　倩：明末清初这是一段中国历史的大转折，所以我们应该对阎老师的讲座充满期待。

阎老师，我有一个问题，就是有一次我看《人民日报》采访您，您说了这么一番话，您评价自己说，我能吃苦，像农民；我很勇敢，像渔民；我又机变，像商人。为什么给自己这样的评价？

阎崇年：很多人问我，你这个人性格有什么特点？我就想了一想，我小时候出生在一个半山半海、半农半渔的乡村，接触了渔民；我家种地，又是农民；我的父、祖辈经商，又是商人。这样呢，小时候周围接触三种职业，就是渔业、农业、商业。后来我就想，我受到他们什么影响呢？

第一，我是受了渔民的影响。小时候，我每天都到海边，还下海捕鱼，茫茫大海，无边无际，狂风巨浪，海浪高时有几丈高，两人对面说话都听不到声音，一叶小舟在海里摇摆。我小时候跟渔民下过海，也赶过海，在海里游泳。我觉得渔民有一种勇敢的精神，狂风暴雨来了还要挺住。我经常看到，冬天的时候，渔船翻了之后，渔民的尸体冲到海滩上。所以我很佩服渔民的勇敢精神。我觉得一个学者也好，其他行业也好，要做一点事情，首先要有勇敢的精神，因为你做任何事情，有所前进，有所突破，必然受到传统势力的束缚，冲破传统势力就必须有勇敢精神，所以我受了渔民的影响，有一点勇敢精神。

第二，因为我家里务农，我小时候耕过地、种过庄稼，农活我都会做，农民是实实在在的，说空话、大话不行，粮食是种出来，不是吹出来的，所以农民对我生活最大的影响就是务实、刻苦。

第三，我的曾祖父、祖父、父亲三代在北京打工，后来稍微有点积蓄就经商。我小时候，也听到他们议论经商、股票之类的话，商人是受市场影响的，比较有一点机变。

所以，我受了渔民、农民、商人的三种影响，就文化来说，我受了渔业文化、农业文化、商业文化三种影响，我身上有这三种文化的影子——第一，有一点勇敢的精神；第二，有一点务实的精神；第三，有一点变通的精神。

董　倩：阎老师您怎么看待成功？有人评价说您是大器晚成，到了七十才盛名在外，应该说有了名声，这叫成功，但您自己认可这种成功吗？或者您觉得这也是一种成功吗？

阎崇年：我认为成功是一个过程，没有终点，其实我到中央电视台《百家讲坛》之前，我们同行都知道我，搞清史的，搞满学的，可以说中国研究清史的都知道我，世界研究清史的、研究满学的，都知道我，没有不知道我的。但是走向广大观众，不同的阶层，不同的群体，那我是第一次。

董　倩：阎老师，说到这儿，您觉得作为一名学者成功的标准是什么？被自己的同行，被学术界的同行认同，还是被更广大的没有学过历史的电视观众所认可？

阎崇年：我觉得做一个专家学者来说，首先要同行认可；其次，要广大的观众、读者认可，一个人得到两个认可很难，因为纯学者同行认可就可以了，走向广大的观众，再加上广大观众认可，如果有两个认可就更好了。

董　倩：阎老师您在准备袁崇焕系列的时候，您自己认为这个系列最大的看点是什么？

阎崇年：我觉得袁崇焕有几个看点：

第一个，就是在我讲之前，关于明清这段历史的电视剧太多了，不是一部两部，可以说是铺天盖地，大家有一个需求，就是明亡清兴这段历史，哪个是正说哪个是戏说，我尽最大努力分辨一下，这可能是最大的看点。

第二个，这段时期是中国历史上一个大变动、大分化的时期，各种各样的人物，英雄人物、奸佞邪恶、君子小人、文官武将，纷纷登台表演。可以说，这段历史是正面和反面人物的群星图。大家从这里面可以找到正面的经验和反面的教训。

第三个，我们说看袁崇焕不仅仅看故事，因为大家更要从故事里面长智慧、长经验，振奋民族之魂、爱国之心。

第四个，我讲袁崇焕不是纯粹地讲故事，是要站在历史的视野上、历史的高点上，看袁崇焕和这段历史，这样可能给广大的观众有一点新的收获，新的启示。

董　倩：说到这里，大家有什么问题？

观　众：阎老师您好，我想问您一个问题，我们都知道袁崇焕死得非常惨，在明朝袁崇焕是一个大奸臣、大叛徒，但是我们现在知道袁崇焕是一个英雄，如果袁崇焕泉下有知，那么他的死应该怪谁呢？是崇祯皇帝还是皇太极，是多尔衮还是范文程，还是哪一个太监？谢谢。

阎崇年：这个问题提得很好，袁崇焕之死是一个悲剧。这个悲剧当然是袁崇焕个人的悲剧，也是崇祯皇帝的悲剧，还是大明皇朝的悲剧，更是我们中华民族的一个悲剧。这个责任不是某一个人的，是中华民族的一个悲剧，共同来吸取这个文化史上的教训。

观　众：阎老师您好，您还有什么遗憾吗？

阎崇年：谢谢，我的遗憾太多了。第一，我那么多的书该看还没看完；第二，我那么多课题该研究还没研究完；第三，我自己出版的计划有好几部书，比如说《清朝开国史》出版社已出校样，我都没工夫看，我希望抓紧时间看，把100多万字的《清朝开国史》印出来；我还有一系列的学术研究的计划，我算了一下，大体上我拿出三年时间做这个事，04年、05年、今年06年，到年底，袁崇焕这个讲座告一段落之后，我还要把门关上，到书斋里面做研究，要做还没有做完的研究课题。

董　倩：谁打来电话也不接了，是吧？

阎崇年：您——董倩老师打来的电话我是要接的。

董　倩：谢谢！还有谁提问？

观　众：您好阎老师，我是一个解放军战士，我想了解一下你一直到现在成名，有没有经历过你自己非常刻骨铭心或者是印象比较深的一些失败的例子，没有完成得很好的事情？人的成功路上肯定不可能是一帆风顺的，您在走到今天这一步，在以前有没有遇到过对自己影响很大的一些坎儿，这是一个。另外您研究这么多的历史人物，对自己性格包括人生观的塑造有什么作用没有？

阎崇年：我觉得不光是我，很多人都是这样，人生道路是曲折崎岖的，都要经过。我不说别人吧，我也经过了种种磨难，种种坎坷，但是我有一条，磨难闯过去，坎坷战胜它，一直往前走。谢谢！

董　倩：平时我对您的了解是从电视上，当您对一些史实信手拈来，可以气定神闲地讲这些历史的时候，我觉得这是您的专业，所以您要这样，但是今天在我跟您交流的过程中，您始终用非常淡然的态度在面对我，也面对观众，我想知道是不是人到了一定年纪，当他阅世很深之后，必然就会修炼到这样的一种心态了？

阎崇年：可能有人会这样，有人也不完全会这样，因人而异。您刚才讲那个事情，比如下放劳动，在冬天四九的时候刮六级风，穿着背心在野地里干活，当然很艰苦了，但那也是一种磨炼，但当时我很高兴，这可以锻炼身体啊。另外，还有个看瓜的草棚子，在那里可以照样读书，就看你是不是自己抓时间。我写一篇论文《评康熙帝》，草稿就是在看瓜棚里写的，对着夜光写的。我觉得挫折、坎坷都不怕，就是怎么笑待这些挫折和坎坷。

我这个人碰到很多很多的困难，很多的曲折，但我有一条，我就总是看到光明，在最困难的时候我都很乐观，我觉得困难是暂时的，最后还是光明，就像黑夜一样，不管黑夜多么漫长，但总是暂时的，太阳总要从东方升起。

董　倩：非常感谢大家今天能够来到演播室听阎老师说他自己的治学方面的一些故事，非常感谢大家，谢谢大家，谢谢。感谢阎老师，您刚才说了，您现在最缺的就是时间，结果还是拿出这么一段时间来跟我们一起来分享您的治学方面的故事和心得。另外也要感谢现场的观众朋友们，你们也是有自己的很多安排，抽出时间来到今天的演播室，来听阎老师讲述自己的故事，非常感谢大家的光临。谢谢您！

阎崇年：您的时间更宝贵，观众的时间也更宝贵，所以我特别感谢主持人董倩老师和感谢在座的大家。谢谢！

央视访谈录：阎崇年与二月河的对话

【题记与作者】

本文是2008年5月15日，在中央电视台录播厅，央视著名主持人张越主持阎崇年与二月河（凌解放）对话，并在中央电视台播出。根据录音整理，内容略加修改，并经作者审定。此文在《康熙大帝》（中华书局）中作为附录，全文录入。二月河先生主要著作有著名长篇历史小说《康熙大帝》《雍正皇帝》《乾隆皇帝》等。二月河先生于2018年12月15日逝世。此文收入本集，作为对二月河先生的追思和纪念。

张　越：观众朋友大家好！这里是《百家讲坛》，今天的节目有点特别，我们请来了两位嘉宾：一位是《康熙大帝》的主讲人，历史学家，阎崇年先生；一位是小说《康熙大帝》的作者，作家，二月河先生。非常欢迎两位。

我想两位是不约而同——您讲这个讲座的时候叫它《康熙大帝》，您写小说的时候也叫它《康熙大帝》。中国历史上几百个皇帝，被人称“大帝”的人不太多，两位把康熙都叫了“大帝”，我不知道在你们心里，这个“大帝”的标准是什么？

阎崇年：凌老师，您是先出的书，您先说，我随其后。

张　越：好。

二月河：好。中国历史上称“大帝”的如清太祖皇帝、太宗皇帝，“太”本身就有大的意思。但是，具体说到这个“大帝”，没有人这样称过。写完《康熙大帝》第一章的时候，有一位很著名的作家提出异议，说中国没有“大帝”这个词，也没有“伟大（great）”这个词，后来我给他讲了，《史记》《淮南子》里面都有“大帝”这个词。如果真正说没有这个词，那玉皇大帝是哪一国人？所以“大帝”这个词很早就在用了。具体到康熙为什么要用这个词呢，可以进行一下纵向比较和横向比较。一个是纵向比较，从秦始皇到宣统皇帝，一共是276位皇帝，也有版本说273位，还有一种版本说是500多位。那么这些皇帝当中，对于我们国家的统一、民族的团结作出过最大贡献的，对于发展当时的生产力、改善当时人民生活水平方面作出最大努力的，还有在科技、文化、教育这些方面作出突出贡献的，这个里面比较集中的体现没有人能够和康熙比。

阎崇年：我查了一下，从什么时候开始把康熙和大帝连在一起？有一个日本人叫西本白川，他写了一本书，书名就叫作《康熙大帝》，是昭和十六年

（1941 年）出版的，这是第一本以《康熙大帝》作书名的著作。

张　越：先称康熙为大帝的倒是日本作者。

阎崇年：到上个世纪八十年代，二月河先生写的书，书名就叫《康熙大帝》。这一次《百家讲坛》要我讲康熙，叫个什么题目？反复斟酌，仔细商量，海内海外，集思广益，最后大家意见一致，四个字——“康熙大帝”。称康熙为“大帝”，肯定有人会提出挑战的啊！说帝就是帝，干吗还来个“大帝”。我想，回答这挑战要有充分的根据。我说康熙这一辈子，八岁登极，在位 61 年，他做了许多事，我给概括一下，康熙帝最大的贡献就是一个“一”字。这“一”字表现在哪儿呢？主要表现在三个方面：

第一，国家金瓯一统。他把中国的领土，在明朝的基础上，继承先祖遗业，又重新统一起来，而且版图比明朝更大，也更巩固。

第二，民族多元一体。咱们中国是多民族国家，今天是 56 个民族，这 56 个民族当年都生活在这片土地上。这 56 个民族充分地统一在一起，和睦相处，很不容易，在康熙朝基本上把这件事完成了。

第三，文化多派一流。不同的民族有不同的语言，有不同的文化，每一个民族文化好像河的派，流派的“派”，文化多派一流，长江的流、黄河的流，把这么多不同民族的文化汇合到一起，最后合在一起成为中华文化的江河。

这三个“一”，我想康熙帝在中国皇朝史上是前无古人、后无来者的。于是，我想了好久，还是给这个讲座定个“康熙大帝”的题目吧。

张　越：金瓯一统，民族和谐，文化融合，包括经济发展，凌先生刚才还没来得及说，如果横向比较呢？

二月河：横向比较，应该比彼得大帝。

张　越：彼得大帝，俄国的沙皇。

二月河：彼得大帝和康熙是同时期人，当年跟这位作家在辩论的时候就说，俄国人可以称彼得为大帝，中国可以称康熙是大帝。康熙和彼得两个人相比较而言，康熙在治国的经验上，在政治、经济、军事乃至文化，各个方面都是超越彼得大帝的。康熙所不及彼得大帝的也有，就是彼得大帝接触西方先进科学技术知识，这方面比康熙要早，而且在彼得时期俄国已经开始修铁路了。这种东西不是个人素质所能解决的问题，那是因为中国国民经济的发展速度以及当时人们的政治理念、经济理念这方面的东西相结合中，没有那种生产力，没有那种生产关系，任何人也不能够创造出一种思想来。这两个人这样相比较而言，我就感觉到，康熙大帝和俄国的彼得大帝，可以并驾齐驱，为世界上的大帝。

张　越：从以上的论据来说，我们可以称康熙大帝为“大”，如果让你们两位用一个词评价康熙这个人物，你们会用什么词呢？

阎崇年：我说四个字——千年一帝。

张　越：您觉得他是中国历史上至少是最伟大的皇帝之一。

阎崇年：我算了一下中国有皇帝的历史，从秦始皇到宣统帝，一共是2132年，从中间切一刀，前一千年，后一千年。这后一千年，两宋、辽、金、西夏、元、明、清，一共八代，有90位皇帝。这90位皇帝，大一统皇朝皇帝在位够40年以上的，只有4个人。第一个是明世宗，就是嘉靖帝，在位45年，他那时候蒙古军队打到北京城下，所以北京修了外城，近年复建的北京永定门城楼原是那时候修的啊。第二个是万历皇帝，在位48年，万历皇帝二十几年不理政咱不说，还发生过大的战争，比如说萨尔浒大战，明朝出动号称47万军队，实际上双方大约有20多万军队在一个战场上，当时还是不太平的。底下的乾隆帝，在位60年，但中期山东有王伦起义，也是不平静的。而康熙呢?康熙帝从削平三藩之后，中原就再没有大的战争，大约40年中原地区和平安定。我查了一下，这在中国皇朝历史上，中原地区40年没有大的战争是唯一的。前一千年，在位40年以上的大一统皇朝的皇帝，只有两个：一个汉武帝，在位54年，但后期有“天汉民变”，也是有点乱。唐玄宗在位44年。

张　越：有大乱。

阎崇年：有大乱，安史之乱，唐玄宗不仅自己逃亡，他的爱妃杨贵妃也死在马嵬坡啊！这也不是一个平静的朝代。从皇朝历史的后一千年看，或者从前一千年看，康熙大帝都可以称作“千年一帝”。

张　越：这是您给他的定评：“千年一帝”。凌先生呢?

二月河：我说这么三个字吧：“器量大”。

张　越：器量大。

二月河：器量大。康熙自己本身是少数民族，而且是在清兵入关时间不是太长就继位，在这个过程当中，首先他是向汉族知识分子学习，学习汉族的这种统治术，乃至于当了皇帝以后，进一步向汉族学习，自己也成为一个很了不起的汉学家。

张　越：接纳和尊重汉文化，器量大。

二月河：对，他不仅是接纳汉文化，当了皇帝以后还接纳西方的文化。这种东西，几何、地理、数学、地震学，以及对西方先进的科学技术知识的这种兴趣，都是引人瞩目的，还会外语，所以康熙本人这种善于学习的精神，是他自己成就了他自己，成了一个千古一帝。

张　越：我们说康熙是很了不起的皇帝，然后提到从康熙、到雍正、到乾隆这段时间，咱们历史课本里就叫“康乾盛世”，但是很多人很多学者不同意这个时候是盛世这个说法，请问他们不同意的理由是什么呢？

阎崇年： 国内外学者，特别是西方学者，相当一部分人不同意“康乾盛世”。似乎可以说西方学者普遍不同意，不接受。他们的主要根据就是“康雍乾”这个时代西方已经发展起来了，中国还是在封建社会这么一个时代。

我有一次在外面作报告，一个人站起来说：“阎老师啊，你说康熙盛世我不同意！”我问：“为什么？”他说：“康熙时代，英国已经工业革命了，法国大革命了，美利坚合众国也建立了，清朝还是在君主专制。”我问：“您学什么专业？”他说：“历史专业，研三。”

张　越： 他把这几件事给提前了，是吗？

阎崇年： 对了。我说不识字的人，没念过书的人，提这个问题不足为怪，您是历史系研究生三年级的学生，这个问题就提得不妥当了。我说这三件事情啊，英国工业革命、法国大革命和美利坚合众国建立，都是在康熙帝的孙子、雍正帝的儿子乾隆帝那个时候发生的，我说你不能把历史提前了。我说康熙帝有个特点，他在西方大国两次崛起高峰的低谷之间，第一次是葡萄牙、西班牙、荷兰，第二次是英国、美国、法国，他恰好处在这两次高潮的低谷之间。这给康熙朝历史发展提供了一个比较长期稳定的国际环境，而且康熙帝又利用了这个环境，经济得到恢复，民族得到团聚，文化也得到发展，使得清朝能够发展、能够壮大、能够强盛。

张　越： 那二月河先生，我这儿称呼也乱了，一会儿称呼您凌老师，一会儿称呼您二月河先生，您的小说出来后也有人不同意您称之为康熙大帝，不同意康熙时期是盛世，我不知道这个不同的声音它的理由是什么？

二月河：主要作为成分考虑。

张　越：成分？

二月河：成分考虑。康熙是“地主阶级的总代表”，所以不同意。《康熙大帝》第一卷写完以后，在我们河南省一家报纸，用通栏的大标题，批判二月河写这个封建地主阶级的孝子贤孙。就是说，《国际歌》里面我们唱的是“从来就没有什么救世主，也不靠神仙皇帝”，那么你把康熙称为大帝，这是什么阶级立场？

张　越：哦，原来攻击您的理由是这个，康熙帝是属于地主阶级，所以就不能说他好。

二月河：对，还有一个，康熙是少数民族。

张　越：少数民族就不能好吗？

二月河：他们认为我是汉族。

张　越：您只能夸汉族人？

二月河：所以说我是“汉奸”的人也很多。

张　越：哇，这个也太狭隘了吧？

阎崇年：也有人这么攻击我。

二月河：打开网页里面，有一个“二月河吧”，里面就有大量的关于这方面的表述，有些标题就叫“二月河，我恨不得杀了你”！

张　越：如果因为这个理由就攻击，那我觉得这个问题，我们就不值得再往下探讨了。我们接着跟阎先生探讨他这边的问题。您刚才说得对，就是世界走进现代文明的那几个重大事件，比如说俄国废除农奴制、日本明治维新、美国的建立，这些确实都是在康熙之后。但是我从时间表上看，我觉得从康熙执政之前，横向比较世界各国的状态，中国当时真的不差，很强大的帝国。但是，在康熙执政期间，英国发生了“光荣革命”，就是议会开始参与国家政治，而不全由英王一个人执政，它开启了现代民主政治的一个序幕。而在康熙之后，其实全世界各国已经开始走进现代文明，工业文明、资产阶级革命等等，但是中国在康熙当政的这个时期，他好像没有打开大门的思想准备，反而在不断地加固自己的这个封建文明，从这点上说，康熙的执政是不是有一些缺憾？

阎崇年：有缺憾，我一会儿再说缺憾。我觉得刚才您说的这个反映很多人的看法。康熙作为一个帝王来说，他御门听政，摆在御桌上要处理很多问题，那在康熙御前要处理的主要是什么问题？我说主要两个问题：一个叫作“南北问题”，一个叫“东西问题”。这是我给概括的。所谓“南北问题”，因为满洲原来在关外东北地区，进了中原，汉族在南方，就是满汉文化之间的关系，也就是康熙帝首先要处理的问题。这问题处理不好，可能清朝要丧失已经得到的政权，重新像元朝蒙古那样，还回到山海关以外去，中原仍归汉族来统治。如果处理好了，那么清朝政权可能就巩固了。康熙是清朝第四代皇帝，所以他有一个承前启后，从打天下到坐天下这么一个历史的使命。康熙帝怎么处理呢？刚才凌先生也说了，康熙帝采取了很多措施，加强满汉之间的文化交流，特别是向汉族学习。康熙帝亲自到山东曲阜孔庙，冲孔夫子的塑像和牌位行三跪九叩大礼。康熙皇帝啊，都是汉人跟他三跪九叩，他向一个汉人三跪九叩，说明什么？接纳了中原的传统文化。

二月河：我们汉族皇帝也去拜孔，行的是二跪六叩礼，康熙去是君臣大礼，是最高的礼节。

张　越：可见确实如您所说器量很大，反而是抨击说人家少数民族咱就不能夸他，这显得器量太小了。

阎崇年：康熙朝有一个重大的贡献，就是满汉之间文化的融合，他做了很多工作，可以说初步缓和了满汉文化的冲突，就是康熙完成了由渔猎文明向农耕文明过渡。这是他的一个重要贡献。还有“东西问题”，就是由农业文明向工业文明的过渡。我曾想：大家有个美好的愿望，希望康熙帝完成这个过渡，我们国家就不至于有鸦片战争了吗！不至于有英法联军打到北京火烧圆明园了吗！

张　越：所以其实我觉得大家寄这个希望于康熙，反而是因为大家觉得他是个了不起的皇帝，他应该完成这一个伟大的历史重任。

阎崇年：他应该完成由农业文明向工业文明过渡，但当时还没有把这个问题摆到康熙帝的御前，就是说在康熙朝，还没有成为问题。他已经做了不少工作，学习西方的科学技术，他主持画了《皇舆全览图》，实地测绘；他也了解世界的形势，通过耶稣会士进行往来，做了很多的工作；也在畅春园搞了个蒙养斋，西方把它称为“皇家科学院”等。但是很遗憾，康熙帝没有再往前走一步。比如他学数学，相当于当时数学专家的水平。如果康熙帝下个命令，科举考试都要考数学，那么全国的举子都学数学，情况可能是另一个样子。有些事情康熙帝可以做到，但是没做，所以他存在遗憾。

张　越：二月河先生，尽管有人因为您夸康熙皇帝就称您为地主阶级的“孝子贤孙”，我想您肯定还是愿意批评一下“地主阶级的总代表”康熙皇帝，他的执政一生有什么缺憾之处？

二月河：我的感觉和阎先生的意见是一致的。康熙有点像中国的潘多拉，就是希腊神话中有一个女神，她把盒子打开，从盒子里面飞出来了战争、饥饿、灾荒、瘟疫这些东西，这个潘多拉吓坏了，赶快把盒子扣起来，结果把希望和光明扣在了盒子里面。我们注意一下《红楼梦》的话，《红楼梦》里面有个人物叫王熙凤，王熙凤她的娘家是粤、闽、滇、浙四省海关总督，这个衙门在康熙时期就已经有了。康熙帝开海禁二十多年，突然把海禁又封起来了。那么开海禁，我们运出去一船一船的茶叶、瓷器和丝绸，运进来一船一船的银子，很好的贸易顺差。但是有人在康熙跟前说，朱三太子在爪哇（印度尼西亚）这些地方，如果海禁继续开下去的话，朱三太子带着兵回来，你这个江山让不让？康熙吓得很快把开海禁停下来了。如果开海禁政策不停，西方的那种文明之风能够早一点通过商贸来往流入中国，我们中国的发展能够相对地与西方走向同步，将来可能会发生改变。康熙自己个人的兴趣和爱好有很多是和最先进的科学在一块儿连着的，但是他没有把自己的兴趣和他的工作很好地联系起来。这是我对康熙不满的地方。你注意一下王熙凤的特点，喜欢资金流动，不喜欢把资金压在箱底里，放高利贷，以及不信鬼神，这些东西很可能是跟王熙凤家庭里外交背景有联系的。所以说康熙有些事情做得很令我们后人扼腕叹息，但是当时就是没有这种先进生产力和先进生产关系的支撑，单凭康熙个人天赋他解决不了这个问题。

张　越：尽管您很赞赏康熙皇帝，但是您在写《康熙大帝》《雍正皇帝》和《乾隆皇帝》三部曲的时候，您称之为“落霞三部曲”，为什么叫“落霞”呢？

二月河：“落霞三部曲”就是表现我们华夏民族文化的特征。第一个就是像晚霞一样，非常灿烂的，非常璀璨的，非常丰富多彩的，非常动人的这种文化。第二个就是这个文化当中含着一种很落后的东西，涵盖着一些很要命的东西，这些东西也导致以后鸦片战争中我们的失败。这个文化要负责任，康熙、雍正、乾隆这三代皇帝也应该负一定的历史责任。也就是说这种文化虽然很灿烂、很辉煌，但是这毕竟是太阳快要落山了，黑暗就要来临了，所以用“落霞”。

张　越：说个轻松的话题。据说康熙是一个性格很有意思的人，很生动的人，说了半天严肃的，两位老师能不能给我们讲讲你们觉得康熙这个人有什么趣事？

阎崇年：我挺受康熙帝感动的，就是他小时候念书，是废寝忘食那么念，都累咯血了。他奶奶，就是孝庄太皇太后，跟他说，孩子啊，你不用这么念了，人家读书人为什么那么刻苦念呢？是为了考秀才、考举人、考进士，你用不着，你贵为天子，用不着啊！他说不，我还是要念，我对读书有兴趣。康熙帝读书从5岁开始，到69岁死，虽说日理万机，却还勤奋读书。我给概括八个字：“寒暑无间，手不释卷。”看到一个材料，他南巡坐船，很有意思，张越老师，那船是他参与设计的，他觉得别的船不好，就亲自参加设计，找人帮着做，他还监督。他坐自己设计的船去南巡。南巡到了长江的燕子矶，您一定知道，就是南京长江边上的燕子矶，风景很好，我曾去过。我是1966年骑自行车，从北京沿大运河往南，骑到杭州，其中骑到南京，我就特别到燕子矶看看。康熙帝到燕子矶，已经深夜，紧急军报，到那儿一看，这皇帝老爷子还在那儿看书呢。他三征噶尔丹，就是凌老师刚才说的，亲征噶尔丹，非常艰苦，艰苦到什么程度？就是官兵一天吃一顿饭，康熙帝也一天吃一顿饭。

二月河：并日而食。

阎崇年：并日而食。皇帝当然没问题，可以供应了，康熙帝说不行，我要和官兵一样，也是这么吃，果真这么做。征途艰苦，车马劳顿。在一片浩瀚荒漠里走，夜里头搭一个帐篷，他还在那儿做数学题，读书学习。我说这个精神是太难能可贵了。

张　越：哎呀，听上去真是个苦命的人，从小没爹没妈，一辈子操劳，一直到死，心里也没安生，还跟很多儿子都打起来了。

阎崇年：康熙帝临死之前还说了一句话呢，说当年齐桓公死了以后停尸，他那几个儿子争王位，互相射箭，几个儿子往尸首底下躲啊，这箭都射在尸首上，尸首上射中的箭跟刺猬皮一样。后来儿子们打出了屋，就把门关上了，67天没收尸，那个蛆从窗户往外爬。

张　越：哎呀，死后这么凄凉！

阎崇年：他说我百年之后，也很有可能把我的尸体停在乾清宫里，大家束甲相争。你看多么悲凉！

张　越：都这样了，他还不想着改革体制。

阎崇年：所以我们后人要吸取历史的教训。

张　越：人人都想当皇帝，皇帝那么好当吗？听着不像个好差事。

阎崇年：他自己说，人们都觉得当皇帝不错，大家给你磕头，给你呼万岁，还说你们诸位大学士、尚书，你们老了可以回家，致仕退休或者离休回家了，抱着孙子，享受天伦之乐。他说我行吗？我一年365天，没有礼拜天，没有节假日休息（这话是我的语言），一年就有三大节——过生日万寿节休息一下，大家朝拜也累得很啊；冬至祭天的时候，那也不能休息啊。

张　越：很多仪式啊，要主持很多仪式的。

阎崇年：还有正旦，过年。过年这天你就是不上班，可是也忙得很啊，哪有休息日啊？他说哎呀，做皇帝很苦啊，可他儿子不理解，还争，争这个皇位。

张　越：你看，想说点康熙皇帝有趣的事，结果说出来的事儿都这么沉重，可见这个人一辈子操心。您能贡献点他轻松好玩的事儿吗？

二月河： 康熙有时候也有一点小狡猾，这个我就想不通，因为在写书的时候不能回避这个事情，康熙到明太祖朱元璋的墓上，在那地方把身子都哭软了。

张　越： 这个事儿我也不是特理解，前朝皇帝，而且是他们这朝的敌人。

二月河： 但是你在写书的时候你不能跟读者说，我不知道，他怎么会哭出眼泪来？因为明朝剩孤遗老在南京的很多，在旁边观礼的很多。康熙就是要哭给他们看，但人要哭要有点眼泪，也要积累。

阎崇年： 演员有时候不积累，也行，也能哭。

二月河： 康熙这个皇帝在朱元璋墓前怎么能哭得出眼泪来，我很费了一番脑筋。我后来想，康熙进大享殿之前，他老师高士奇给他讲，你那个老师叫伍次友，你的老师死了。我说康熙进去哭的时候，他哭的是他自己的老师，他趴在朱元璋墓前哭自己的老师，哭瘫在那个地方，这样就是给人一种真实的感觉。那么这样说康熙有的时候表现得有点狡猾、虚伪，但是康熙这个人不全是这样的。从开博学鸿儒科有几位先生就不买他的账，我看博学鸿儒科的资料，有的交白卷，有的故意作错诗，故意抬错格，这样的有的是，故意给康熙出难题，康熙都忍了。我认为这属于康熙的帝王心术。

阎崇年： 就是您说的器量大。

二月河： 器量大。到了康熙五十六年，这个时候康熙已经不需要再来巴结汉族知识分子了。山西不有个人叫傅山吗？傅青主。康熙就给山西巡抚写了一封信，说傅青主家里有什么人，现在家里面有什么困难，你们还是要去看一看，有困难帮助一下，家里子弟要能够出来做官的话，就出来做官，我给他一个公务员指标，就这个意思。从这些方面看，康熙又显得非常真诚，有的时候单纯得像个老小孩，有些时候他又严厉，康熙不是个懦弱无能的人。

张　越：看阎先生的节目里面，您提到过一件事情，自打有长城以来的皇帝，对长城都特别重视，这是重要的军事防御措施，但是到康熙年间长城被废弃不用，这意味着什么？

阎崇年：这事儿太重要了。咱们从秦始皇统一六国修长城，编派孟姜女那个故事，非常生动，所以大家有一个很深刻的印象，就是孟姜女哭长城。长城啊，长城啊，孟姜女的先生，在那儿都累死了！长城防什么呢？前期主要是防匈奴，明朝主要防什么？防两个：一个蒙古，一个满洲。清朝入关了，蒙古怎么办？一个办法是把蒙古变成敌人，另一个办法是把蒙古变成朋友，变成自己人——满蒙联盟。其实这个政策啊，是康熙帝的老爷爷——努尔哈赤定下来的，满蒙联姻。皇太极就又发展了，一后四妃，这五个太太都是蒙古族，还都姓博尔济吉特氏，进一步发展了满蒙联盟。顺治更甭说了，到康熙的时候怎么办？康熙就又发展了。搞了一个叫“多伦会盟”，把外蒙古问题，就是喀尔喀蒙古的问题彻底解决。所以整个清朝啊，内蒙古也好，外蒙古也好，从来没有说我要独立，我要分家，一直在清朝统一政权的管辖下。

这个时候你还要长城干吗？没有用了。原来长城是防蒙古的，现在蒙古变成中国北疆的长城了。沙皇俄国侵略，蒙古人、满洲人、汉人组成联军，把沙皇俄国侵略军打败了，取得雅克萨自卫反击战的胜利，并签订《中俄尼布楚条约》。蒙古不是成了北方的长城了吗？康熙帝有句名言：“昔秦兴土石之工，修筑长城，我朝施恩于喀尔喀，使之防备朔方，较长城更为坚固。”比长城还坚固呢，不用修长城。

二月河：康熙说：朕以人民为长城。因为明代修长城是一个国策，过去是以少数民族为敌的，所以说就修了个长城；康熙是以少数民族为友的，以团结、联盟、亲善、和平，以这个宗旨把各个民族团结成一家。

阎崇年：以民族为长城，以人民为长城，就不要这个土石长城了，长城就变成历史文物了。

张　越：二月河先生，我不知道您小说里边的康熙皇帝跟历史上的康熙皇帝之间差别大吗？

二月河：应该说在重大的历史事件和重要的历史人物这个方面，我二月河也不敢虚构；但在小事情上，比如说张小姐，你穿这个旗袍，是红色的、绿色的，你这个头发是烫发、是卷发，或者是离子烫，这个事情已经过去300多年了，谁也弄不清楚，只有二月河来当家了。我们现在说有《康熙起居注》，从他早上几点钟起床，几点钟更衣，到厕所去，几点钟出来，然后几点钟进膳，进完膳以后又接见哪一个大臣，统统都有很详明的记载，那么我写《康熙大帝》，我不可能把《康熙起居注》拿来翻译一下，翻译成白话文，我说这就叫《康熙大帝》，谁看啊？所以说写这个康熙，这个小说，还是要遵从艺术的规律，按照毛主席《在延安文艺座谈会上的讲话》说的，由此及彼，由表及里，去粗取精，去伪存真，经过这样一个加工制作过程，它才能源于历史，高于历史，才能够真实地反映当时的历史情况和历史氛围。比如说清代的度量衡，很多专家都不知道，就是银两可以精确到小数点以后13位，这是好多经济学家不知道的。银子怎么花，怎么用，这都是当时的历史。三两银子的概念是什么呢？三两银子可以盖三间房子，可以供一个八口之家过一年，那么我们在电视剧里看到有些女侠客……

张　越：她们经常拿着一锭银子往这儿一扔，说来碗面。

二月河：就把那个银子一墩，那么大一锭银子，桌子上一墩说给我打酒来，就不知道这个银子该怎么花。而且银子本身还有一个成色问题，从 30% 的银子到 99.97% 的纯银，一个伙计拿到手里边，他就要靠肉眼马上就能够识别出来，怎么找银子，该找多少银子，你看电视剧里面没有找银子这个东西。

张　越：对，每次钱给的都是正好。

二月河：都是正好，他说是不用找了。

张　越：我一直认为古代的物价是这样。

二月河：实际上从导演、到演员、到制片人，他统统不知道这个银子该怎么找，原因就是在这里。这同样也是历史的真实，我们研究历史，除了这个事件真实之外呢，还要研究这种社会生活的一种真实性，一斤豆腐多少钱？一斤韭菜多少钱？如果这东西你不知道的话，二月河写书写出来就非常苍白。

张　越：我想您这是挺严谨的一个面对历史的态度。不过我觉得两位，一个是讲了 26 集的《康熙大帝》，一个是写了百万字的康熙的长篇小说，你们对这个人物应该是相当了解的，而古人的智慧、经验和他们的教训，对今人也应该是有所启迪的，所以能不能最后请两位老师给我们说说，康熙身上的什么东西非常值得我们今天来借鉴？

阎崇年：我说康熙就个人来说，第一是知敬，尊敬的“敬”。康熙特别注意这个“敬”，敬天、敬地、敬祖、敬人。今天呢，往往有些情况下有些人不知敬。第二是知止，停止的“止”。我们今天拼命地往前跑，往前争，是对的，也是应该的，但是要知止，不要光知荣不知辱、光知利不知弊、光知胜不知止、光知进不知止。

张　越：就是我们今天的人拼了命往前奔，不知道什么时候该控制。

阎崇年：一个人跑百米，你该跑就跑，该停就停，你要不停，老是百米速度跑，人就累坏了，甚至可能一头栽在地上，所以康熙帝他知止。

张　越：您举个例子。

阎崇年：康熙帝知止的例子很多啊。比如说他平定三藩之乱，大臣要给他上尊号，就是给他上荣誉称号，他说不可以。三征噶尔丹胜利了，大臣要上尊号，他说不行。统一台湾了，上尊号，他不接受。五十大寿上尊号，不接受。六十大寿上尊号，不接受。我统计了一下，他先后至少有八次不接受，这就是知止。反过来说，我康熙不得了，所有功劳都是老子的，你们给我上尊号是理所当然，但他没有这样。

第三是知勤，就是康熙帝这一生啊，应该说是勤奋的一生。他早上大约四点钟起床，中午不休息，御门听政、批阅奏章、接见大臣、读书学习，一直到很晚，而且天天如一日，数十年如一日。特别是对工作的勤，他每天御门听政，数十年如一日，不间断，我说这一条就很难，而且这个制度就传下来了。这是清朝政权能够持续 268 年的原因之一。

所以我说康熙帝的一生，知敬、知止、知勤、知学。我说康熙帝有大过人之处，为什么？因为他有大过人的思想。为什么康熙帝有大过人的思想？同时代的人多了，为什么别人不行，因为康熙帝有大过人的学习，读书学习。所以他有过人的思想、过人的行为。我想康熙帝留给我们一个宝贵的财富，就是个人修养方面，知敬、知止、知勤、知学，这个对我来说也很受启发，谢谢。

张　越：您觉得呢？

二月河：康熙这个人特点比较多，就是他这个优秀是比较全面的，我感觉到就是康熙在死了以后封他这个号，清帝前头已经有一个太祖皇帝，一个世祖皇帝，按照一般的规律一个朝代只能有一个祖，他前头已经有两个祖了，到他这个地方又封他一个圣祖。圣祖这个“圣”的意思是什么呢？就是按这个谥法讲，“圣”就是神化难名，就是他比较全面。我感觉到康熙一个很大的特点，是比较厚道，待自己的亲人，待自己的朋友，以及他的处理问题比较讲中庸，不是那么霸气十足、棱角十分分明的这么一个皇帝，同时他自己这种虚心好学，把孔孟之道、中庸之道、孔孟仁爱的思想，贯彻到了他自己生命的始终。

张　越：好，那我们今天就先聊到这儿，非常感谢两位老师。希望我们今天的谈话对您的思考有所帮助，谢谢我们现场的观众和电视机前的观众，我们下次再见！

在历史的天空下——阎崇年对话唐浩明

【题记与作者】

本文是2006年11月4日，在深圳市大剧院举行“深圳读书月论坛”，由王海东先生主持，阎崇年与唐浩明进行了一场对话，深圳卫视播出，后整理成文字稿。唐浩明先生是研究曾国藩的著名专家、作家，湖南省作家协会主席，其著作有《曾国藩》《杨度》《张之洞》等。

主持人：欢迎各位光临“深圳读书月论坛——在历史的天空下”特别节目，我是王海东。历史是一个特别有趣的东西，它包罗万象、无所不有，有各种各样的曲折离奇的故事情节、有叱咤风云的人物传奇、有严谨周到的制度变迁、也有难得的智慧和情怀，而历史所带给我们的益处又岂止是培根所说的读书使人明智那么简单呢？对这一点，我想今天到场的两位嘉宾会有深刻的体会。他们两位原本都是隐居在书斋的学者，因为一个偶然或者是必然的机缘，一位走向了电视，面向亿万电视观众来开讲坛；一位用文学的浓墨重彩去抒发自己的感悟，他们的生活也因历史而更加的精彩。现在我们用掌声有请今天的两位嘉宾阎崇年先生和唐浩明先生。

在这里我想问一下现场的朋友，看过两位先生的作品或者看过他们在电视里面讲堂的有多少位？可以举一下手。基本上大家都把手举起来了。

主持人：我想问一下，阎先生和唐先生这次在深圳见面，应该不是第一次了吧？

阎崇年：第三次见面。

主持人：第一次是什么时候？

阎崇年：是在1997年，唐先生和我去台湾进行学术交流；第二次是在北京；第三次就是在这里。

主持人：1997年，阎先生还没有在电视上出现，应该说认识您的人都是学术圈的。我想问一下，那个时候唐先生眼里的阎先生是什么样的人？

唐浩明：那个时候阎先生非常的年轻、英俊，他作为大陆学者到台湾去讲学，我觉得这是大陆学者的荣耀。实际上我那个时候才知道他当时已60多岁了，当然他现在也是年轻英俊。

主持人：我现在问一下阎先生，您当时是怎么看唐先生的？

阎崇年：唐先生当时非常有名了，北京的媒体对唐先生评价很高，我对唐先生有崇敬的心情，觉得他学问渊博、仪表堂堂。

唐浩明：我们现在是互相吹捧。当时阎先生和我说，我们两个都属狗，他比我整整大一轮。我们今天是两犬对谈。

主持人：今天阎先生和唐先生为现场朋友带来了礼品，阎先生的三部作品是：《袁崇焕传》《正说清朝十二帝》《明亡清兴六十年》；唐先生的三部作品是：《曾国藩》《杨度》《张之洞》。每人各带三本书并都签了名。两位先生各出了三道题，谁回答得对，就可以拿走一套作品。这也是两位先生给深圳读者的纪念品。我们通过大屏幕来看看阎先生给我们出的第一个题目：努尔哈赤的第一个都城在哪里？

台　下：赫图阿拉。

阎崇年：您答对了，但我要补充两点：赫图阿拉是努尔哈赤的第一个都城；第二个不是沈阳，而是东京（今辽阳）；第三个都城是盛京（今沈阳）。过去很多人认为，努尔哈赤第一个都城是费阿拉（佛阿拉），日本学者普遍认为费阿拉是努尔哈赤第一个都城。1987 年，日本东洋文库请我去进行学术访问，当然要写一篇论文，题目是《后金都城佛阿拉驳议》，同日本学者讨论。我认为费阿拉是当时建州卫的卫城。因为在费阿拉的时候后金还没有建立，迁到赫图阿拉后才建立后金。我在会上宣读了这篇论文。一些日本专家学者和我讨论。会后他们很高兴，说：阎教授您的论断对，我们为什么要辩论？因为主张费阿拉是第一个都城的学者是我们的老师，他已经故去了，我们为了维护老师的尊严，要坚持这个意见，现在我们可以同意您的论点。

主持人：老师去世反而推动了学术研究的进步。恭喜你可以拿一套奖品了。我们再看第二道题：皇太极于哪一年改国号为清？

台　下：1636 年。

主持人：您怎么知道的？

台　下：阎老师的《百家讲坛》我每次都看，应该说看了三遍。

阎崇年：我还得给您补充一下：崇德元年即公元 1636 年，一定要报一下崇德元年的纪年，您答对了。

主持人：我们再看一下阎先生的第三道题：康熙帝统一台湾是在哪一年？

台　下：1683 年。

阎崇年：您答得对，但还要加一句：是康熙二十二年即 1683 年。因为康熙时候没有公元纪年，只有康熙二十二年，这一年是公元 1683 年，应该两个纪年都说。

主持人：我们的观众都是新中国成立以后出生的，他们对公元纪年比较有感情。我希望我们回答问题，应该像阎先生这样能够尽量严谨。以上的三位获得了阎先生的签名作品。接下来该轮到唐先生出题了。

唐浩明：第一道题是：曾国藩是以什么身份在湖南组建湘军的？

台　下：应该是吏部侍郎？

唐浩明：基本上是对了，严谨一点说是在籍吏部侍郎，也可以算对。

主持人：我们再看一下第二道：太平军自起义以来，用了多长时间攻克南京，湘军又用了多长时间把南京夺了回来？

台　下：是 1853 年 3 月 15 日攻占南京，改名为天京；1864 年 4 月 15 日湘军攻陷了天京。

主持人：我看题目，不光是攻占的时间，还有是用多长时间攻陷？

台　下：1851 年 1 月 11 日到 1853 年 3 月，用了两年时间攻克了南京。然后 1853 年到 1864 年湘军用十一年攻陷了南京。

唐浩明：答对了，非常难得。

主持人：唐先生出这道问题有什么样的特殊想法？

唐浩明：因为当年的太平军把南京打下来时很顺利，军队统一，战况顺利。湘军重新把南京再收回来时，用了十一年半，它的战况很不顺利。

主持人：我们看一下唐先生出的最后一道题：曾国藩热已持续了十多年，为什么到今日他还受到如此的关注？

台　下：我认为第一曾国藩是儒家的传统代表；第二他对近代历史来说很重要；第三他是帮助清王朝复兴的人物；第四他作为一个汉族人与满族清朝之间的关系；还有就是曾国藩的家书对我们很重要。

唐浩明：这个题目其实最好答，您觉得现在对这个人物关注哪一点，说一点就可以了。这位先生说了五点很难得，答案我也认可。

主持人：唐先生您认为曾国藩受关注最重要的原因是什么？

唐浩明：我认为他受关注有很多的方面。我认为他曾经改写了一段历史，他是农家子弟成就了一番大事业，他是一个书生成为军事统帅，他是理学家而成为了政治家。他是很传统的人，又是洋务运动的开创者。还有他是中国最后一个集传统文化的大成者。这是我自己的看法，这也是曾国藩热持续十多年在今天还很受读者关注的原因。

主持人：我有两个问题想问唐先生：首先你认为曾国藩是成功的人，你刚才提到家庭、事业都是如此。阎崇年先生有一个非常有名的论断——就是四合，阎先生认为一个人如果要成功的话，应该是天合、地合、人合、己合。您觉得曾国藩在四合里面是怎么样的呢?

唐浩明：四合说得很好，我们放在历史的立场上看，他应该是一个成功者。正因为这四个方面造就他事业的成功。比如说天合，是天时给他带来的机遇，如果没有太平军的起义，也没有他后来的事。地利也是如此，他本来在北京做官，恰好在湖南这个太平军活动的地方，因为他母亲去世，他必须回老家奔丧，这是地域造成的。人合，曾国藩很重视人才队伍的建设，他把人才组织起来形成新的军事力量。当时湘军号称第二朝廷，第一朝廷在北京，第二朝廷就在曾国藩这里。这样就造成了大的历史局面。

主持人：阎先生您认为唐先生“四合”解释得怎么样?

阎崇年：很好，特别是天时，魏源也是你们湖南人，他在《圣武记》中说：“小天时以决利钝，大天时以决兴亡。”曾国藩碰到的天时是大天时。

主持人：大天时造就风云人物。

阎崇年：“地合”是在湖南，如果在黑龙江就不行了。我们知道曾国藩有《心经》，这是“己合”，如果曾国藩性急、心眼小，他多次碰到挫折和困难，气都气死了。

主持人：大家对“四合”里的前三合都不陌生，但是您对“己合”有一番自己的见解。

阎崇年：有一次在沈阳，沈阳的领导请我吃饭。他说阎老师，天合、地合、人合，孟子说“天时不如地利，地利不如人和”。他说我查了，“己合”没有人说。其实孟子上述的话，并没有阐述天、地、人、己之间的哲理关系。而我则是根据历史经验和现实经验做一个概括，也可以说做一个历史哲学的表述。

今年八月份我向海外回国有成就的华人，给他们讲传统文化。其中一位美籍教授是华人，她站起来说：阎老师我反对你的意见。我讲了多次“四合”，没有人站起来说反对。我说：请说。她说：您说天合、地合、人合、己合，我几次碰到大灾大难，因为己合才挺了过来。所以，我建议您以后讲的时候先讲“己合”，然后再讲其他。首先是“己合”，只有做到“己合”，才能做到天合、地合、人合。她说她非常感谢我。

主持人：有哪些历史人物做到了天合、地合、人合，但是没有做到己合？

阎崇年：我看过数以千计、万计的历史人物传记，成功的人是少数，失败的人是多数，或者说部分失败的人是多数。他们为什么失败？当然各有各的原因，如天时、地利、自己性格等。如皇太极，天时、地利、人和都有，就是“己合”做不到，发脾气、闹情绪、心眼小。脾气闹到什么程度？他把皇宫大门关上，大臣全部不让上朝。妃子死了，心里难过很正常，但是送葬时哭着去，回来时哭着回。进宫之后搭个帐篷，不吃不喝不睡觉，一连几天，不久就得病了，后来患中风，52 岁就死了。如果他心胸豁达，把事看开，正确地处理，活到 62 岁应没有问题。如果那样的话，坐在北京金銮宝殿的就不是 6 岁的福临，而是皇太极！

有人为清十二帝画了漫画，我没有看，朋友看了，说很有意思。画的是我讲的朱由检、李自成、蒙古林丹汗还有皇太极。崇祯皇帝上吊，死前说我才做了 17 年皇帝，我 34 岁吊死，我不甘心。旁边是李自成，说：您都做了 17 年皇帝还不甘心，我做了一天皇帝就失败了。旁边的蒙古林丹大汗说：李自成你好歹还做了一天皇帝，我一天都没做上。后面的皇太极说：李自成你还做过一天呢，北京太和殿宝座我手都摸到了但没有坐上。

主持人：一个人成功要有方方面面的因素。唐先生，你刚才提到曾国藩，他是中国最后一位传统文化的大家，您为什么这样说呢？

唐浩明：在鸦片战争时期，他接受了完整的传统学问，并都运用得非常好，尤其是他做到了学以致用。过去说曾国藩一生三变：他早年由功名学转到程朱理学，纯粹由应试的学问转到修身的学问。之后他说要严刑峻法，要把儒家的宽恕变为法家的大刀阔斧，以非常严厉的手法来整治社会。然后他带兵打了几年仗之后，他碰到很多困难，后来他又用道家的学问作为自己的纲领，就是以柔克刚，把刚藏在柔中。这三个变化，是曾国藩一生成功的关键。这就是中国传统的学问——儒家、法家、道家，在曾国藩的手里运用得非常娴熟。所以我们研究中国的文化，你看看中国的学问是什么样的，他是怎么样把一生三变运用好的。

主持人：曾国藩是个典型，为什么您说是最后一个人？

唐浩明：他之后的杰出人物的身上都有西学的影响，比如说康有为、梁启超、孙中山先生，他们在接受教育的过程中，都受西方学问的影响。他们的学问和思维方式都受到欧风美雨的感染，和曾国藩不一样。

主持人：刚才阎先生说，皇太极脾气暴躁，曾国藩脾气也是相当暴躁，他曾经因为水战失败要投江自杀。

唐浩明：有两次，这是第一次。第二次就是在这一年的12月，他在长江被太平军偷袭，他的100多艘战船都被烧掉了，连自己的战船都被太平军收缴了，船上有很多奏报的底稿及皇帝的手谕，都被太平军拿走了。这时曾国藩军事上备受打击，他才要投江。后来他进入道家的境界，也就是阎先生讲的己合，他有了大大的提高，所以最后他事业就比较顺利。

阎崇年：曾国藩活了多大？

唐浩明：年谱上说，他活了 62 岁（虚岁）。如按今天的算法，他活了 60 岁零 3 个月。他身体很不好，30 岁就大吐血，一生得过很多病，但他还是坚持下来。到他 35 岁时得了牛皮癣，心情不好、工作很累，时常发作，痒得通宵都睡不了，后期他非常的焦躁也是由这个病导致的。他 50 岁左右得了很严重的神经衰弱症，晚上就睡不着觉。到了 55、56 岁的时候得了高血压、糖尿病，这些都有资料为证，他过了 60 岁又得了脑溢血或脑梗塞。

主持人：唐先生其实对曾国藩有很深的感情。

唐浩明：我和这个老夫子对了 20 年的话，我想他死后大概没有第二个人可以和他文字对话这么久。

主持人：其实阎先生也对一个人情有独钟，这个人是袁崇焕。而且袁崇焕和曾国藩有相同的地方，都是带兵，也是国家的栋梁，但是两个人的下场完全不一样。

阎崇年：唐先生说他和曾国藩对话是 20 年，我和袁崇焕对话是 40 年。袁崇焕就是咱们广东东莞人。金庸先生说广东省最著名的历史人物古代就是袁崇焕，近代是孙中山。因为我不研究近代史，我就说古代的袁崇焕，今天看了袁崇焕的事迹仍然觉得心灵受到震撼。袁崇焕是南国的一介书生，进士出身，字写得也很好，现在留下的袁崇焕的笔迹，就是他做福建邵武知县的时候写的“聚奎塔”，现在我们能见到袁崇焕的真迹就是这个。他能武，能骑马，也能射箭，可以和八旗军官兵马颈相交。他自己在前面，身先士卒。

主持人：这一点比曾国藩强。

唐浩明：没有看见记载曾国藩骑过马，是因为他不会骑马。

阎崇年：袁崇焕打仗的时候箭射在他的甲胄上，他中箭很多。他还受过很多刀伤，冲锋的时候胳膊被砍伤了，就把战袍撕开来包扎。他有军事谋略和军事战术，军事谋略和曾国藩有相似之处。有时候我想，袁崇焕之前明朝的兵部尚书、经略、巡抚、总兵，他们为什么老打败仗呢？努尔哈赤首仗打下抚顺，第二仗是打下清河，第三仗打下开原，第四仗打下铁岭，第五仗打下沈阳，第六仗打下辽阳（当时是辽东首府），第七仗打下广宁（辽东巡抚驻地），第八仗打下义州，明军全都败了。为什么打败了？明朝的官员不吸取教训。后金官兵自备鞍马和武器、干粮（一般可以用七天），来回路上还要耗去几天。如果明军关上城门死守，耗他七天，他们自然撤退，然后再尾追截击，不就取胜了吗。在后金军打沈阳的时候，明朝守将总兵贺世贤喝醉酒，骑着马率领军队就出城了，和后金骑兵对阵失败，结果沈阳丢了。后金军打辽阳时，辽东经略袁应泰，本来可以利用辽阳城高池深的优势，关上城门，坚守死守，七天之后，敌军自退。但袁应泰不会打仗、不善骑马，却亲自出城，列阵平原，两军对垒。最后把辽阳丢了。在宁远之战中，袁崇焕汲取教训，扬长避短，凭坚城、用大炮（红夷大炮），拼命死守。努尔哈赤 44 年作战，战无不胜、攻无不克，却败在袁崇焕手下。袁崇焕 42 岁、初临战阵，努尔哈赤 68 岁、疆埸老将。他的儿子皇太极还不服气，我爸爸失败了，我要出这口气，又打锦州、宁远。皇太极打锦州的时候就围着城喊，说你们像獾，钻在洞里，你们从里面出来，你出 1000 个骑兵、我出 100 个骑兵，你打赢了你胜利，我打赢了你退走。袁崇焕手下总兵赵率教坚守，就是不出城，这样你就没有辙了。你骑兵攻，我用大炮打，一炮下去后金的军队就人仰马翻。不服气又攻，又放炮，又人仰马翻。所以我觉得咱们广东出了袁崇焕就是吸取前人的经验和教训，总结出“凭坚城、用大炮”

的战术，就是依托坚固城池，运用西洋大炮（红夷大炮），扬长避短，拼命死守，这是努尔哈赤父子都败给袁崇焕的重要原因。

主持人：袁崇焕在和后金军队作战中，总结前面的经验，曾国藩有没有总结经验？

唐浩明：扎硬寨，打死仗。这是曾国藩给湘军提出的要求。主要是安营扎寨，这个寨子的外面要挖两条很大的壕沟，有六尺宽、八尺深，哪怕是住一个晚上，也要这样。然后打死仗，就想着，今天上了战场就不打算回去了。所以五四时期，陈独秀在《新青年》杂志上有篇文章说这就是湖南人的精神，用这六个字归结湖南精神，就是死硬精神，后来硬寨、死仗成了湖南精神，毛主席讲，一不怕苦、二不怕死。这是一脉相承的。

主持人：在这里我有一个很天真的想法，如果曾国藩的湘军遇上袁崇焕的部队，两个人会打成什么样？

阎崇年：您这是“关公战秦琼”。

大屏幕显示：阎老师你好，在现实的生活中，您是教授级的学者，你在媒体和电视上经常露脸，他们给你起个名字叫学术明星，您对这个词有什么看法？

阎崇年：教授是在讲课，我在北京大学开了课是《清朝开国史》，这个班是 45 人，不能超过 50 人，是网络报名选修课。原本想报名三天，结果十五分钟名额就满了。后来我想，老师的职责，用韩愈的话说就是“传道、授业、解惑”。中央电视台《百家讲坛》，也是讲堂。讲堂、讲坛、课堂意思是一样的，那就是把大学的课堂搬到中央电视台去了。一堂课多少人？电视台的先生告诉我大约有 1000 万人。1000 万人收听我讲课、观看我讲课，我还是按照韩愈说的“传道、授业、解惑”。我想，一个历史学工作者要传承历史知识，大学课堂是一个讲台，《百家讲坛》也是一个讲台，而且电视台课堂大，五十变五百，五百变五千，五千变五万，甚至上千万。所以我觉得我这个工作很有价值。出了书斋去讲课，“传道、授业、解惑”，传承历史知识是应该的。学术明星不是贬义，我觉得还是褒义的，我很感谢这些观众的授名。

主持人：学术明星和文艺明星是完全不同的两个概念。我们的朋友也有类似的说法。说您现在通过上电视成名了，很多人能认识您，作为一个学者您是怎么感觉的？

阎崇年：出点小名，大名还没有。在飞机上、火车上、走在路上经常碰到生人，说：“阎老师您好！”今年春天我到意大利，在罗马广场，有上海的、黑龙江的观众走到我跟前要和我照相、握手；在法国巴黎塞纳河上，我在船上一些人围着我，说阎老师您好，我们听过您在电视台上的讲课，又照相、又握手。我想我朋友多了。最使我感动的就是上个礼拜六，我在沈阳做了篇报告之后签名售书，有一位先生和我说，他说我从深圳坐飞机到沈阳来听你讲课，并请你签名。这使我觉得作为一个学者来说，这种心灵的沟通令我感动，我也感到敬畏。

主持人：我想问唐先生，你有没有考虑过上电视？上电视会更加提高自己的知名度。

唐浩明：我这个人的性格比较拘谨，我不大习惯于对着电视镜头讲课，我这个人其实很内向，你们平时见到我看起来很潇洒。

主持人：您已经很潇洒了。

唐浩明：通常我都会拒绝电视台的采访，但如果要是有非常好的电视台，他们做得很好，能够让很多人收听收看到，我也可以讲讲。我非常赞同阎先生的观点，其实也就是讲课，为什么你不用现代的科学技术让更多的人能够知道你的观点。对学术也是一个弘扬，有更多人接受。如果合适的话，我也愿意去讲，但是我想，阎老师可以随时讲，但是我要做更多的准备工作，这对我来说是负担，但是为了学术、为了真谛，我愿意去做这些事情。

阎崇年：我开始也不适应、也不习惯，逼上去了，晚上也得吃安眠药。你说紧张也好、思虑过度也好，第二天上电视、我头一天晚上就要吃安眠药。

主持人：您昨晚睡得还好吗？

阎崇年：昨天晚上还好，我对深圳印象特别好，愿意到深圳来，吃得香、睡得香。谢谢。

唐浩明：我没有睡好，也不是恐惧、紧张，反正就是心理上的问题。我印象最深的是曾国藩他这个人胆气薄弱，我想我要不是亲自看他自己写的，他说他胆气薄弱，我也不太相信。这样一个当兵的统帅，号令三军的，他都胆气薄弱？我原来认为自己太胆气薄弱，我现在想想也无所谓，胆气多了也没有什么了不起。指挥三军如果有机会的话也照样可以搏一搏。你们如果有这些问题的话，不要紧，同样可以处理重大的事情、同样可以干出重大的事情来。

阎崇年：我刚才说吃安眠药并没有另外的意义。有的老师上《百家讲坛》之后，摄影师就看到了，裤脚老是抖。倒不是上去害怕，上这样的讲坛要反复地思考，可以说逐字逐句地琢磨。第二天讲课的话，头一天晚上 11 点多的时候还在思考，所以吃一片安眠药镇静一下。

主持人：阎先生在《百家讲坛》付出的劳动非常多，上一次《百家讲坛》酬劳却不太高。

阎崇年：很多人问我这件事，中国知识分子有一个传统——淡泊名利。唐老师属狗，我也属狗，我 72 岁还要名干什么？我不去追名，也不去逐利。我觉得我自己有一个使命，我从学历史到今年整整 50 年，我还要将历史传承下去。我上学是靠人民助学金的，人民助学金是老百姓的钱，工人、农民的钱，我觉得我学到知识我要回报社会、回报人民。我个人认为这是我的责任、我的义务、也是我的天职。

主持人：但是我还是想问一下中央电视台给您多少钱？

阎崇年：第一次是编导到我家，不提钱。第二次是编导组长到我家也不提钱。第三次是制片人到我家，说阎老师我和您说一下，《百家讲坛》的嘉宾一律都是 1000 元，比尔·盖茨是 1000 元，杨振宁是 1000 元，您也是 1000 元。但是 1000 元还要扣税，2003 年的时候，是扣 30 元的税，现在是 40 元的税，这样就剩下 960 元了，加上我每次打的花 100 多元钱，每一讲就剩下 860 元了。

主持人：您愿意来深圳讲座的话，我们愿意出更多的钱。我们还是继续看一下市民的提问，请看大屏幕。

提　问：唐老师你好，我是深圳的读者，第一个问题是有人说曾国藩是一代书家，你怎么看待？第二个问题是你写完《张之洞》这本书之后，你真的不进行历史小说的创作了吗？

唐浩明：我从 1984 年开始进行曾国藩的研究，已经是 22 年了。我曾经用十年的时间对他进行了研究。后来写了小说。二十多年来，我对他的了解非常多，有人说我是他的异代知己。

我写完《张之洞》之后，就不想再写长篇历史小说了，用我们湖南民间的说法叫“读不完的书、杀不完的猪”。猪是杀不完的，书也是读不完的。我改了一个字：换成“写不完的书、杀不完的猪”。我已经写了三部了，没有必要一直写下去，有更为年轻、更有才华、更有思想的人，他们也会写出更好的作品。长篇历史小说虽然没有写，但是我这几年也没有闲着，我写了三部评点曾国藩的东西：一部是评点他的家书、一部是评点他的奏折、一部是评点梁启超编选的曾国藩语录，这本书过两天会和大家见面的。

阎崇年：我就借用您的话，我觉得我和袁崇焕也是异代知己。

主持人：我有一个问题，他们两位有哪一句话或者说哪一件事情最打动你们？

唐浩明：曾国藩有一句话让我非常欣赏他，我经常会和一些同志们提起他说的“累败累战”。成语是“累战累败”，他把这字调换一下子。这一调换，精神面貌、气象完全是两回事。曾国藩是汉臣翰林，书读得非常好，而且他是文章大家，他自己创立了一个湘乡文派。累战累败，变成累败累战，这是他文字功夫老道深厚的体现。所以我常常和朋友们说，文字要练好，一个字变了，整个文章面貌就变了。

主持人：看上去是一个字的变化，但是里面的学问是很深的。

阎崇年：袁崇焕《边中送别》诗中的两句话，让我很受感动。上一句是“杖策必因图雪耻”，下一句是“横戈原不为封侯”，我骑马横戈不是为了封侯、不是为了名利，而是为了江山社稷、民族和人民。这种精神是崇高的。

主持人：我们看看深圳市民的最后一个问题。

问　题：阎老师，现在有很多电视媒体都在戏说清朝的历史，而你却出来以正史的面貌给大家介绍历史。请问在当今市场经济的情况下，很多人都是从利益出发，而你却从历史学的角度出发，请问你的动机是什么？

阎崇年：清朝历史研究经历了三个阶段：正题、反题、合题。什么是正题？就是清朝人自己看自己的历史是正题，清太祖努尔哈赤、清太宗皇太极，一直到康熙、雍正、乾隆等，他们看待清朝历史我们叫作正题。辛亥革命推翻清朝，“驱除鞑虏，恢复中华”，对清朝历史的看法来个 180 度的大转弯。他们看待清朝历史我们叫作反题。中华人民共和国成立之后，对清朝历史的评价应该要合理，这就是：该肯定的肯定，该否定的否定，这应当叫作合题。所以，我将二十世纪清史研究分了四个二十五年：

第一个二十五年是 1901—1925 年，辛亥革命具有重大意义，有积极的一面，但对清朝的历史采取一个不公平的态度。“驱除鞑虏，恢复中华”，应该把它作为政治口号、政治需要来看待这段历史，而不是学术的态度。

第二个二十五年是 1926—1949 年，日军侵华，溥仪又在日本扶植下建立了“满洲国”。这个时候对清朝历史的评价，也不能客观公正。

第三个二十五年是 1950—1975 年，这时可以对清朝历史有一个公正的评价，但这个时候因为文化的背景，帝王将相、才子佳人都在批评之列，不可能对康熙、雍正、乾隆等皇帝有客观、公正的评价。

第四个二十五年是 1976—2000 年，应该可以公平地评价清史了，恰在这个时候，海外刮了一股戏说风，沸沸扬扬，家喻户晓。到上个世纪末、本世纪初，普遍存在一个问题，从七八岁小孩到八九十岁的老人，都有一个共同的问题，怎么看待清朝皇帝、清朝宫廷、清朝历史？这样电视台就提出来，要把这段历史说一说。我说好，那我就说吧。开始没有用“正说”这个词，后来出书时用什么词？中华书局总编辑李岩先生说用“正说”吧！于是就出版了《正说清朝十二帝》。从此以后“正说”也成为了文化现象，有人在网上搜了一下，用“正说”做书名的大概有几十种，这是一种文化现象。表明大家希望正说历史，也希望有人出来正说历史。正好有历史的机会，也就是一个天时；我身在北京，就借了中央电视台的频道，也就是地利；我和周围人的关系不错，有了人合；加上我自己也有可取之处，把这件事就做成了。

主持人：最后出现了新的苗头，我们大家对历史的关注除了戏说和正说之外，最近又出现了新的说法，比方说我们去书店看书，有雍正教你大智慧、乾隆教你勾心斗角。

阎崇年：在讲袁崇焕之前他们有一个建议，让我讲一下清朝帝王里面的权势和谋略。我们中华民族的历史是亿万劳动人民创造的，有丰富的历史智慧、经验、教训，这是历史的主流。我还是讲明亡清兴的历史，总结这段历史的经验和教训、丰富我们的历史知识。同时对这段历史的戏说电视剧给予正面的回应。

主持人：司马迁有一句话是“通古今之变”，这多少有借鉴的意味在里面，我听到很多人都说：中国人关注历史，主要是看历史中勾心斗角、尔虞我诈的东西，两位同意我的观点吗？

阎崇年：不完全同意，这可能是少数人。对历史，小人看到的是“勾心斗角、尔虞我诈”；君子看到的是“为天地立心，为生民立命，为往圣继绝学，为万世开太平”。学习历史第一是求知。我接到的电话、信函、电子邮件，人们还是希望通过历史知识的传播，得到丰富的历史知识、提高文化素养。第二是求真，哪些是真的、哪些是假的、哪些是正说、哪些是戏说，你帮我们分清楚。第三是求励，就是正在发展或者事业有成的时候，希望有激励自己前进的力量。历史使我们奋发有为，为国家多做贡献。第四是求鉴，就是历史借鉴，特别是公务员、军官、广大知识分子，想通过明亡清兴这段历史找到经验教训，为我们今天治理国家、发展经济、民族复兴、国际交往提供借鉴。最后还有个求悦，通过历史的学习，能够丰富、愉悦自己的生活。我说过一句话："历史是镜子、历史也是艺术。它可以借鉴，更可以欣赏。"我说历史也是艺术，大家到紫禁城去参观，那不是欣赏艺术吗？当然是艺术了，也是历史。很多的书法作品、绘画作品、文物珍宝，那么多的文化精粹当然是历史了，不仅可以借鉴，还可以学习。所以我们学历史、读历史得到的情感愉悦也是一种享受，一种境界。所以我说观众、读者对历史的需求是多元的。

主持人：对历史功利性的阅读在网络反映上也有类似的问题，唐先生现在是湖南省作协主席，你在工作的时候会不会运用到这些知识？

唐浩明：我在生活当中不会勾心斗角。我和阎先生还是有一点不同，他是一个正儿八经的历史学家，我不算历史学家，我算是一个历史小说家。他是专门学历史的，总体来讲我是一个作家，因为我的题材是取自于历史，所以是历史小说家。作为一个历史小说家和阎先生的历史学家有相同的地方也有不同的地方。我曾经对我自己的历史小说创作用了八个字，就是："敬畏历史、感悟智慧"。历史是我们的祖先所创造的人类的文明，我们只能敬畏，我们不能亵渎，这是一种态度。一个历史小说家面对这个历史，你不能够有一种我存心要去戏弄它、亵渎它的想法。但是用文学的手段、艺术的手段来写你的作品这是两回事情。后一句话叫作"感悟智慧"，我之所以这么多年孜孜不倦地做这个工作，我就希望我的文学作品或者是一个小说，它要把前人那种对生活的智慧，通过我的作品传达给每个人，这是我写小说最主要的目的。刚才阎先生说了求真，研究历史学首先要求真，写历史小说肯定也要求真，他要通过你叙述的历史天空，那种历史人物、很浩大的历史舞台，在这个过程中他去感悟人生智慧，这是作家或者历史小说需要做的事情。

我在这里和大家透露一下，大家读我的小说、总结我的人物和事件，你最后的落脚点一定要想起我的话，我那些书传达的是古人的人生智慧，如果把这些弄明白那你们算读我的书读到家了。

主持人：我们看到有些书，比如说《品三国》《品水浒》，我想问一下，阎先生对易中天先生有什么样的评价？

阎崇年：易中天先生讲《品三国》很精彩，我很敬重易中天先生，向他学习。

主持人：在网络上有相当多的提问，我们选了一些，说阎先生在谈历史的时候对明朝和清朝的态度不一样，有一点抑明扬清？

阎崇年：我是研究清史的，但是有一条，就是明清史不分家。比如说我研究努尔哈赤，同时要从明朝的洪武皇帝开始，一直研究到崇祯。我没有对明朝抑、对清朝扬。因为我讲的是明亡清兴这六十年的历史，所以重点讲明末的衰败、清初的崛兴。其实，每个朝代都有兴、盛、衰、亡的过程，我讲清朝十二个皇帝的时候，讲到清朝的衰、亡，道光皇帝在鸦片战争应该负什么样的历史责任？他的儿子咸丰皇帝应该负什么样的历史责任？他的儿媳慈禧太后应该负什么样的历史责任？一直到光绪帝。我在讲这个问题时，很多人打电话、或写信说，听到这一段之后我们都落下了眼泪，我觉得这是历史平台不一样。

主持人：阎先生是满族人，是不是因为这一点对清朝非常感兴趣？

阎崇年：我不是满族人。有人问你为什么要研究满学呢？我就跟他说：满学和满族不是一回事，满学是一门学科，而不是一个民族。很多优秀的日本学者研究满学，很多美国的学者研究满学，北欧的瑞典、芬兰、挪威学者研究满学，作为一个学术的研究，是不分民族、不分国别的。

主持人：问一下唐先生，在十九世纪，从第一次鸦片战争开始，一直到世纪末的戊戌变法，中国历史经历了多个节点，而最终的发展是向着衰亡、负面的方向在走。这些点里面您最关心的是哪一个？您觉得它是不是对十九世纪的历史产生了根本的影响？

唐浩明：鸦片战争有着非常重要的影响。曾经有人说：最早提出睁眼看世界的魏源说过一句话“师夷之长技以制夷”。但是到了后来，曾国藩把学习西方的科学技术以求富、自强，写到他给咸丰皇帝的奏折里面，这个时候才引起了朝廷的重视。这个时候通过了总理各国事务衙门，也就是我们今天的外交部，让曾国藩购买机器，于是曾国藩就建立了中国第一家现代兵工厂。到了1860年这个时候，才引起朝廷的重视，真正地向西方学习就推迟了20年。假设在1840年那个时候就能够把自己的国家在世界上奠定位置，如果是强盛的话，就不会出现后面的事情。这也应该是很重要的，当然还有其他的。

主持人：阎先生有一个论断，他说第一次鸦片战争道光皇帝完全有可能打赢，如果他能认认真真打这场仗。现在我们做一个假设，假设第一次鸦片战争打赢了，随后的十九世纪历史会怎么样？

唐浩明：历史不能假设，打赢了也不能有什么好处，那样就会更加的狂妄自大，会以为我们更加强大，会认为天朝是世界的中心，实际上我们很多的问题都没有解决。

阎崇年：打赢了还是好，打赢了《南京条约》就不用签订了、割地赔款也没有了、香港问题就不存在了。但是打赢了不会最终解决清朝灭亡的命运，

可以延缓一段时间。（掌声）

主持人：大家的掌声也在督促我们，现场有很多热心的观众带来了问题，咱们在座的人谁要提问？

提　问：很高兴能见到两位名家、名师的对话，我想提两个问题给阎老师，阎老师是研究清史的，清代康乾盛世是中国历史上最辉煌的三个时期之一。清代经过从小到大、从大到强、又从强到衰这样的历史进程，从清朝的衰亡我们能够吸取到哪些经验教训？对我们今天振兴、复兴、中兴、崛起也好，对我们现在的中国有哪些借鉴的东西？第二个就是请问唐老师，曾国藩在中国近代史上起到了改变历史的作用。没有曾国藩就没有清朝后来的发展，历史怎么写就是另外的事了。过去曾经给曾国藩头上戴上了镇压农民运动的刽子手的帽子，现在怎么来定位曾国藩？曾国藩这个人物在历史上的作用究竟是什么样的？谢谢。

阎崇年：您对我和唐先生是不偏不倚，一个人提一个难题。清朝兴起和灭亡，可以写多少书来论述这个问题呢？现在正在修清史，大约可以写100卷、3000多万字，就是清朝的兴、盛、衰、亡。对这个问题一两句话答出来比较困难，既然您提出来了，我说一点看法。

我是主张把复杂的问题简明化，清朝为什么兴起？原因很多，天时、地利，其中有一个重要的因素就是合。清朝前期的皇帝叫作“三祖三宗”，把各种力量尽可能合起来，与满洲、女真内部合起来，和蒙古的力量合起来，和汉军合起来，入关之后，把各个民族统一在一个政权之下，合是一个重要的内容。后来为什么灭亡？其中一个重要的问题就是僵，顺治定都北京之后，多尔衮做摄政王，我昨天在中央电视台讲多尔衮摄政，对他进行了评价，一共有六大弊政，他没有加以改革，又继承了这种思想。清朝有多次改革的机会。我算了一下，历史最少提供了八次改革的机会：顺治、康熙、雍正、乾隆、一直到光绪，一次一次地把机会失掉了，就是僵化，不肯与时俱进、不肯进行改革，最后灭亡了。到头来，吃亏最大的、倒霉最大的是爱新觉罗家族和满洲的贵族集团。他们拒绝改革、不与时俱进，最后自食其果。

唐浩明：刚才这位朋友讲到曾国藩在中国近代的重要影响，就是说他改变了中国近代历史的进程，这是曾国藩在历史上的影响。我个人认为他还有四个方面对中国近代历史产生很大的影响。

第一个就是他很大幅度地改变了晚清的军事和政治格局，这是因为曾国藩他和他的湘军、以及后来李鸿章的淮军这一批成功后，对近代中国的历史有了很大的改变，正是因为这种改变，导致后来清王朝很快地灭亡了，具体要展开这个问题是很长的话题，我今天在这里提一下，是军事和政治格局的改变，这是曾国藩对近代历史很重大的影响。

第二个就是他开创了洋务运动，这是对中国近代影响非常大的事情。我刚才讲了，咸丰十年，曾国藩给咸丰皇帝写了个奏折，现在这被称为中国历史上重大的东西。本来是魏源，但是魏源是书生，他是写在书上，曾国藩却不同。本来 20 年前就可以出现的，但是在 20 年后出现了。这对中国近代的影响大家也都清楚了。

第三个他开了现代湖南风气的先河。为什么要讲这一点，湖南是中国的一个省，因为过去湖南非常贫困，在中国没有一点影响，但是以后湖南人才辈出，从曾国藩到毛泽东，湖南引领了中国的历史。

第四个曾国藩后来成了近代中国各派政治领袖的偶像，曾国藩对中国近代历史影响非常大，而且是多方面的，你从不同的角度都可以对这个人物做一个不同的解释。比如说现在比较常见的对曾国藩的介绍是：晚清重要的政治家、学者。不像以前讲的那样：汉奸、卖国贼、刽子手。我个人认为曾国藩是中国主流文化所培养出的一个最为成功的人。

提　问：刚才老先生问了一个问题，我补充一点，请问阎老师一个问题，刚才讲到袁崇焕、曾国藩都是我们南方人，都很成功，这说明中国文化的优秀之所在。

大家说您上电视多，说您几十年研究历史厚积薄发，只有你们出名，你们的学术成果才可以传播，如果不出名的话，也不可能传播。通过你们自己出名、出更大的名，才可以使你们走遍全中国、走到国外，我认为这是很好的现象。你们两位年龄都高了，希望你们多一点时间来深圳走走，深圳是非常重视文化的、也是非常重视历史的。深圳能重视历史，就说明中国传统文化在慢慢地复兴，也说明对文化立市的重视。

阎崇年：我回答您一个问题，我们两个人都不老，都很年轻，我们愿意到深圳多走走、多学习学习。谢谢！

唐浩明：深圳是我们改革开放的前沿阵地，经济非常发达，这几年我非常深刻地感觉到，深圳是非常重视文化的城市。作为一个城市来说，深圳是卖书最多的城市，我在深圳所接触的喜欢读书的朋友，尤其是有成就的成功人士，喜欢读我的书，深圳也是很多的。所以就我自己的切身感受，深圳是非常重视文化的城市。

提　问：唐先生，我有一个问题，大家都说，您是曾国藩的异代知己，如果现在时空穿梭，您回到了清代，您是曾国藩的主笔，您记的第一句：我朝伟大的思想家、政治家、理论家，你是怎么排序，根据您对曾国藩的理解？

唐浩明：大家说我是异代知己，我就来讲讲。其实他最希望人家称赞他的学问、文章很好，所谓的功名他自己看得不是很重，而且到了晚年遗憾自己的学问没有大成，文章可以写得更好一点，但是因为打仗的缘故，耽误他很多创作的时间，他感到很遗憾。他多次和他的儿子写信说：你们今后不要去做官，更不要去学习军事上的事情。他有一句名言：我不希望子孙做大官，我只是希望子孙做一个读书、明理的君子。我想如果我和他说一句话的话：曾国藩，你是一个伟大的学者、作家。如果他听到这样的话，一定会赞同我对他的看法。

提　问：我问阎老师一个问题。您刚才讲了“四合”，您这是很伟大的发明创造。咱们中国讲了多少年的天时、地利、人和，您讲的“己合”，这是我第一次听到。你把“己合”最本质的内涵给我们大家讲讲，让我们受受益。

阎崇年：“己合”，我个人觉得既是一个历史哲学的命题，也是一个伦理学的问题。我认为，“己合”就是三个平衡：第一，精神层面——心理平衡；第二，物质层面——生理平衡；第三，社会层面——伦理平衡。无论遇到多少挫折、多少坎坷、多少失败、多少磨难，都应该保持心理的平衡、生理的平衡和伦理的平衡，渡过难关就是胜利。好比夜晚，虽然天是黑的，睡一觉醒了以后，太阳就会从东方升起。

提　问：阎老师、唐老师好，我是一名高三的学生，非常高兴见到你们两位。高三选科的时候，很多同学纷纷都投向了理科，而学校的文科班里面，全是女生，只有两名男生。在我们学习物理、化学的同时，韩国在积极地向联合国申报世界文化遗产，作为一个青少年我非常疑惑，我想请问两位老师——我们面对历史应该何去何从？

阎崇年：我觉得高中的同学选择志愿，学文、理、工、医、农要尊重自己的选择和意愿。我觉得你们是在校的，家长可以辅导子女选择志愿，但不赞成家长过多干预学生升学意愿的选择。我们在座的家长千万不要把自己的意志强加给小孩，根据他自己的特点、兴趣、喜好、性格、长短，适合于做什么就做什么，千万不要勉强他，不要看别人，人家都学理工科，我也学，我们要从自己的实际出发，我给你一点建议，不知道对你是不是有参考。

主持人：由于时间的关系，我们今天的节目就到这儿了。应该说从明到清，是中国历代王朝最重要的。这几百年浓缩了大时代，风云变幻也值得我们去借鉴，今天用一个多小时的时间完成这个大的课题，真的是勉为其难，我想留下一点遗憾，如果两位先生以后有时间到深圳，再继续来和我们探讨，我们也继续感谢两位先生。

如诗·如父

那尔苏　马琳

【题记与作者】

本文是两位作者为本集所作的专文。作者之一那尔苏，中央民族大学本、硕毕业，中国传媒大学博士，先后任央视《百家讲坛》编导、副制片人、制片人。作者之二马琳，中国传媒大学毕业后即在中央电视台《百家讲坛》栏目任编导，是《百家讲坛》栏目开创者之一。他们直接或间接经历《百家讲坛》自始至今的全过程，已经整二十年。《清十二帝疑案》（即《正说清朝十二帝》）、《明亡清兴六十年》、《康熙大帝》、《大故宫》、《御窑千年》等系列，他们或任编导、或任制片人，为之付出辛劳和心智。

与先生在一起的时光，如诗；先生的那些教诲，如父。

光阴流转，冬去春来。蓦然回首间，已与阎先生相识近二十年。最初与先生遇见，亦是在如此的春日。先生来台里机房和我们一起回看最初《清十二帝疑案》的节目，那也是《百家讲坛》早年的创业时光，一切都是那样地简单，甚至有些简陋，但那样的出发今天回忆起来却是弥足珍贵。那一天窗外莺飞草长，正如先生从容的步履；那一天，春阳映窗，正如先生温暖的目光。相隔十八年，依然记得先生静静坐在机房窗前专注的样子，依然记得先生春风化雨、娓娓道来的声音，凡事历历在目，不曾忘怀。

子在川上曰："逝者如斯夫，不舍昼夜。"时光流过了千百年，岁月匆忙的感受却依然如当年水边的夫子一般，鲜活地萦绕在每一个人的心头。十八年的时光让我们从青年变成中年，从过去变成现在的样子，十八年在历史长河抑或是时间的铿锵前行中，更不过是弹指一挥间，但与阎先生一起走过的十八年，于我们而言却是满满的记忆，仿佛掬水月在手，时光如诗。仿佛此刻，在匆忙中终于可以偷得浮生半日闲，心意澄净、凝望过往，回忆与阎先生的点点滴滴和亲切的教诲，内心却获得了一种弥足珍贵的安宁，就仿佛米兰·昆德拉在宁静中凝望的那一扇上帝的窗口，那样的话语温暖如父。十八年里的那些吉光片羽，那些雪泥鸿爪，亦混合了我们自己的青春，散发着岁月的芳华。

在这十八年里，阎先生以其孜孜不倦的勤奋和深沉厚实的学养为诸君奉献了《清十二帝疑案》《明亡清兴六十年》《康熙大帝》《大故宫》《御窑千年》等等许多耳熟能详的作品。十八年，188集，7708分钟，足以让人们在其中领略太多王朝更替、金戈铁马、人世沧桑，并有所回味，有所感悟。这许多的高光时刻早已传播深远，为大家所熟悉，我们亦不必在此方寸文字间一一赘述。此刻展卷回望，除却阎先生这些为人所熟知的闪光时刻，却总是有一些并未为人所知的瞬间，在我们的记忆中恒久绽放，清新而温暖。就仿佛世人都熟知“金戈铁马，气吞万里如虎”的稼轩先生，而我们却独独难忘“七八个星天外，两三点雨山前”的稼轩先生。所以此刻，就从记忆出发，从那些阎先生引用过的诗词出发，素手白描我们记忆中的阎先生。

一

钗头凤

红酥手，黄縢酒，满城春色宫墙柳。东风恶，欢情薄，一怀愁绪，几年离索。错，错，错！

春如旧，人空瘦，泪痕红浥鲛绡透。桃花落，闲池阁，山盟虽在，锦书难托。莫，莫，莫！

一阕《钗头凤》，让我们看到了阎先生的融通。八百多年前的陆游在沈园故地重游，偶遇故人唐琬，百感交集中在沈园墙壁上题写了这阕《钗头凤》。这一阕词以其“一怀愁绪，几年离索”的哀伤，以其“山盟虽在，锦书难托”的无奈，“错错错”“莫莫莫”，让一代又一代的读者在这样的错爱中感伤落泪。但诗人陆游不会想到，史学的研究者不会想到，后世的读者也不会想到，这一阕中的“错错错”，却跨越时空与清朝的咸丰皇帝发生了贴切而醒目的关系，成为了这位苦命天子最好的注脚。而在此中穿针引线的正是讲述者阎先生，电光石火、穿越历史烟尘、跨越文史，来到我们眼前。虽然从来都是文史不分家，但能把一首悱恻幽怨的爱情词与一位皇帝的人生际遇彼此融通，在当年是让我们疑惑之后，却又立刻击节赞叹的记忆。阎先生借用陆游《钗头凤》这三个“错”字，错、错、错，来论说咸丰这十一年的皇帝生涯，咸丰做了十一年皇帝，阎先生概括了三个字叫作错、错、错。咸丰皇帝的第一个错，就是错坐了皇帝宝座。咸丰皇帝的第二个错，就是英法联军侵入北京时，错逃离了皇都北京。咸丰皇帝的第三个错，就是临终前，错定了顾命大臣。

回想当时整个《清十二帝疑案》系列节目，这是让我们印象极为深刻的片段之一，三个“错”字生动形象地概括了咸丰这位苦命天子的悲情一生。虽然只是一期节目，但如若没有对于咸丰皇帝命运深刻的体悟，如若没有对古典诗词的熟稔，何以会在这两者之间灵光乍现，产生如此让人印象深刻的比喻呢？因此，在阎先生的融通背后，是先生数十年如一日的勤奋，是先生一直以来的刻苦兢业。在与我们录制节目的那些时光里，阎先生每日四点起床，坐在书案前开始一天的讲稿写作，也时常在深夜里接到阎先生的电话，讨论节目中的文字和节目的细节。多年以后，在做《康熙大帝》节目的时候，我们发现这位勤奋皇帝的每日作息表竟与先生的作息如此暗合，那是紫禁城里最晚熄灭的灯火，也是最早亮起的烛照，更是我们节目记忆里勤奋的剪影。在敬佩之余，让我们明白：成就绝不是坐等闲来，而是自日复一日的坚持中锻造而来，是在年复一年的寂寞中砥砺而出。

阎先生在与我们十八年的共同工作中，也时常回忆起自己过往的读书经历，他多次和我们提到读书的“八之诀”：博学之、精约之、时习之、审问之、考辨之、思悟之、发明之、笃行之。在《康熙大帝》的节目中，阎先生也提到读书应有“四贵”：贵恒久、贵思悟、贵知行、贵著述。同时治学还要有“四种境界”：欣然、愤然、敬然、陶然。此刻当我重温往日节目中的这些闪烁着智慧的语言，我们很认真地一一抄录在这里，是对过去的重温，亦是对今天自身的鞭策。

二

石灰吟

千锤万凿出深山，烈火焚烧若等闲。

粉身碎骨全不惜，要留清白在人间。

于谦的这一首《石灰吟》让我体会了阎先生凡事严谨认真的态度。想必有人会奇怪于这首诗与认真严谨又有着怎样的关联，但先生跟我举例讲述在治学中曾经考证《石灰吟》作者的过程却给我留下了深刻印象。先生为了考证《石灰吟》的作者，先是查遍了手头的《于忠肃公集》，还特意去国家图书馆查了25种《于忠肃公集》相关资料、查了《四库全书》，查于谦的诗文集，花了许多时间先后查遍了北大图书馆、中国社科院文学所图书馆、中科院图书馆，北京地区有的资料都查遍了，还是没有结果。于是，先生又专程去了上海图书馆查于谦儿子于冕编的孤本《节庵存稿》，再转战去宁波天一阁查隆庆年间的孤本，最后到福州的福建省图书馆，依然没有材料证明此诗是于谦所作，在对所有现有资料的遍查之后，才最终确定这首《石灰吟》并非于谦所作，而是明人孙高亮在章回体历史小说《于少保萃忠全传》中写下，并被后人编写进了于谦的文集中，这应当是一种后人对其人品的肯定和敬仰。这样的例子当时让我着实吃惊，为了一篇学术文章，竟然真的做到读万卷书，行万里路。这也实实在在为我们后来的节目甚至《百家讲坛》的栏目风格做出了榜样，虽然我们只是一档电视节目，但依然努力贯彻严谨认真、耐得住寂寞，守得住云开的节目风格。

阎先生在和我们共同工作的时间中，除了书不离手、写作电脑不离手之外，每次外出考察讲述内容的时候，还有一件东西总是不忘带在身上，那便是一卷皮尺。这卷皮尺我在《明亡清兴六十年》节目中的辽宁兴城菊花岛考察中看到过。菊花岛是明末清初明军在辽东重要的军粮囤积地，岛上的遗迹依然清晰可见。为了节目讲述更真实、更准确，我们栏目组陪同阎先生在 11 月的严寒中登上菊花岛，阎先生带着我们拉开皮尺，认真丈量了每一处粮仓遗址的尺寸，并一一仔细记录下来。先生眼神里的认真，神态里的严谨，在 11 月海边的浓雾中让我念念不忘。

这卷皮尺我在《大故宫》节目的录制中也看到了。那一次是在准备养心殿的一集，先生在写讲稿的过程中提到雍正皇帝从乾清宫搬去养心殿，这样上朝就更近，究竟有多近？先生问了几位老先生，但对于这样细致的问题没能得到答案。于是，阎先生又带着他的皮尺去故宫养心殿实地测量，仔细测量了后寝殿前门到养心殿后门的距离，结果是雍正皇帝从卧室到办公室只需要走 1.8 米！这样的数字还有后来乾隆皇帝的“三希堂”，阎先生用皮尺在“三希堂”现场实测的面积是 4.8 平方米，谁能想象堂堂乾隆皇帝最喜爱的一个书房竟然如此之小！所有这些在讲述中看似不经意带出的生动有趣的数字背后，恰恰是阎先生无处不在的严谨和认真，云淡风轻处依然没有一丝马虎。正是这样的严谨和认真，成就了《大故宫》节目的真实、鲜活和趣味盎然。

三

早秋山居

山近觉寒早，草堂霜气晴。

树凋窗有日，池满水无声。

果落见猿过，叶干闻鹿行。

素琴机虑静，空伴夜泉清。

一首《早秋山居》，让我们领略了阎先生的智慧。《早秋山居》是晚唐诗人温庭筠所写的一首五言律诗。这首诗描写了长安郊外早秋的景致，与许多写秋悲秋的诗有所不同的是，在这首诗的字里行间我们可以感受到秋天的美好，充满了明快清朗的意味，无论是其中的“霜气晴”“窗有日”“水无声”“机虑静”还是“夜泉清”，无不洋溢着一种秋天的澄澈、明净与悠远。窗前的晴日、静静的池塘、空林中的果落，远远的鹿影，空谷中的琴声，以及月下的清泉都有着一种极强的画面既视感。然而，在这样优美平静的摹景中，却有着诗人深深的哲理思考，而阎先生恰恰在此与千年前的古人有了共鸣，在景色之外读出了世间的况味、人生的哲思，就如同歌德在《歌德对话录》中所说：“诗人的本领，在于他有足够的智慧，能从惯见的事物中看出引人入胜的侧面。”这首诗的颔联“树凋窗有日，池满水无声”，可以说是这首诗哲理的关键所在，也体现了诗人独特的角度。一般而言，树叶凋零引起的是悲秋的情绪，在大多写秋的诗歌中也往往如此，但诗人却说因为叶子落了，才有了满窗的阳光，在浓荫蔽日的夏日里，因为有树叶的遮挡，我却无法享受这满窗、满屋的阳光。充盈的秋池也反倒不会喧嚣，而是寂静无声，正是在比喻做人做事的道理，获得之时、成功之时，更需要低调，更需要谨慎，如此才能基业长青，岁月恒久。

阎先生正是在节目中引用了《早秋山居》的这两句诗，让我们受益匪浅，直至今日，依然会时时翻检，时时回味。诚如阎先生所言：人生在世，阴阳互转——得失、胜败、进退、浮沉、荣辱、顺逆。处顺境时，要谦敬——谦就是谦虚谨慎，敬就是敬天、敬地、敬祖、敬民。人们常说：“满招损，谦受益。”这是普遍真理。处逆境时，要韧奋——百折不挠、愈挫愈奋。正如温庭筠《早秋山居》诗云：“树凋窗有日，池满水无声。”阎先生继而总结提出了让我至今印象深刻，并受益终身的“人生四合”：天合、地合、人合、己合。而在这其中阎先生以其丰富的阅历、深厚的学养以及深刻的思索更是强调了“己合”的重要性。先生是这“四合”的提出者，也是践行者，这是先生独辟蹊径的智慧，也是先生透彻人生的感悟，对于后辈的我们真是受用终身。在我们自己的人生道路中，这“四合”早已成为照亮前路的灯火，成为困境中的激励、成为孤独中的陪伴。

四

长相思

山一程，水一程，身向榆关那畔行，夜深千帐灯。

风一更，雪一更，聒碎乡心梦不成，故园无此声。

一阕《长相思》，让我们体悟了阎先生的浪漫。在《清十二帝疑案答疑》第六集中，阎先生引用了清代诗人纳兰性德的《长相思》，那大约是十六年前的节目了，但今天依然记得其中的句子，更记得先生在演播室录制时候的语气和神态。当时，先生的理性的目光里闪烁着年轻的光，那目光仿佛看向远方，穿越了许多的岁月，回到了他青春的过往，阎先生这样娓娓道来：《长相思》，我们看看纳兰性德，词的造诣上的高低，这个词这样说，说“山一程，水一程，身向榆关那畔行，夜深千帐灯；风一更，雪一更，聒碎乡心梦不成，故园无此声”，这首词上片18个字，下片18个字，总共36个字，说什么呢？指康熙东巡，到盛京沈阳，祭祖，祭永陵、福陵、昭陵。纳兰性德作为一等侍卫、随从。“山一程，水一程”，跋山涉水，“身向榆关那畔行”，“榆关”就是山海关，浩浩荡荡的山海关，“夜深千帐灯”，夜里头营帐灯火，千帐灯，天上有繁星，地上有千帐。“风一更，雪一更”，迎风冒雪，“聒碎乡心梦不成”，很嘈杂很急，回乡的梦都做不成，“故园无此声”，原来没有这种情景和声音。36个字把整个过程像画一样，展现在读者的面前。王国维评论说，这是“千古壮观”。

这便是当时的语句，虽然过去十六年，但还依然清晰地记得，接着阎先生深情而欢快地回忆起自己的一段青春过往：阎先生在上个世纪六十年代的一个初冬，曾经骑车完整地沿着京杭大运河进行过考察，在一天夜里，先生骑车途经淮河水利工地，他看到："数十万民工，在挑灯奋战，我们的自行车骑一会儿、推一会儿，连骑带推行进了六十余里，只见铜陵工地上数以万计的灯盏，天庭间数以亿计的星辰，天上和人间，星辰和电灯，联成一片，蔚为壮观，其情其景，千载难逢……"彼时彼刻，先生眼睛里那一种青春的光芒一直闪耀着，洋溢着浪漫的神往，仿佛要把整个演播室照亮，或者整个演播室已经是那一夜星河影动，夜深千帐灯的壮阔场景，所有人都身处其间……我们都知道，在那样一个物质匮乏的年代，在那样一个冬天的夜晚，该是怎样的寒冷和饥饿，但是先生被这万千的灯海所激动、所温暖，这便是今天人们常常说起的"诗与远方"吧，常常充满睿智与理性的阎先生让我们在这一刻看到了他内心的丰富、浪漫与柔软。我们还记得当时在导播间看得入迷、看得忘我，竟然都忘了镜头的切换，分不清哪里是纳兰的"山一程，水一程"，哪里是阎先生的车铃回响；分不清哪里是纳兰的"夜深千帐灯"，哪里是阎先生的"星辰和电灯"。或许，这就是先生的浪漫，这就是先生的豁达，正如东坡先生所说："竹杖芒鞋轻胜马，谁怕，一蓑烟雨任平生。"

五

韬钤深处

小筑慚高枕，忧时旧有盟。

呼尊来揖客，挥麈坐谈兵。
云护牙签满，星含宝剑横。
封侯非我意，但愿海波平。

一首《韬钤深处》，让我们热爱了阎先生的热爱。这一首《韬钤深处》出自明朝抗倭名将戚继光的《止止堂集·横槊稿》，具体创作时间不详，大体是他担任登州卫佥事前后写就，在登州的戚继光虽然已经远离抗倭的前线，有着一段闲适的日子，但戚继光依然心系家国，依旧苦读兵书，关注海防边关，并且发出了“封侯非我意，但愿海波平”的感慨和希冀，于是，他在兵书的一页写下了这首《韬钤深处》。不仅如此，戚继光还写下过《望阙台》：“十年驱驰海色寒，孤臣于此望宸銮。繁霜尽是心头血，洒向千峰秋叶丹。”这是怎样壮美的层林尽染，这又是怎样的一番赤胆忠心。戚继光一直是阎先生非常推崇并常常所赞颂的历史人物之一，他在节目中多次引用戚继光的这句“封侯非我意，但愿海波平”。阎先生出生在海边，也经历过日军的入侵，看到过家国的满目疮痍，所以才会有那样深沉的爱国之心。

阎先生还花费了许多的心血研究另一位爱国名将——袁崇焕。后来在《百家讲坛》播出的《明亡清兴六十年》原来的题目和底本其实就是《袁崇焕》。袁崇焕在其《边中送别》诗中也发出了与戚继光极其相似的希冀和志愿：“策杖只因图雪耻，横戈原不为封侯。故园亲侣如相问，愧我边尘尚未收。”我们时常想起，在这个系列节目筹备的那些日子里，在七月的盛夏，阎先生与我们远赴袁崇焕的故乡广东东莞，不畏酷暑，汗如雨下，拍摄短片；在十一月的寒冷中，我们又一同前往袁崇焕战斗过的宁远城、菊花岛实地踏访。我们不会忘记在那些已被尘埃湮没的古战场，在那些只能依稀可辨的历史遗迹中，阎先生凝重的眼神和向雾中的远去的背影。在那眼神中，我们看到了深沉的爱，在那背影中我看到了一个学者的担当。我们时常在节目中再现那时的战火纷飞，时常重温曾经的金戈铁马，是阎先生让我们感受到了历史的温度，感受到了深深的家国之爱。这样的温度，这样的爱，我想，影响了我，更会影响千千万万深爱自己家国的人们。

我们陪伴阎先生完成了 188 期节目的录制[①]，一向平静而娓娓道来的先生也曾有过数次落泪，而其中的大部分都出自这样的家国之爱。此刻，我们回忆起曾经的这一幕幕，回忆起内心被深深感染时的心潮澎湃，仿佛一切都在昨天。先生对于家国的爱之深、之切，尽在这样的诗句和泪水中。正如诗人艾青所言：“为什么我的眼里常含泪水？因为我对这土地爱得深沉……”

十八年光阴荏苒，太多的日夜，太多的回忆，太多的瞬间，仿佛这个春天里依次绽放的繁花；十八年掬水月在手，往事如诗、教诲如父。十八年的路、十八年的陪伴，纸太短，情太长，只能用这挂一漏万、捉襟见肘的文字，记录下些许鳞爪，是为纪念。惟愿米寿之年的阎先生“万里归来年愈少”“此心安处是吾乡”。

① 中央电视台《百家讲坛》首播 188 期，央视 1、4、10 频道等重播计约 600 集。

阎崇年：通俗讲史，是“炼狱”，更是责任

邢宇皓

【题记与作者】

本文作者邢宇皓先生是《光明日报》著名记者兼编辑，现为光明日报社办公室主任。他专访的文稿刊载于该报 2008 年 2 月 19 日第 12 版，《北京市社会科学院院报》于 2008 年 3 月 1 日全文加以转载。

阎崇年，清史、北京史研究专家，北京市社会科学院研究员。著有《努尔哈赤传》《袁崇焕传》《清朝通史·太祖朝》《清朝通史·太宗朝》等学术著作。近日，其《中国古都北京》一书由中国民主法制出版社出版。全书记录了50万年以来北京地区的世事变迁，尤其对元明清三代帝都的演变作了细致的描述。全书随文插入北京风物照片、图片达700余幅，照片均为严钟义等摄影师专为此书实地拍摄。虽是通俗读物，其文其图却体现出作者严谨的学术风格。

“自秦始皇到清宣统，中国两千多年皇朝史，前一千年，政治中心在西安，其间东西摆动——秦都咸阳，两汉在西安、洛阳，唐在西安；后一千年，政治中心在北京，其间南北摆动——北宋在开封，南宋在杭州，辽上京在临潢（今内蒙古巴林左旗菠萝城），金都先在上京（今哈尔滨阿城区）、后在中都（今北京），明都先在金陵（今南京）、后在北京，清都先在沈阳，后在北京。两千年中国政治中心，先东西摆动，后南北摆动，从而呈现出‘大十字’形变动的特点。”《中国古都北京》的言说“主角”自然是北京，但阎崇年先生却先从两千年来中国政治中心的“十字”摆动说起，抑扬顿挫，尽显名家风范。

前门箭楼箭窗有多少？这么简单的问题，会错吗？

一档《百家讲坛》栏目、一部《正说清朝十二帝》，让阎崇年从学术圈走近普通百姓。然而，他对北京史的研究，至今仍然很少为公众所知。自曾祖一代便居家京华的“北京情结”，曾任北京市社会科学院历史研究所副所长、满学所所长的学术背景，使他在清代北京史研究的“一专”之外，还遍览各路学术精英的研究成果。尽管如此，写作《中国古都北京》这本通俗读物，对他来说，却不轻松。

“这本书里写到的所有现存明清古迹，我都亲自实地探察过——坤宁宫萨满教祭祀的大锅，直径多少、深多少？我不仅去看，还带个尺子去量。探察，每每让我们有‘新的发现’——前门箭楼的箭窗有多少？书上有记载，这么简单的问题，会错吗？我们一个个数，书上说的，就是差一个！安定门外的黄寺塔，包括一些著名专家学者都称其为‘清净化域塔’，‘化域’作‘王化外域’讲也解释得通，可没有这个词啊？我们去实地看，当时天已经黑了，我们就用手摸，确认不是‘化域’，而是‘化城’。又去广济寺查《法华经》，终于查到了‘化城’典故的出处。”

“在书里，有一些与众不同的看法。比如清代八旗兵驻防北京的方位，有人说是按‘五行’布阵的。努尔哈赤懂‘五行’么？其实，清军入关，一路向南。敌人在南边，攻城略地时自然北面最安全，所以皇帝直属的黄旗在北；东西次之，所以他的两个儿子分掌的白旗、红旗在东西两侧；南边是敌人突围、救兵驰援的必争之地，最为危险，交给了努尔哈赤侄子执掌的蓝旗。方位不同，实际是亲疏有别。驻防北京的八旗兵，不过是延续了过去的传统。”

在《中国古都北京》中，很多看似不起眼的段落，实际上都是从阎崇年先生几百万字的学术成果中萃取而来。与那些靠网上资料拼拼改改，“重在包装”的所谓“文史读物”相比，自有天渊之别。细细品味，读者不难体会。

二手资料靠不住，我也吃过亏

学术功力，就是在一次次文献研究和实地探察中，被积累起来。与阎崇年先生交谈，能够强烈感受到他的学者气质——自信，却不自傲。“粉身碎骨全不怕，要留清白在人间”，明代于谦的这首《石灰吟》是写进了教科书的名篇。阎崇年在引用这首诗时却意外发现，所有著述都说此诗出于《于谦集》，遍寻《于谦集》却找不到这首诗。为这一个“小”问题，他花了一年多时间，查遍北京、上海、福州、宁波天一阁的孤本善本，最后得出结论：此诗不是于谦写的。这在学界引起轰动。

“现在，我们亟须克服为学的浮躁心态。现在很多学校要求在读研究生要在核心期刊上发表两篇学术论文，有的甚至规定历史系的研究生要在《历史研究》上发一篇。读博士，只有三年时间，怎么能完成呢？即使完成了，学术水准能保证么？我研究了一辈子清史，现在算下来，平均每十年才能在《历史研究》上发表一篇文章。不到两万字的《张吉午与〈康熙顺天府志〉》，我花了近四十年才发表。”

“二手材料靠不住，我也吃过亏啊。‘西北明积雪，万户凛寒飞。惟有深宫里，金炉兽炭红。’在《百家讲坛》讲光绪帝的时候，我引用过他的这首《围炉诗》。备课时，没找到一手材料，我特意找了三种不同的文献核对。但没想到还是错了。讲完后，有读者来信，提出诗韵不对，第二句的‘飞’字可能错了。我马上请故宫专家帮我查查原始档案。果然是‘风’不是‘飞’。我觉得不踏实，亲自去查，又发现一处错误，不是‘凛寒飞’，而是‘凛严风’。这件事给我很深刻的教训。”

在《百家讲坛》，每讲一次，就如同进一次“炼狱”

《百家讲坛》改变了阎崇年的生活；而“遇到”阎崇年，也改变了《百家讲坛》的“命运”——听了阎崇年的初讲，《百家讲坛》决定变“一人一讲”为“主讲人制”，由此从收视率的倒数第二，一跃名列前茅；甚至，在某种意义上，阎崇年的“出现”，改变了人们的阅读趣向——2004年秋天，《正说清朝十二帝》刚一问世，在北京书市“意外”掀起热潮，不仅开创了“正说”先河，也被认为是开启今天日益高涨的“读史热”的发轫之作。

“在《百家讲坛》，每讲一次，就如同进一次‘炼狱’。没有研究的当然不能乱说，还要琢磨讲法——讲‘筋骨’，大家听起来没意思；讲‘血肉’，节目时间有限。怎么办？绞尽脑汁。”

不过，也有回报。

“首先，要讲新东西。‘新说’会推进自己的研究。比如讲‘鸦片战争’，以往的主旨都是‘落后就要挨打’。我通过分析认为，鸦片战争失败有必然因素，但更多是偶然因素。道光帝的三次决策失误应当承担主要责任。”

“其次，是来自观众的挑错。比如，我讲兴城在‘辽西海湾，离海12华里’。

马上，有观众来信，是专家，还特意附上详细的地图解说，告诉我，兴城位置的准确说法是在‘辽东湾西部’。很多这样的例子，对我的研究都是促进。”

“闻错则喜”，阎崇年先生一方面在再版中不断修正；一方面，对提出意见的读者，全部赠书感谢；留下电话的，坚持一一回复。

“不必苛求历史学专家都写普及读物，但专家受过长期的专业训练，写出的作品更加扎实。历史学的发展经过‘为神服务’‘为君服务’‘为民服务’三个阶段。我想，今天的史学工作者应该多腾出一些时间和精力来，为普通大众服务。”

从格物求真到大众普及

——《阎崇年集》评析

冯尔康

【题记与作者】

2014年，作者出席《阎崇年集》《清朝开国史》首发学术座谈会，并携带发言稿，在会上做了发言。此文稿刊载于《北京社会科学》2014年第10期，后收入《冯尔康文集》之“师友述怀·序跋札记集”。冯尔康先生为著名清史学家、社会史学家、南开大学历史学院荣誉教授，先后出版《雍正传》、《清史史料学》、《社会史理论与研究方法》、《冯尔康文集》（10卷本）等六十部，为中国社会史学会创会会长，在海内外有着重要学术影响。

著名清史学家阎崇年教授的《阎崇年集》由中国友谊出版公司于2014年5月梓行，全书计18种25册（正编24册，附录1册），近八百万字，两千张图片，内含学术性的一史（《清朝开国史》）、二传（《努尔哈赤传》《袁崇焕传》）、五集（《燕步集》《燕史集》《袁崇焕研究论集》《满学论集》和《清史论集》）；大众性读物《正说清朝十二帝》《明亡清兴六十年》《康熙大帝》《大故宫》《中国古都北京》《清朝皇帝列传》《中国都市生活史》等。有意思的是阎崇年将各书按地球公转一周节气为序，将24集分别与24节气对应，以“立春”起配应他的早期著作《努尔哈赤传》，而以《中国都市生活史》匹配最后一个节气“大寒”。全书主要分作两阕：左阕侧重于格物求真，九种十二册，即上述一史、二传、五集等书；右阙侧重于大众普及，八种十二册。另有附集一种——《合掌录》，是与星云大师的对话录。以节气配图书，或许是他勖勉自己周而不息地惜时，周而复始地勤奋耕耘吧！这是阎崇年集其清史、满洲史、都市史研究大成之作，是仍然活跃的清史学家出版如此巨著的第一人。因而对该书做出介绍，或许是必要的。

笔者阅读阎崇年著作、听他的演讲，认识到他的学术研究的开创性，致力于历史知识的大众化，而导致他取得丰硕成果的是敬畏历史的求真勤学精神，兹就此三点分别言之。

（一）学术研究的开创性

阎崇年学术研究的开创性，可以从宏观方面开辟方向性研究和微观方面具体研究的独到见解来观察。

开创、倡导、推动满学研究。阎崇年在《阎崇年集·总序》中说，集子体现了他治史五十年所做的三件事情，“倡议创立满学”为其一。诚然，涉及满学内容研究的文论国内外早已有之，但是把满学作为独立的一门学科，则是从 1989 年阎崇年倡议并随后主持召开首届国际满学研讨会开始的。他为满学发凡起例，给出定义，在《满学研究》第一辑《满学研究刍言》中指出：“满学即满洲学之简称。是主要研究满洲历史、语言、文化、社会及其同中华各族和域外各国文化双向影响的一门学科。”他认为研究满洲历史、语言、文化、社会是满学定义的内涵和核心，研究满洲同中华各族和域外各国文化的双向影响，是满学定义的外延与展伸。他在《满学论集·满学：正在兴起的国际性学科》文中进一步明确，满学研究的一个重要内容，是中国满洲文化同域外各族文化的互动交流；满学是一门综合性学科。任何一个学科的定义都是难以周全的，可能人言言殊。笔者以为阎崇年对满学的规范是较为准确的，可以认同的。阎崇年不只是倡导，更是身体力行，在北京市社会科学院设立满学研究所，倡议并主持第一至第五届国际满学研讨会。推出《满学论集》专著，成为新建满学学科的开拓性研究之作，也是中国满学研究发展的见证。他主编《满学研究》《20 世纪世界满学著作提要》。满学已成为一个新学科，他以筚路蓝缕之功，名满学界。

提出历史上东北森林文化是中华多元文化类型中的一个重要组成部分的观点。说到中华经济区域文化的组成，人们首先想到的是中原农耕文化、西北草原文化，其次会顾及西北高原文化、沿海和岛屿的海洋文化，而阎崇年于2014年年初发表《森林文化之千年变局》一文［《辽宁大学学报（哲学社会科学版）》2014年第1期，收入《清史论集》］，唱出中国历史上“东北森林文化”之论，认为经历有文字记载的三个一千年的历史变局，农耕文化、游牧文化、森林文化更迭在中国历史上起着主导作用：第一个一千年的商周时代，中原农耕文化占主导地位，东北地区的森林文化与之有所接触；第二个一千年汉唐时期，中原农耕文化与西北草原文化交融；第三个一千年的宋元明清时期，东北森林文化发展，造成小小的少数族群的满洲族入主中原，换句话说，清朝建立全国统一政权，是以厚重的森林文化为根基，由此可见森林文化对中国历史发展的不可忽视的作用。阎崇年将森林文化视作中华经济文化五种类型之一观点的提出，从一个角度说明历史上生活在东北地区的阿尔泰语系满－通古斯语族、蒙古语族民族（特别是满洲族）的历史地位。森林文化论，既是一种观点，也是一种方法论，值得引起学术界的关注。

研究清朝开国史著述最多的学者。早在二十世纪二十至三十年代，学者孟森就投入清朝开国史的研讨，撰著《满洲开国史讲义》《明元清系通纪》以及《明史讲义》《清史讲义》。随后，学者郑天挺撰写《清代皇室之氏族与血系》《从清太祖武皇帝实录看满洲族源》以及《清朝简史》。他们已经开辟研究满洲族源和兴起的历史课题。不过，阎崇年的《努尔哈赤传》是国内外第一部研究清朝开创者清太祖努尔哈赤的学术专著；《清朝开国史》是至今在此领域最为系统而详尽的研究成果。后一部书，用116万6千余字，写明朝万历十一年（1583年）至崇祯十七年（顺治元年—1644年）60年间的清朝兴起史。从满洲源流写起，依次叙述努尔哈赤统一女真诸部，统一蒙古诸部，创制满文，八旗制度，建立金国政权及改国号，对明战争，皇太极、顺治帝的皇位继承，建都盛京与迁都北京，明亡清兴的历史经验教训。他认为太祖朝是清朝历史的树之根，水之源，清朝在开国时期埋下大清历史的盛与衰，强与弱，得与失之基因。阎崇年特别分析明亡清兴的原因，提出亡者在“分”，兴者在“合”的见解，而“分”“合”皆在民族、官民、君臣三个关系方面。明末的社会危机，主要是“民族分”“官民分”“君臣分”直接造成的，民族分是外层因素，官民分是内层因素，君臣分则是核心因素。遂在这三种分的局势下覆亡。而满洲则是三合而兴起建立清朝。由此得到历史启示：中华民族合则盛，分则衰；合则强，分则弱；合则荣，分则辱；合则治，分则乱。在这里，阎崇年的论证方法，不是一般地着眼于政治经济文化制度，从政治腐败入手分析，而是用一种新视角观察历史，做出新颖的结论。

上述三个方向性研究的开拓、拓宽之外，阎崇年在具体论述史事中，做出许多独到见解。如提出北京城设计的“君权为主、神权为客”说：分析北京城的五个特征，尤其是建筑上的“主客分明，布局宏大”一点，认为北京城的设计，“君王为主，臣民为客；君权为主，神权为客”，宫城、皇城、内城、外城，叠次分为四个方阵，呈封闭式，层层相套，等级森严，界限分明。说臣民为客，读者容易理解，“神权为客”，说得到位，更为读者醒目。又如孝庄太皇太后使用四辅政大臣抵制“宗权”说：康熙初年四辅政的故事为人所熟知，但是选择这四个人有无深意呢？索尼、苏克萨哈、遏必隆、鳌拜四人是异姓军功贵族，均隶属上三旗，三人是皇亲国戚，资深位高权重，并且都受过多尔衮排挤，选用这四个人，是皇权与旗权的结合，用以抵制宗室贵族的宗权，以便加强皇权。再如，康熙朝之所以被称作盛世，阎崇年强调康熙帝个人品格的作用。说康熙盛世，不仅是康熙时代的历史功业，同时含有康熙个人品格因素，即他严于律己，好学不倦，性情仁孝，兼具智勇，为政勤慎，敬天恤民，崇儒重道，博学精深，几暇格物，学贯中西，八拒尊号，知行知止，以此创造出盛世。此外，为“张勋复辟”正名——是“张勋兵变，宣统复辟”。如此等等。

（二）致力于历史知识的大众化

阎崇年深知：“历史学者的责任，既有学术，又有普及，如鸟之双翼，不可偏废。”是以致力于史学知识的普及。2013 年 4 月，阎崇年在《清朝开国史·自序》中写道：“十年来，我在中央电视台系统讲述、相应出版了《正说清朝十二帝》《明亡清兴六十年》《康熙大帝》《大故宫》等四个系列，共一百八十八讲（集）。这种学者以语音、影像、文字三位一体系统传承历史科学，凭借电视、广播、网络进行全球性的中华历史文化传播，不仅产生了巨大的社会影响，而且被誉为独着‘影视史学’的先鞭。”他陈述的是事实，他把历史知识传播到亿万民众之中。他的成功，不妨从正说内容、清晰表达、客观效果三个方面来了解。

阎崇年讲述《正说清朝十二帝》《明亡清兴六十年》《康熙大帝》和《大故宫》，社会上流行“戏说”历史影视剧，受众对那些历史人物和故事将信将疑，甚而信以为真，产生对历史的误解，不利于对历史的正确解读，是以史学家有责任去说明历史真相，去“正说”历史，阎崇年就以此为使命。他在《正说清朝十二帝·自序》中提出“正说”“细说”“慎说”“通说”“新说”解史的五条法则。正说，是求历史之真实和公正解说，给读者、受众以准确的历史知识，以汲取历史智慧。欲达到正说的目标，就必须“细说”，讲出有血有肉的、丰富多彩的历史，而不是干瘪的、公式化的历史。

阎崇年善于将复杂多变的历史，提炼出几个条条、几句话、几个字，把它概括起来，说出来、写出来，就条理清晰，要点明确，让人一听、一读就能心领神会。比如他讲《大故宫》，总结出故宫的特点是：规模大、历史久、珍宝多、涵盖广及子午线；讲解中把握六个要点：空间为序，影像为长，文化为魂，合纵连横，史艺联通，中正安和。对于明朝的灭亡，阎崇年形象地说：“明朝为辽东边事，错杀了两个人：一个是努尔哈赤的父亲塔克世，另一个是蓟辽督师袁崇焕。”“历史逻辑，值得深思：前因后果，因缘相报——袁崇焕是努尔哈赤的克星，皇太极又是袁崇焕的克星。”

阎崇年的演讲，内容上雅俗共赏，加之条理清晰，深入浅出，获得受众喜爱，以致九十二岁老妇人去听演讲，并请他签名；孕妇听讲，说让胎儿接受胎教，都是感人至深的事情。他的演讲效果，据在《阎崇年集》座谈会上与会者说，阎崇年的演讲和书籍，给民众带来温馨，推动满洲民俗文化研究和复兴、复活。这是笔者没有想到的。要之，阎崇年将陈旧的知识变为活的知识，而当历史知识为大众掌握之后，促进人们生活的丰满。

（三）敬畏历史态度与敬业求真勤学精神致使阎崇年取得丰硕业绩

近代中国的落后，使人咒骂历史，怪罪老祖宗，长期批判传统文化，唯有钱穆倡言敬重历史，不要把自己做不到的事情归罪于祖先。到了九十年代弘扬传统文化，尊重历史的观念为学人所接受。阎崇年具有敬畏历史的意识，与敬业精神相结合，乃入业绩显著境地。

（1）敬畏历史与求真的态度。他认为对历史遗产态度，应当是敬畏，赞颂，欣赏，守护，关爱，弘扬。对历史的传承与表述，也应当采取敬畏态度。他说的敬畏历史，是从历史取得人生智慧，得到修齐励志的经验，赏心悦目的欢愉，避免重蹈前人错误，遭受历史惩罚。

学习历史，要想得到真知灼见，对历史必须有求真的态度，阎崇年笃信史学工作者应有的观念——论从史出，以此求真。他明确表示：真实是历史科学的生命，玄幻则是历史科学的肿瘤。史书，精深的，普及的，共同点是它的真实性和科学性。

（2）勉力搜求历史资料。如何才能做到论从史出，这就需要认真搜寻史料，并加以研讨。《努尔哈赤传》利用资料相当丰富，有满文老档、武皇帝实录、明朝皇帝实录、李朝大王实录，官私记载，档案榜文，金石谱乘，文集图录，尤其是朝鲜文献。这是他不惮其详地查索资料的所得。康熙二十年代，顺天府尹张吉午编纂《顺天府志》，誊录正本送呈朝廷，未刊，藏于宫中，不为人知，更无人利用。后来为北京图书馆（国家图书馆）收藏，后世学者以为这是抄本图籍。阎崇年发现这部书，为了明了它的版本和是否为孤本，在世界各国各地搜访。在国内，他从《中国地方志联合目录》得知各地没有此书；遂将目光投向海外，1987 年赴日本，得知东洋文库亦无藏；1989—1990 年在美国，到了国会图书馆，哈佛、耶鲁、哥伦比亚、印第安纳、夏威夷、加州等大学图书馆，均无该书信息；1992 年在台湾，往台北故宫博物院、“中研院史语所”“中央图书馆”，均无发现；在香港大学、香港中文大学、澳门大学搜索，渺无踪影；在欧洲，托人查找，令人失望——无有此书。真是费了九牛二虎之力，阎崇年才能准确地认识到该书是“呈写正本”，国家图书馆所藏为世间孤本，纠正抄本之说，也不是罕见本，实为孤本。下得如此这般的苦功夫，阎崇年才能以详实的史料，撰写学术专著。

（3）孜孜不倦地实地考察。在阅览史籍之外，阎崇年特别注重实地考察，北部中国，他走遍了白山黑水和内蒙古草原，黑龙江流域的一些地方不止一次地造访，在南方，他跨海考察南海诸岛，东则台湾讲学，西南游历青藏高原，足迹遍全国。阅历丰富，将书本知识与实地考察的亲身感受，完满地结合起来，提炼出他的学术见解。他为弄清事实，从来一丝不苟，如对养心殿前殿后宫的距离尺度，一定到清楚无误为止。自雍正皇帝开始，清朝皇帝在此办公、寝息，这样生活方便吗？需要将前殿与后宫之间距离查看清楚。养心殿与寝殿之间有一穿堂，两点之间距离，有人丈量为近 5 米，阎崇年乃请人再次丈量，告知为 3.1 米，他亲自去看丈量，前殿后墙与后殿前墙 4.8 米，穿堂两门 3.1 米，又一次丈量，两殿门距离 1.8 米。真是近在咫尺，上下班太方便了。

对于实地考察，阎崇年是传承了史家鼻祖司马迁的研究法，是禀赋中国史学的优良传统，创造优异研究成果，实乃渊源有自。

（4）悟性来源于勤学苦思。阎崇年认为治学要注意八个方面，如定向、执着等，特别提出“贵悟”一条，意思是研究者不仅要勤奋刻苦，坚毅不拔地钻研，更要有悟性。阎崇年注意及此，其实他本人就悟性高，才写出那么多专著。悟性，作为史学工作者，笔者以为它的产生，首先在于勤学，掌握了大量的史料，才有思索的素材，这是基础；其次是苦思苦索，“学而不思则罔，思而不学则殆”，学与思是辩证关系，“思”就会使学问深入，学、思结合，灵感突然来了，新的观点就产生了；再次是聪明。学、思加上天分，悟出道理，学术成就就高了。

归结起来，阎崇年很好地将敬畏历史态度与治史求真精神结合起来，以勤于搜集和实地考察获得的丰富史料，加上苦思研索、悟性又高，乃得丰硕学术果实。

阅读《阎崇年集》的这些感受，真是获益良多，也有些不满足，不妨提出来向阎崇年请教，向方家请教。

在史学研究中有实证派与义理派之别，实证派强调论从史出，多进行微观研究，虽然也注意“以小见大”，希望在微观研究中得出宏观结论，但是往往宏观功力不足，很难提出哲理性史学观点。阎崇年似乎是实证派史家，不免也多少有这个缺憾。如处在西方开始出现资本主义社会、明清易代巨变之时，清朝兴起对中国历史的影响问题，需要做出规律性的探讨和说明，然而《阎崇年集》尚有缺略，不能满足读者的求知欲。就是在一些比较大的历史议题中，如认为康熙至光绪的八个皇帝，有八次图强维新的机遇，但都没有捕捉住，表示扼腕。可是阎崇年的说理多系就事论事，令读者尚不能了然于心。又如提出森林文化与历史变迁关系之说，但在森林文化对女真、满洲特质起了怎样的决定作用？森林文化、草原文化、高原文化究竟在造就满洲、蒙古、突厥相互区别的特质的作用，都有待深入探讨。但凡创立新说，必然会有论证不充分、不到位之处，不可能一篇文章就做得非常完满，笔者在此提出，只是说后续的研究任务仍然很重，很艰巨。

走笔至此，归纳阅览《阎崇年集》的总体观感，认识到这个文集记录了阎崇年学术研究、学术活动的四大特点。第一，阎崇年研究领域广泛，是著名清史学家，同时是满族史、晚明史、宫廷史、北京史、都市史专家。第二，他的学术研究具有开创性的特点，表现在倡导与推动满学研究、提出东北森林文化是中华多元文化类型中一个重要组成部分方向性议题，以及许多独到的学术见解。第三是致力于历史知识的大众化。中国素以历史编纂学的完善著称于世，但是历史学在古代是庙堂之学，历史知识为统治者和上层社会所享用，基本上与百姓无缘，近世以来史学家注意到将历史知识还给大众，令它成为大众文化，因此负有了历史知识大众化的使命。阎崇年适逢其会，成为历史知识大众化的有力推动者。第四是敬畏历史态度与敬业求真勤学精神致使阎崇年取得丰硕业绩。一句话，阎崇年是清史研究第三代重要学者暨史学知识大众化重要推进者。

如今《阎崇年集》的面世，为读者提供阅读的方便，功在学林，功在对史学有兴趣的读者，功在读书界。

从阎崇年学术历程来看，人们有理由期待他还会有新的学术建树。

阎崇年：学习历史让人心大、境高

张贺

【题记与作者】

本文是《人民日报》记者张贺先生专访阎崇年后撰写的文稿，刊载于该报2014年8月14日。刊头编辑提要载："近日，清史学家阎崇年的25卷本《阎崇年集》问世，120万字的《清朝开国史》也同时出版，厚厚两大册，凝聚着他近些年研读史料、实地考察、精心研究的最新成果。如何更好地学习历史，我们可以从历史中汲取什么？本报记者独家专访了阎崇年。"张贺先生现任《人民日报》政文部文化采访室主编、主任记者。

清史学家阎崇年在刚刚度过 80 周岁生日后，推出 25 卷本的《阎崇年集》还出版一部 120 万字的《清朝开国史》。他说，之所以写下这部书，是因为明亡清兴的这段历史极富启发性。清朝 296 年，此前历史上只有西汉、唐朝、明朝开创了 200 年以上的大一统皇朝。“清太祖努尔哈赤既播下康乾盛世的种子，也埋下光宣衰世的基因。研究清朝开国史对于我们认清历史规律有重要价值。”

耄耋之年，阎崇年依然保持着每周一本的阅读速度，而这一本指的是除专业书籍之外的“闲书”。在阅读上，他的口味出奇地杂，每年诺贝尔文学奖名单公布后，他都会把获奖者的作品找来读一读，2013 年获奖者爱丽丝 · 门罗的《逃离》他觉得不错。阎崇年说：“翻翻流行读物、看看热点问题，可以帮助我了解当今的社会现实。今是古的延续，古是今的由来。不了解历史就难以深刻地认识现在，不了解现在也难以准确的把握历史。”

改革应突破利益藩篱

记　者：中国人特别重视以史为鉴，历朝历代编修的史书汗牛充栋，但是相同或相似的历史现象、历史事件却不断重复出现，好像后人很难真正从历史中汲取经验教训。为什么会这样？

阎崇年：您这个问题提得很好。后人不汲取前人的经验教训，一言以蔽之是利益使然。以八旗制度为例，早期八旗制度对于满清集中经济、政治、军事力量，促进社会发展起到了很好的作用，但入关后，在八旗制度束缚下，旗人不可以务农经商，唯有当兵一途。战争时期，需要兵源，当兵还不成问题，但入关后在和平时期，不需要那么多兵，一家只有一二个当兵名额，其余的人生下来就有钱有粮，又不用工作，所以只能喝个茶、斗个蛐蛐。人们常说八旗子弟游手好闲，如果只是一两个八旗子弟如此，那是家教不好；如果八旗子弟全都游手好闲，那就是制度有问题了。特别是土地问题，清朝入关后圈地分给八旗，但后世子孙繁衍，八旗人口愈来愈多，土地却就那么多，这也是一个突出的矛盾。康熙、雍正都想改，但改不动了。一改就牵扯到“权和利”问题。除非把八旗制大改，这个事就大了。

记　者：明朝也曾遇到过同样的问题，就是皇室宗亲越来越多，国家养不起了，给国家赋税造成沉重负担，明朝灭亡，这也是一个原因。

阎崇年：朱元璋在明朝开国后封了二十几个王，都有待遇。但后来粮食不够，一年光养活藩王就需要 850 万石粮食，而明朝财政只可以支持 400 万石。有官员向隆庆帝提出来削减藩王供应。但隆庆帝拿到奏疏就很头疼，他也知道必须要改革，但这些人都是他的亲属、骨肉，他下不了手。于是他批转让各个王府讨论，把球踢出去了。过了很长一段时间各王回奏，都说我们有困难。隆庆帝就不批了，这事就办不了。其实，削减藩王供应这件事从嘉靖朝就提出来了，从嘉靖拖到隆庆，从隆庆拖到万历，万历干脆不上朝，这个问题就始终没解决。

实质上，革命是流血的改革，改革是不流血的革命。改革是非常困难的。道理大家都懂，但真改到自己头上，就都不干了。改革的核心问题就是怎么把

“权与利”重新分配好，这个太难了。慈禧也想改革，但实行君主立宪制就必须取消满洲贵族特权，如果慈禧和光绪母子合作，取消满洲特权，改革还有可能推进下去，但母子反目，慈禧在保守派的影响下，最终还是退缩了。统治者总想我这一代拖过去，把问题交给下一代去解决，结果后来根本没机会了。

但是，如果领导人坚强有力，大刀阔斧就这么办了，即使损害一批人的“权和利”，为了整体的利益，也能办成。商鞅变法就是这样。所以，在能改动的时候，还是要千方百计地抓住时机去改。

清朝民族政策总体成功

记　者：有一句俗话说：“明修城墙，清修庙”，比较通俗地讲出明清两朝民族政策的不同。从效果上看显然清朝民族政策比明朝要成功，比较好地维护了多民族国家的统一，基本上奠定了今天中国的版图。请问，清朝民族政策与以往相比有哪些特点，成功的原因何在？

阎崇年：实事求是地说，从有秦始皇算起到清宣统朝 2132 年，这期间，对中央王朝来说，民族问题始终是一个令人困扰的难题。好多王朝民族问题处理不好，结果加速本朝的灭亡。秦朝表面看来是亡于陈胜吴广起义，但深层原因是民族问题没有处理好。蒙恬率 30 万大军守长城，提防匈奴，公子扶苏也在军中。如果这 30 万军队在咸阳，轮不到胡亥即位，扶苏可以名正言顺继承皇位，秦朝也不会二世而斩。

我们中国处理民族问题，从秦始皇算起有两千多年了，积累了丰富的经验，清朝是集大成者。清朝处理民族边疆问题，有四个特点：一是重教尊俗，二是平衡利益，三是多元管辖，四是笼络首领。清朝统治者尊重各民族的文化、宗教和习俗，不搞华夷之分，大家都是中华。平衡就是照顾各民族的利益平衡，各民族之间相互交往、相互制约。在具体管理方式上，因时因地制宜，不搞一刀切，实行多元化管理。比如，在蒙古地区实行蒙古律，如果犯罪了，不像汉人地区那样罚款，而是罚你几头羊几头牛，充分考虑到民族特点。当然，清朝作为封建王朝，也有其民族政策的局限性。

民族政策，对清朝起决定性作用的，就是满蒙联盟。满洲是森林文化、蒙古是草原文化、中原是农耕文化，三种文化各占据约300万平方公里土地。满蒙联盟不但使清朝免除了后顾之忧，而且满蒙加起来是600万平方公里土地，还把中原分化出汉军，三打一，再加上农民起义，最终打败了明朝。清朝问鼎中原取得胜利的关键政策，一是八旗制度，一是满蒙联盟，这两条起到了决定性的作用。当然，清朝统治阶层内部比较团结，从未发生大的分裂也是一个原因。

干部学习历史大有益处

记　者：新一届中央领导集体高度重视传统文化，习近平总书记不断强调领导干部要多读书、多学习历史。请您结合治学的体会，谈一谈学习历史的意义、方法和途径。

阎崇年：一个人人生不过百年，活动范围很小，接触人也很少，一辈子认识几十个人几百个人了不起了。历史是五千年亿万人智慧的结晶。任何个人的智慧都不会超过历史。所以，增长智慧、激发才智、以古鉴今，最好的办法之一就是学习历史。比如说我们看《二十四史》，优秀的人，精美的语言，灿烂的思想火花，太精彩了。历史总能给人无穷的力量和启示。

我最近去了贵州阳明洞，王阳明在那样艰苦的条件下能有所作为，令人感动，了不起啊。我的一个朋友是位干部，出了点事，但不是他的责任。在被免职后，他感到非常委屈、气愤。我说，你看看历史上受冤枉的干部有多少，不要那么想不开。学习历史令人心大、心善、心强，意境高远。熟知历史的人遇到风吹浪打的事会想得开一点，不会为小事纠缠。

我觉得我们很多官员缺乏历史知识，不知道为官应具备的修养。看看历史上那些清官、好官是怎么做的，可以给自己树立榜样，有所追求，境界就高了，就不会犯低级错误。

记　者：如果让您给历史爱好者特别是领导干部开列书单，您会开哪些书？

阎崇年：经史子集。经部读《大学》，史部读《史记》，子部读《老子》，集部可以按照个人喜好，爱看谁就看谁。我读书有一个方法，叫作“四名读书法”，就是读名人、名著、名篇、名句。名人、名著、名篇、名句，四个名就是人类智慧的花朵，无数的花朵组成人类的智慧的花园。对“四名”要反复读，多体会，多践行。

我的老师是白寿彝先生，有一次他问我："你说说，司马迁在《史记》中说'究天人之际、通古今之变、成一家之言'，那个'天'是什么意思？"我说不知道，请您指教。白先生说，你慢慢琢磨，我不说。这些年我一直在想这句话，我觉得对我们搞文史的人来说，最重要的就是这句话。我认为，那个"究天人之际"的"天"不是气象的天，不是宗教的天，不是理学的天，而是历史哲学的天，就是天时的"天"。历史学考虑问题的角度不一样，从历史的角度看，天就是天时，所谓识时务者为俊杰，就是"动善时"，早也不行，晚也不行。不早不晚，很困难。历史研究天时，怎么顺应天时、利用天时、借用天时。我觉得所有成功的人都会借用天时。天时是很公平的，元顺帝是这个天时，朱元璋也是这个天时，但朱元璋借着这个天时起来了，推翻了元朝。你说朱元璋早一百年行吗？成吉思汗横跨欧亚，早把他灭了。努尔哈赤早生一百多年赶上明朝盛世的时候也根本成不了事。晚也不行，晚了就是李自成的天下，也没你清朝的天下了。我们个人难以改变天时，但是可以顺应天时、借用天时。

学习历史，搞清楚天和人之间的关系，通古今之变，才可以著书立说。其实，司马迁最后的目的是成一家之言，他核心就是这句话。这句名句对我们的启发就是，学历史，第一研究天人关系，第二研究古今关系，第三把自己放进去，不是局外人，进行"天合、地合、人合、己合"的修养。真正把这句话理解了，学到了，也就不错了。

附录：记者与阎崇年还有一段对话，因篇幅所限没有刊出，附载于下。

记　者：您一直致力于研究清朝开国史，此前也曾出版过《努尔哈赤传》《明亡清兴六十年》等著作，为什么还要再次撰写大部头的《清朝开国史》呢？在这本书里您在观念和史料方面有哪些新的发现、新的创建？

阎崇年：新中国成立以前，研究清早期历史的老一代史学家主要有两个人，即孟森和萧一山。他们的著作奠定了清朝开国史研究的基础。他们的好处是跳出清朝自己的立场，从民国的立场来看待清朝历史，最大的问题就是大量清朝档案没有开放，特别是满文档案当时没有全面开放，他们二位都没有看到。另外，朝鲜人的《李朝实录》等文献对清朝很多事情记载详细，他们也没有看到。这些年，中国、日本、美国、台湾省等地学者有很多新的研究成果，孟、萧两位先生当然也不可能见到了。而我们这一代清史学者能看到所有这些重要档案，就史料的占有而言，我们远超前人。这是时代赋予我们的有利条件。

就观点而言，整个民国的史学家都受辛亥革命反满思想的影响，要“驱除鞑虏、恢复中华”。清朝对自己的历史是肯定的态度，民国对它是否定的态度，我们今天是该肯定的肯定，该否定的否定，就能够比较公正地来看待清朝的历史。所以，观点上我们比民国时期前进了一步，资料上我们比清朝比民国都前进了一步，现在是研究清史最好的时期。所以我说，我们中国大陆的清史研究者应该有学术自信，我们的清史研究比日本、比美国、比中国台湾的学者做得更深入、更全面、成果更多。

阎崇年：学术研究没有终结

吴娜

【题记与作者】

本文是《光明日报》著名记者吴娜女史的专访文稿，刊载于该报2014年8月15日第12版《光明书榜》。吴娜女史，现为《光明日报》记者、主任编辑，任光明日报社突出贡献知识分子联络办公室主任。

十年前，央视的一档《百家讲坛》节目，让原本潜心书斋研习清史的阎崇年成为公众人物。十年来，越来越忙碌的生活并未改变他的学者本色。每天凌晨四点起床，开始研究和写作，是他保持多年的习惯。

阎崇年为自己的书房起名为“四合书屋”。他说，一个人做成事情，需要“四合”——天合、地合、人合、己合。

今年5月，25卷本《阎崇年集》问世，文集800多万字，收录图片2000余张。其中于学术有“一史”即《清朝开国史》，“二传”即《努尔哈赤传》和《袁崇焕传》，“五集”即《燕步集》《燕史集》《袁崇焕研究论集》《满学论集》和《清史论集》五本论文集等；于大众有《正说清朝十二帝》《明亡清兴六十年》《康熙大帝》《大故宫》和《中国古都北京》等。

“在当代清史专家中能够凭一己之力一次出版25卷的，阎老师是第一人。”出版方表示。

五十载心血汇于一书

120万字的《清朝开国史》，是阎崇年最新完成的学术专著，凝聚了他50年从事历史研究的心血，亦是至今国内外清朝开国史著作中字数最多的一部。

清朝开国史的时间范围，在清史学界，主要有三种分法：第一种，清朝开国史百年说，即从明万历十一年（1583 年）努尔哈赤起兵，到清康熙二十二年（1683 年）康熙帝接受明延平郡王郑克塽归顺、统一台湾，整 100 年。第二种，清朝开国史 60 年说，即从明万历十一年（1583 年）努尔哈赤起兵，到清顺治元年即明崇祯十七年（1644 年）明朝覆亡、清都北京，约 60 年。第三种，清朝开国史 28 年说，从后金天命元年即明万历四十四年（1616 年），到清崇德八年即崇祯十六年（1643 年）崇德帝死、顺治帝立，共 28 年。《清朝开国史》的时间断限，取清朝开国史 60 年说。

研究清史，开拓与研究满学，利用电视平台系统讲述历史，是阎崇年这 50 年间着力从事的三件工作。《清朝开国史》正是将他在这三个方面的文字成果加以汇集，选取研究清朝开国史部分，加以梳理和重新整合后而成。

清史史料之多，如汗牛充栋，任何一位学者想要在有生之年将之阅读穷尽都不可能。“不穷尽研究问题的材料，就不敢说话。但是我当初选了清朝开国这段历史，主要材料基本可以穷尽。还是王国维先生说的那句话，‘昨夜西风凋碧树，独上高楼，望尽天涯路’。读完史料，心里有数了，就可以写。”

1963 年起到 1983 年，阎崇年用了 20 年时间，阅读完清朝开国阶段相关的基本文献，之后撰写了奠定他在清史界学术地位的《努尔哈赤传》，以及相关论著、论文，再加上这部集大成之《清朝开国史》，在清朝开国史方面发表的研究成果总数达三百多万字。

"'原始察终，见盛观衰'——这应是研究清太祖朝历史的价值与意义所在。研究清朝开国的历史，对研究边疆、民族、文化的融合，有很大的意义。今天我们的发展仍然面临这个问题，可以从中借鉴经验。从历史上看，中华民族合则盛，分则衰；合则强，分则弱；合则荣，分则辱；合则治，分则乱。"阎崇年说。

关于《清朝开国史》，阎崇年如此评价："这是我 50 年学习与研究、撰著与讲述历史文化的阶段性节点，也是今后学术历程的新起点。"

"北大的邓广铭先生曾经说过，一本书用 10 年写出来，再花 10 年修订，要能修订 5 次，这本书就可以比较完善。我觉得他这个意见很好。《努尔哈赤传》出版 30 年来，我就是每 10 年修订一次。再过 10 年，到我 90 岁时，如果身体没有太大问题，我计划再重新把《努尔哈赤传》修订一次，把《清朝开国史》修订一次。因为10年的时间肯定会让人有一些感悟的提炼、经验的总结和问题的分析，还可能出现新的史料，肯定会产生新的看法。"阎崇年说，"我一直把学术研究看作一个旅程，没有终结。"

南开大学历史学院教授、清史研究名家冯尔康，和阎崇年同年、同月、同日生，这样评价他的好友，"阎崇年具有敬畏历史的意识，加上敬业精神，乃渐入治学上的新境地。"

走向大众的“三得一失”

在阎崇年看来，“历史学者的责任，既有学术，又有普及，如鸟之双翼，不可偏废。”

2004年起，阎崇年四上央视《百家讲坛》，讲述《正说清朝十二帝》《明亡清兴六十年》《康熙大帝》和《大故宫》等四个系列，共188讲（集），讲稿分别成书出版。这种学者以语音、影像、文字三位一体系统传承历史科学，凭借电视、广播、网络进行全球性的中华历史文化传播，不仅产生了巨大的社会影响，而且被誉为独着“影视史学”的先鞭。

阎崇年治史至今已逾50年，早在上世纪80年代，即开始为清史学界的诸多同仁知晓，是清朝开国史研究领域的知名学者。《百家讲坛》的成功，于阎崇年而言不是偶然，而是他几十年厚积薄发将学术成果进行精心转化的结果。冯尔康说，“阎崇年善于把复杂多变的历史，予以精准概括与提炼，让人一听就能心领神会”。

近10年来，被越来越多的社会大众知晓，阎崇年自谓有“三得一失”。

第一“得”，传承历史的能量增大。“历史学者就是传承历史，不是创造历史。1994年，我出版了一部《袁崇焕研究论集》，只印了200本，到2004年，10年的时间还没卖完，到2014年也还没卖完。这怎么传承？只能是自我欣赏。而2004年之后，随着在大众中知名度的增大，我写的《袁崇焕传》，一开机就是5万册，传承历史的能量自然就随之增大了。”

第二“得”，个人见解提升。“我原来多数时间是在书斋里看文献，现在到各地交流和实际考察的机会多了，个人见解也得到了一定提升。比如，关于萨尔浒大战的研究，我过去完全靠看文献；这几年，我有机会陆续将大战发生的四路行军路线实际走了一遍，把实地考察的材料都写到书里了。这对前人研究是个丰富。史学研究讲‘才、学、识’，看得多了，识就广了。”

第三“得”，了解了群众对历史的看法。“过去我多是和学界同行交流，不了解普通群众对历史的态度。这几年我接触了很多普通读者，其中一些人的‘大汉族’想法非常强烈，让我感到意外。因此，我在研究和宣传相关历史和民族政策的时候，就深感担子更重了。”

社会知名度的不断增加，为阎崇年提供了更丰富的研究条件，使他有机会接触了很多新的史料，在史学方法方面也有了新的拓展，大大促进了他的学术研究。

北京清代的王府都在二环以内，这曾是清史界和北京史界的共识。前几年，有人在昌平郑各庄发现一座王府遗址，有城墙、城砖、护城河，学界都认为不可能。众说纷纭，没有定论。阎崇年考察过之后认为，已有的汉文文献解决不了这个问题，只有从满文文献里找答案。“北京的满文文献我基本都有所了解，没有头绪，只有台湾的没看。恰巧当时台湾学界邀请我去讲学，有机会去查了满文档案，竟然真的找到了线索。其中城墙多厚多高，护城河多长多深，房子的间数，甬道用砖等相关记载都有。台湾方面把档案影印给我，回北京后我又按着这个线索，在中国第一历史档案馆里找到满文档案，二者完全吻合，问题就解决了。结论是康熙的行宫和废太子允礽之子理亲王的王府，康熙六十年完工，康熙住了三次。”阎崇年为此写了三篇论文，并分别在台湾和北京召开的学术研讨会上发表，得到学界肯定，一桩学术疑案就此水落石出。

一失则是由于社会活动增多，阅读文献的时间相应少了。对此，阎崇年深感遗憾，抓紧各种时间加以弥补。

自己的研究成果得以向越来越多的读者传播，阎崇年一方面感觉心情愉快，一方面认为责任更大，对自己的要求也更严格了。“我上小学一年级时，老师讲桌上放着一把戒尺。我也挨过戒尺的打，左手被打得红肿。后来我心中逐渐凝聚一把无形的戒尺：自诫自勉，惟勤惟慎。我深知，学术成果要经过三道关的检验，即现时的、历史的、国际的。学术史是无情的，也是公正的。学术地位不是靠什么头衔和光环决定的，而是靠时代、历史和国际之检验并公认其学术成果而确定的。学术研究既要格物求真，不求官、不求权、不求名、不求钱；又要格物求实，不浮躁、不浮夸、不浮浅、不浮华。学者要有学术理想、学术精神、学术苦旅和学术成果，应严肃学术规范和文人操守，净化学术空气。”

“星云大师说，他的愿望是做一个好和尚。我的愿望是在下一个 10 年里，继续伏枥做一个好一点的历史学者。”八十高龄的阎崇年，对未来充满期待。

情系清史　布衣布道

——阎崇年的学术苦旅

张宝峰

【题记与作者】

本文是香港大公文汇传媒集团总编辑李大宏先生偕著名记者张宝峰先生，于2014年5月15日，应邀在中国紫檀博物馆，出席《阎崇年集》和《清朝开国史》出版新闻发布座谈会，会间，阎崇年接受记者张宝峰先生专访，随之于香港《大公报》发表两个整版——一个专版进行报道，另一个专版为本文。刊发时间为2014年6月3日。张宝峰先生现为香港大公文汇传媒集团北京新闻中心助理总编辑。文章收入本集前，作者对文字重新做了审定。

他是一个纯粹的布衣学者，没有任何行政头衔。

他又是一个知名的布道者，将深闺中的历史学撒播到街头巷尾，引人热议。

他就是阎崇年，一个没有权力却充满能量的耄耋老人。褪去电视讲坛上终归有些疏离感的人物影像，走近学者家中的“四合书屋”，在对一段段清史的风生谈笑中，一个安守黄卷青灯的苦旅者形象，才渐渐清晰真切起来。

2014年5月15日，中国紫檀博物馆举办了一场特殊的发布活动，著名清史学家阎崇年推出了25卷本的个人文集。这一天，阎崇年身着笔挺的西装，兴奋之情溢于言表，所有人都看不出这是一个刚刚过完80岁生日的耄耋老人。一位史学同行叹道，以如此高龄一口气出版25卷学术文集，在清史学界，阎崇年是第一人。

治史就像治河一样

在这套800余万字的皇皇巨著中，《清朝开国史》是阎崇年格外看重的一部作品，它集结了作者最新的研究成果和迄今最成熟的学术观点。

作为距今最近的封建王朝，清朝的史料相对丰实，而达到中国封建社会巅峰的康乾盛世更是清史学者“扎堆”的研究领域。但与其他学者不同，阎崇年却自有一套治史理念——“治史就像治河一样，不了解它的源头，又怎能解决下游的问题呢？”

通过研究这段“清史之源”，阎崇年惊诧地发现，其实清太祖努尔哈赤早已播下了康乾盛世的种子，并埋下了光宣衰世的基因。历史真像一条大河，循循脉脉，因果原来早有定数。

北联蒙古，西定新疆，南安西藏，东南一统台湾，中国自秦以来的封建王朝一直未能解决的民族问题，在康乾盛世得到暂时疏解。而根据《清朝开国史》的考据和论证，康乾解决民族和边疆问题的“结盟联姻”等策略，其实完全是努尔哈赤所开创。

阎崇年还发现，清朝到了光宣之际，对满洲贵族“管吃管住管钱花”的八旗制度，让这个统治阶层逐渐步入了腐朽僵化、无法逆转的堕落通道，最终加速了王朝的灭亡。而八旗制度的始作俑者同样是努尔哈赤。

清民族政策深值借鉴

从某种意义上讲，任何历史研究都隐含着对当下的强烈关注与思考。

专注清史 50 载的阎崇年同样如此。在他看来，在裹挟了民族问题的疆藏恐怖势力不断制造事端的情势下，当下的中国向清朝的民族政策取经更显必要。

"'尊重'是清朝成功解决民族问题的第一法宝。"阎崇年认为，清朝对其他少数民族的尊重包括了重民、重俗、重教等多方面，因此能让各民族心悦诚服。

阎崇年说，历代汉族王朝都有"朕为天朝，尔是夷狄"的思想，而清朝满洲本就是少数民族,因此与其他少数民族更容易建立起相对平等的民族情感。这一点尤其当为汉族统治者所借鉴。

在阎崇年看来，苏联解体说明其民族政策彻底失败，而西方国家因历史国情迥异，其民族政策也不便为中国简单照搬，因此新中国更应注重从自身历史上求索解决民族问题的良方，而清朝的经验正是甚为宝贵的一笔财富。

在谈及历史时，阎崇年的眼中一直闪烁着充满纵深感的光芒，而在论及当代问题时，其目光则明显平添了更多的严肃。

跑向历史深处的"顽童"

2004年，因为一次偶然的机会，阎崇年走上电视荧屏，并成为后来央视《百家讲坛》栏目的"开坛元勋"。因为深入浅出、精辟独到的讲述风格，阎崇年播讲的《清十二帝疑案》《明亡清兴六十年》《康熙大帝》《大故宫》等188讲电视讲座，迅速在全中国引发一股"清史热"。

那之后数年，老少皆看《百家讲坛》，妇孺尽知阎家清史，蔚为一时大观。

随着社会知名度的急剧提升，一些对阎崇年的质疑声也纷至沓来，其中多数属于无端诋毁，其中也有不少人对“明星式学者”存在莫名其妙的偏见。

在交谈中，这位耄耋老人淡然地说，无论是苦守黄灯，还是走向台前和民间，都只是不同的学术路径与选择而已，而且都是治史者不可推卸的责任和使命。“史学工作者肩负着学术与普及的双重任务，我的老师白寿彝先生跟我讲过这个道理。”阎崇年回忆说。

如今，褪下电视荧屏上虽然光亮但却虚远的人物形象，坐在家里的“四合书屋”，安然与书为伴的阎崇年显得更为真切与清晰，沏茶展卷，谈古论今，在不时爆出的爽朗笑声中，阎崇年再次模糊了自己的高龄，反像一个孩童一般，径自跑向历史的深处。

瓜棚夜读度过动乱十年

今年正好八十高龄的阎崇年，将自己的一生都奉献给了史学研究。而说起能够与历史结下一生情缘的原因，阎崇年的回答只有一个字——爱。

十年“文革”是很多学人一生的梦魇。当时各种线装书都被列入“封资修”

的范围，不允许公开阅读。不过由于对清史强烈的兴趣，阎崇年一直偷偷将这些线装书包上书皮，以掩人耳目。不过，纸里包不住火，阎崇年最终还是遭到了其他下放者的举报。

幸好，当年接到举报的领导麻自通，对这个爱学习的年轻人暗中欣赏，于是在进行了一番“教育劝导”之后，让阎崇年一个人在瓜棚值夜班，于是这个清史苗子得以在动乱年代享受一段安然读书的宝贵时光。

清史，这个阎崇年一生的挚爱，既是他倾其所有的精神依赖，也让他不时“出糗”。1974年，阎崇年得知，有一本明万历时朝鲜人写的《建州闻见录》，作者不仅与努尔哈赤有过接触，还曾共同进餐，并配有各种手绘图，因此堪称研究清朝开国史的绝佳一手资料。

但好东西都是不易获得的。经过对国内有关馆藏的地毯式搜索，后来阎崇年终于在中国科学院图书馆的一堆日文材料里找到了这份宝贵史料。

结果因为过于兴奋，在回家途中阎崇年坐错了四趟公车，很近的一段距离却到晚上九点多才回到家中。

“我有一把心灵的戒尺，治学就要求真求实”，阎崇年语气和缓地说，现在的社会风气有些急功近利，很多人沉不下心境，但年轻人要做出一番成就，就必须远离浮躁、浮夸、浮浅，莫去追求那些虚名。

经历过“三反”“五反”“文革”动乱等各种社会运动的阎崇年，早已看空一切浮华。在他看来，年轻时一起治学的许多聪明学友，因为反复转换角色，没有一心钻研，最终一事无成，实在可惜之至。

“笨一点没关系，你再笨，在一件事情上坚持10年20年，最终也会有所成就。”阎崇年笑着说，“我就是一下子坚持了50年而已。”

历史变局迎来森林文化

研究历史需要两项功夫：一是钻入，二是跳出。这两点阎崇年都做到了。

通过对清史长达半个世纪的精深钻研，阎崇年逐步打通了数千年中国史的任督二脉。在《阎崇年集》收录的一篇论文中，阎崇年提出：在经历了三个千年变局后，可用“森林文化”来概括满人帝国方始登台，而海洋文化的发育迟滞则正是中国晚近时代落后挨打的重要原因。为了完成《森林文化之千年变局》这篇文章，阎崇年花了足足三年的时间，其思虑之精深、论证之严谨，由此可见一斑。

在学术圈，中华文化通常被划分为农耕文化、草原文化、高原文化、海洋文化四种类型。长久以来，未有异议。可一心研究清史的阎崇年却发现“这个分类有点不对劲儿”。

“传统上讲，草原文化以游牧为主要特征。然而被划入此类的东北却以渔猎为主。”阎崇年笑着说，中国西北部是“风吹草低见牛羊”的大草原，东北却是“不见天日”的大森林，二者怎么会是同一种文化类型呢?

古往今来，学术领域很多重大发现都源于对所谓“基本事实”的质疑。

从生出这个质疑开始，翻阅史料，泡图书馆，废寝忘食地思考……阎崇年丝毫不顾自己的高龄，像孩子求索宝藏地图一样，整天沉浸在“寻宝”的世界里。最终通过20年研究，阎崇年穷尽各种史料，提出“森林文化”的概念，并由此追溯数千年中国史，终于冲出了一条全新的线索。

“在商周时代的第一个千年里，主要是中原农耕文化内部的交融，不过森林文化与其已有些许接触。”阎崇年说，在汉唐时代的第二个千年里，主要是中原农耕文化与西北草原文化的交融。不过公元755年安禄山起兵反唐，则揭开了东北少数民族登上中原政治舞台的序幕。

毫无疑问，在阎崇年对森林文化研究的谱系中，中国历史最后一个千年正是森林文化逐渐主导中华的历史。至此，阎崇年通过三个千年为“森林文化”正了名。

通过确立中华文化的五种类型，阎崇年发现，除了人烟稀少的西南高原文化以外，在另外四种文化中，只有海洋文化未曾主政中原，一直发育迟滞。

阎崇年据此得出结论：农耕、草原、森林等中华文化主体均缺乏海洋文化的基因，因此，海洋文化一直是中国两千年皇朝史上的短板，而这一点则成为后来西方列强从海上打来，中国屡战屡败的重要文化原因。

附录：阎崇年史学观点集萃（张宝峰制表）

1. 森林文化自成一格，与农耕文化、草原文化、高原文化、海洋文化并称，是影响中华文明发展的一大要素。北京处于五大文化的交汇点，而逐渐成为中国千年古都。

2. 清太祖努尔哈赤既播下了康乾盛世的种子，也埋下了光宣衰世的基因。

3. 八旗制度是清朝的根本制度，前朝没有，后世也无。清朝兴也八旗，亡也八旗。

4. 明朝覆亡之因在于“分”：民族分，官民分，君臣分；清朝兴起之因在于“合”：民族合、官民合、君臣合。

5. 康雍乾诸帝错失了借鉴、包容海洋文化的历史机遇，又没有适时启动内部改革，在列强的入侵下，加速了清朝的灭亡。

6. 历史人物是历史运行的核心，其胜败得失，系于处理四合——天合、地合、人合、己合。

7. 康熙终生学习，思想过人，重于践行，守成开创，疆域一统，而成为中国历史上的千年一帝。

8. 袁崇焕的大仁、大智、大勇、大廉，体现了中国士人的高风亮节。其自身性格弱点，是导致悲剧命运的内在原因。

9.《石灰吟》非于谦所作，但这首诗恰当反映了他的宏志与节操，值得后人敬仰。

“袁崇焕是从藤县走出去的”

——专访著名历史学家、袁崇焕研究会会长阎崇年

吴凌平　陈贻泽

【题记与作者】

本文是 2015 年 12 月 2—5 日，阎崇年应邀到广西梧州市出席袁崇焕文化活动，在梧州学院向师生作了《袁崇焕与中华民族优秀传统精神》的报告，第三次访问和考察了藤县天平镇新马村的袁崇焕遗迹，并出席袁崇焕纪念馆和袁崇焕巨大石雕像揭幕典礼。同时，接受《广西日报》记者专访。本文为记者的采访稿，刊登于该报 2015 年 12 月 11 日第 13 版。

潜心研究袁崇焕 30 年

记　者：请您谈谈对袁崇焕的研究历程。

阎崇年：我研究袁崇焕是起于对清太祖努尔哈赤的研究，因为我发现，有人比努尔哈赤还高明。我就从明朝的角度研究袁崇焕，也从清朝的角度研究袁崇焕，同时从清朝的角度研究努尔哈赤，也从明朝的角度来看努尔哈赤，这么两个方面对照看。

接触袁崇焕已经 50 多年了，不断地积累资料，不断地研究思考。正式专题研究袁崇焕是在 1980 年。那年北京市社会科学院要开一次学术研讨会，就是关于北京的历史学术研讨会。我想把袁崇焕作为一个研究的课题来探讨，这样我就集中精神、集中时间来查访有关袁崇焕的资料。当时就来到藤县考察。

这样就继续研究，1984 年在广西藤县开了全国第一次袁崇焕学术研讨会，出了论文集。后来又在香港开了一次国际的袁崇焕学术研讨会。在广西藤县、广东东莞、香港和辽宁兴城，开过四次大的袁崇焕国际学术研讨会。应当说从 1980 年算起，到现在 35 年了，袁崇焕的研究比较充分了。

早在 1984 年袁崇焕诞生 400 周年的时候，我就开始筹备撰写《袁崇焕传》。1994 年出版了《袁崇焕研究论文集》，2005 年出版了深入浅出、雅俗共赏、少长咸宜、图文并茂的《袁崇焕传》。

我写袁崇焕的书有《袁崇焕传》《袁崇焕研究论集》以及《袁崇焕》《袁崇焕资料辑录》和《明亡清兴六十年》(原名“袁崇焕”)等，现在已有5本书。“《袁崇焕传》是中华书局出版，出版后脱销，加印后再脱销，北京有56家新华书店，目前一本都没有了，网上书城也找不到，他们正在加班加点做修订加印。”

“人杰地灵、人文朴厚的藤县培育出袁崇焕”

记　者：袁崇焕的籍贯问题一直饱受争议，从您的研究成果来看，您如何看待？

阎崇年：袁崇焕的祖父世祥、父亲子鹏世居广东东莞。后从东莞乘船到广西梧州藤县、平南，从事木材、药材生意。袁崇焕的父亲子鹏，子承父业，落籍藤县。袁崇焕的青少年时代，在藤县的县学读书。

北京孔庙现存明朝万历四十七年（1619年）己未科进士题名碑记上第三甲第四十名进士，刻着：袁崇焕，广西藤县。谈迁在《国榷》中说：“崇焕，字自如，藤县人，万历己未进士。”这当然是根据进士题名碑的史料写的。张岱在《石匮书后集》中说：“袁崇焕，广西藤县籍，东莞人。”颜俊彦在《详袁崇焕家产并流徙地方（府署）》中说：“查看得袁崇焕原籍广西，入士后始以东莞为一枝之托，浮沉宦途，家无子息，所有财产尽经其弟崇煜掌管营理。”李济深撰《重修明督师袁崇焕祠墓碑》载：“督师为广东东莞人，而以广西藤县通籍。两粤人士感今怀古，用纪其事于石，以谂来者。”

从我的研究成果来看，袁崇焕是地杰人灵、山清水秀、人文朴厚的梧州藤县培育出来的。他念书在这念，考秀才在这，考举人在这，到北京考进士又是在这出发，这是藤县的骄傲，也是梧州的骄傲。“袁崇焕是从梧州藤县走出去的，这是不能更改的历史。因为历史就是教科书，袁崇焕的历史就是教科书中精彩的一个篇章。”

袁崇焕的精神实质体现在“仁、智、勇、新、廉”

记　者：您对袁崇焕的精神是如何解读的？

阎崇年：袁崇焕作为明末优秀的军事统帅、著名的民族英雄，其精神可以用“仁、智、勇、新、廉”五个字来概括。袁崇焕的仁义与智慧，令人赞颂；勇气、创新与廉洁，令人敬佩。这种爱国精神，同他的浩然正气密切相连，体现了中华传统文化的精华，是中华民族精神的精髓，留给后人熠熠永辉、薪火永传。

仁。袁崇焕最可贵的品质，最值得我们景仰的精神，就是“仁”。孔子说，仁者爱人，这是儒家的仁。袁崇焕是通过科举考试走上政治与军事舞台的，他深受儒家理念的熏陶与影响。袁崇焕就是继承了中国儒家仁爱的精神和优良的传统。

袁崇焕的仁，有很多具体表现。我举一个小例子。他为保卫京城，从山海关骑着马，“士不传餐，马不再秣”，三天三夜，赶到北京。马没有草料，兵没有粮食，他不许士兵抢老百姓家的东西，朝廷又不给，冬天也不能砍树生火取暖，在这种情况下和皇太极的军队打仗。而皇太极的八旗军四处抢掠，吃饱了，喝足了。袁崇焕是身先士卒！他是一个书生啊，冲在前头，举着刀跟八旗的贝勒拼杀，容易吗？他盔甲上中的箭像刺猬一样。受了伤以后把战袍撕了，把伤裹起来，继续打拼。打了 10 个小时，激战数十回合，后金军退了，明军胜了。这时候你是统帅啊，应该下马休息休息，但他没有。袁崇焕马上到各个营房巡视，慰问受伤的官兵，一直到第二天天亮慰问完了，才回到自己的帐篷，袁崇焕就是有这种大仁大爱。

智。袁崇焕不仅有大的仁爱，而且有大的智慧。我举一个例子。袁崇焕去辽东之前，明朝的军队一战败一战，一城丢一城。第一把抚顺丢了，第二把清河丢了，第三把开原丢了，第四把铁岭丢了，第五把沈阳丢了，第六把辽阳丢了，第七把广宁丢了，第八把义州丢了。宁远以北全丢了，特别是沈阳、辽阳丢了，唯独袁崇焕把宁远守住了，原因固然很多，其中一个原因就是智慧。

勇。袁崇焕不仅有大爱，而且有大勇。他出关担任辽职时，明朝丢城失地，败报频传，上下沮丧，极度困难。《明史》记载：自辽左军兴，明朝总兵阵亡者凡十四人。京师朝野官员，可谓谈敌色变：“时广宁失守，王化贞与熊廷弼逃归，画山海关为守。京师各官，言及辽事，皆缩朒不敢任。崇焕独攘臂请行。”他朝觐在京，单骑出阅关内外。他出任关外，要到前卫安置失业辽人，《明史·袁崇焕传》记载：“崇焕即夜行荆棘虎豹中，以四鼓入城，将士莫不壮其胆。”

后明辽东总兵高第下令尽撤山海关外锦州、大凌河、小凌河、松山、杏山、塔山、宁远、前卫等八城军民，宁前道袁崇焕曰："我宁前道也！官此，当死此，我必不撤！"敌军号称13万进攻宁远，他要"独卧孤城，以挡虏耳"！宁锦之战他仍勇敢抗敌："十年积弱，今日乃一旦挫其狂锋！"这是何等胆量、何等英勇、何等气魄、何等雄魂！袁崇焕的性格特点，凸显一个"敢"字——敢走险路，敢犯上司，敢违圣颜。

新。袁崇焕到山海关外，辽东经略王在晋要在山海关外八里的地方建一座新城，守护山海关。袁崇焕面对的是兵部尚书、辽东经略，他不同意驻八里铺，敢于提出新见，反对经略王在晋消极防御兵略，建议在山海关外200里修筑宁远城。后来这座重城，成为抵御后金南进的中坚堡垒。袁崇焕面对的是支离破碎的残城孤堡，他还提出新见，建议在山海关外400里修筑关宁锦防线。后来这条防线，成为阻挡后金军南进的长城。袁崇焕面对的是传统的作战武器，他第一次将当时世界上最先进的红夷大炮用于宁远，发挥"凭坚城，用大炮"的新战术，取得宁远大捷。袁崇焕面对的是传统的战守策略，他提出并运用"守为正著，战为奇著，款为旁著"的策略原则，将守、战、款三者即防御与进攻、战争与和议两对既相区别又相联系的范畴，不泥陈法，依据实情，巧妙结合，灵活运用。袁崇焕有着大过人的事功，而他的大过人事功，源于他的大过人的思想——求新。

廉。袁崇焕是一位廉洁的清官。他做福建邵武知县，《邵武府志》记载袁崇焕为官四个字："分文不取。"后来他调到关外负责军队的事务，这时候他已经是“处级”干部了，很快又升到局级干部，可他父亲死了，回家奔丧没有盘缠，一点积蓄也没有。同事、长官一起给他凑盘缠，走到今天河北这个地方，皇帝不许他回家，要他在前线坚守，他把钱又还了人家。他是很廉洁的，他死了以后抄家，《明史·袁崇焕传》记载：“家无余赀。”后来我看到崇祯朝抄袁崇焕家的奏报，也说他家里没钱。当时是战争环境，明朝的军费大部分都在辽东花了，袁崇焕掌握的白银数以百万两计，但他分文不贪，太难得了。

附载：弘扬袁崇焕精神要知行合一

12 月 4 日下午，在梧州市纪念袁崇焕文化座谈会上，阎崇年与梧州本土从事文史文化研究的学者欢聚一堂，一边品尝梧州六堡茶，一边谈古论今，就袁崇焕的英雄事迹和精神进行交流座谈。

“袁崇焕的死就像天上的一颗巨星，划过后给人带来光明。我们学习袁崇焕精神，就是要知行合一。”阎崇年表示，我们应该深入了解袁崇焕的事迹、诗文、思想，学于心、化于行，把袁崇焕当成一本教科书，通过学习优秀精神，团结起来，努力奋斗实现中国梦。

阎崇年应邀在梧州学院开堂授课时说：“我重点要讲袁崇焕的精神，把他的仁、智、勇、新、廉展开来跟大家一起交流，就是这五个字怎么感动我，我讲出来又怎么感动大家。”

“这是我第三次到袁崇焕故居参观，每次都是乘船从古码头往返新马村，感觉在水上看袁崇焕故里是一种学习，也是一种享受！”对于如何开发利用好袁崇焕的历史文化资源，阎崇年建言：梧州和藤县有着丰富的水资源，西江两岸的风光很美，应很好利用西江水文化资源，打造水上看袁崇焕故里的观光体验游，让更多的人坐在船上边欣赏美景、边感受文化的魅力，这肯定是一种美的享受。

广西桂学研究会会长潘琦表示，作为广西人，我们应当为有袁崇焕这样的爱国主义英雄而自豪骄傲，也要继承和弘扬袁崇焕的精神来办好今天的事情。潘琦建议，对袁崇焕要搁置争议、潜心研究、资源共享、抢救保护。要调动各方研究力量，对袁崇焕进行全面系统客观的研究。尽快筹集资金修复袁崇焕故居，广泛征集民间文物资料用于陈列展示和推广。不断加大宣传力度，通过召开研讨会、拍摄电影等方式，让更多人了解袁崇焕的生平事迹和英雄精神。

三位著名专家评介《阎崇年自选集》

卜宪群　冯尔康　邹爱莲

【题记与作者】

本篇并列三位著者：卜宪群先生是著名历史学家、中国社会科学院历史研究所所长、研究员，国务院学位委员会历史学科评议组成员等，著有《秦汉官僚制度》《与领导干部谈历史》等多部专著；冯尔康先生是南开大学历史学院荣誉教授、中国社会史学会创会会长，具体介绍另见《〈阎崇年集〉的学术贡献》之“题记与作者”；邹爱莲先生是著名清史学家、档案学家、中国第一历史档案馆原馆长、研究员，著有《清宫档案说清史》《御笔诏令说清史》《清代的文书档案》等专著；他们分别就《阎崇年自选集》一书，于2016年，写出推介和评价意见，现分别著录如下。

（一）

阎崇年先生是著名的清史学家，同时是满族史、宫廷史、北京史、晚明史专家，著作等身。本书是从先生治学50年来已出版的五本论文集——《燕步集》《燕史集》《袁崇焕研究论集》《满学论集》和《清史论集》共113篇论文中，精选29篇代表作，并增加新作《森林文化之千年变局》《清朝历史的文化记忆》两篇，结成本集。阎先生学术自选集的出版不仅是作为个人学术成果的总结，也是国家学术积累，颇具学术意义。

阎先生学术上不囿旧说，有许多独到创见，在一些方面更是自成体系。比如《森林文化之千年变局》一文，阎先生首次在史学领域提出中华五种经济文化类型——中原农耕文化、西北草原文化、东北森林文化、西部高原文化和东部、南部沿海及其岛屿的海洋文化；首次在史学领域论述森林文化的定义、特征、演变及其作用，并论述其在中国有文字记载3000多年历史演进中分合、盛衰的变局，阐述森林文化与中华多元文化的冲突与融合，特别论述满洲兴起的森林文化元素，最后统合于大中华文化。阎先生还提出了满洲文化具备“满—蒙—汉”三元特征，正因如此，才使其能应付来自蒙古草原文化和汉族农耕文化的两种挑战，兼容蒙古之犷武雄风和汉族之文化翰蕴。

一个新的学术观点的提出，要经得起来自不同方面的批评，方能站稳脚跟。南起长城，北跨贝加尔湖—外兴安岭—库页岛一线，西到大兴安岭，东临大海，地域之大，加上极为恶劣的自然环境，让无数旅行家望而却步，但阎先生却走了个遍。当人们惊讶于他在这段考察中所表现出来的勇气时，他却甚为遗憾：“很多地方因为艰险，我都是乘车穿越的，如果还有机会，我一定徒步走走，更加仔细地考察。”考察的结果让他坚信了东北森林文化的存在：在语言上，它是一个独立的语族，即阿尔泰语系满语族；在历史上，从商周时期的肃慎到明末的满洲一脉相承；在地理上，那是莽莽森林，而不是茫茫草原；在经济上，部民以渔猎为生，不是以游牧为生；在宗教上，森林文化区的信仰一直都是萨满教。带着研究提纲和论证结果，阎先生到东北去做讲座，举办方请了一共包括 12 门学科的 25 名专家，从不同学科讨论，最后基本上都认同东北属于森林文化的观点。论文《森林文化之千年变局》终于正式发表。

另外，作者关于“三个千年”之说，亦颇有气势：中国有文字记载的 3000 多年历史，经过三个千年大变局，进行了三次文化大交融——第一次主要是农耕文化内部的交融；第二次主要是农耕文化与草原文化的交融；第三次主要是森林文化入主中原，农耕文化与森林文化、草原文化、高原文化大交融，开出中华文化之花，结出中华文化之果。三个千年变局的实质是由变而合，由合而大，最终统合为大中华文化，生生不息，骙骙健行。三个千年变局所形成统一多民族的持久稳固的中华文化共同体，屹立于世界民族之林。

阎先生的“创新”还体现在开创满学学科，建立北京满学会。20 世纪 80 年代，他到美国做学术访问，很多人谈起蒙古学和藏学，问他为何没有满学。这个问题让他寝食难安，辗转反侧后，他决定马上行动，成立满学研究所和满学会。1991 年，北京市社会科学院成立了满学研究所，这是世界上第一个把满族历史、语言、文化合成一个学科来研究的专业的满学研究机构，两年后又成立北京满学会，满学研究在国内外渐成气候。至今已经召开5次国际研讨会，出版了由他主编的《满学研究》（1—7辑）、《20世纪世界满学著作提要》，他自己也出版《满学论集》，研究满学的学者开始遍布全球，满学在国际上也得到了认可，有日本学者从认为东京和京都是世界满学研究中心而转变为认为北京是国际满学研究中心。

我相信，《阎崇年自选集》的出版，定会推动清史研究，进一步促进清史学术研究的繁荣发展。

中国社会科学院历史研究所所长、研究员　卜宪群

2016年11月16日

（二）

《阎崇年自选集》是一部富有学术创新精神、选文精当的优秀图书，它是著名的清史、满洲史、宫廷史、北京史专家阎崇年教授的专著。

我所说的学术创造性，集中体现在自选集开篇的《森林文化之千年变局》和《论满学》二文，前文创造性地提出历史上“东北森林文化”是中华五种经济文化类型之一的学术观点。他认为中国经历有文字记载的三个一千年的历史变局，农耕文化、草原文化、森林文化更迭在中国历史上起着主导作用：第一个一千年的商周时代，中原农耕文化占主导地位，东北地区的森林文化与之有

所接触；第二个一千年的汉唐时期，中原农耕文化与西北草原文化交融；第三个一千年的宋元明清时期，东北森林文化发展，造成小小的少数族群满洲族入主中原，换句话说，清朝建立全国统一政权是以厚重的森林文化为根基，由此可见森林文化对中国历史发展不可忽视的作用。森林文化论，既是一种观点，也是一种方法论。阎氏所论述的森林文化定义、特征、演变及其作用，为深化中华文化史研究另辟蹊径。阎氏提出东北森林文化并非偶然，是经历长期满学研究提炼出来的，在 2014 年《森林文化之千年变局》发表之前的 21 年，收在《自选集》中的 1993 年《满洲神杆祀神考源》一文，指出清代北京满洲的堂子、坤宁宫的庭院都竖有“神杆”，“这是满洲敬神观念物化的表征。满洲氏族经历过山林渔猎文化，因而早就有祭神树以祀乌鹊的习俗。”“满洲神杆象征神树，缘于满洲先民居处于山林之间，曾作为山林狩猎文化之映现。”就提出满洲“山林渔猎文化”“山林狩猎文化”概念，这就为森林文化的提出作出铺垫。可见森林文化论点坚实，值得学术界珍视。

阎氏开创性学术研究的另一项是“倡议创立满学”。涉及满学内容研究的文论国内外早已有之，但是把满学作为独立的一门学科，则是从 1992 年阎崇年倡议并主持召开首届满学国际研讨会开始的。他为满学发凡起例，给出定义，在《论满学》（《满学：正在兴起的国际性学科》）中指出：“满学即满洲学之简称。是主要研究满洲历史、语言、文化、社会及其同中华各族和域外各国文化双向影响的一门学科。”他认为研究满洲历史、语言、文化、社会是满学定义的内涵和核心，研究满洲同中华各族和域外各国文化双向影响是满学定义的外延与展伸。他不只是倡议，更是身体力行，在北京市社会科学院设立满学研究所，倡议并主持第一届至第五届国际满学研讨会。推出《满学论集》专著，成为新建满学学科的开拓性研究之作，也是中国满学研究发展的见证。值得注意的是，与阎氏提倡满学研究同时，美国出现“新清史”汉学学派，这种不谋而合，为中外学者的满学研究搭建学术平台，有益于满学研究的长足开展。

《自选集》选文精当，所收入的29篇论文，诚为阎氏佳作、代表作。全集区划为六组：第一组《森林文化之千年变局》《清朝历史的文化记忆》两篇，为综论类；第二、第三组论述明代中后期、清代初期重要人物与事件，述及努尔哈赤、皇太极、顺治帝、康熙帝、戚继光、袁崇焕，宁远、觉华岛、大凌河之战、明末北京保卫战；第四组为专论满学的五篇文章；第五、第六组，主要是考证都城北京建设及相关文献。29篇文章的编选格局，首重开创性史学新论，其次将明清交替、朝代兴亡的脉络基本上呈现出来。如此编排，颇具匠心。

鉴于《阎崇年自选集》文章的富有学术创新性，以及编辑精湛性，我认为它是一部优秀图书。

南开大学荣誉教授　冯尔康

2016年11月17日

（三）

《阎崇年自选集》是著名清史学家阎崇年先生50余年治学历程的精华集

萃，具有重要的学术价值和社会意义。

研究历史，有两点最难：说别人没有说过的义理，用别人没有用过的史料。这两点阎先生都做到了。胡适先生曾说，“考据一个字等于发现一颗星星”。阎先生善于从瀚如烟海的史料中，挖掘出最具价值的第一手资料，解决史学研究中悬而未决的历史疑问，学术上获得诸多原创性突破。例如：

《清郑各庄行宫、王府、城池与兵营考》一文，系阎崇年先生利用台北故宫博物院和中国第一历史档案馆所藏的从未被利用过满文档案及其他文献写成，该文经缜密考论，确定今北京昌平郑各庄的城垣、金井、护城河等遗址，原为清康熙帝行宫和理亲王府之所在遗迹，解决了三百年来宫廷史、北京史研究中的一个悬疑，填补了一项学术空白。北京市昌平区郑各庄，有一座清代建筑群遗址，那里古建遗存比较完整，现在还留有一段护城河，但一直无法判定属于什么朝代。阎崇年先生曾实地勘察，初步判断此地应属康熙行宫，可是，《清圣祖仁皇帝实录》和《康熙起居注册》等文献，均不见记载。为此，阎先生先后查阅了大量汉文资料，可惜，一无所获。但在台北故宫博物院珍藏的清廷满文秘档——《奏报郑家庄行宫工程用银数折》中，档案记载：昌平郑各庄古建筑群，是康熙兴建的行宫和王府，但孤证不立。他又在中国第一历史档案馆的满文档案中，找到此项工程动工的满文档案。这两份满文秘档都是过去海峡两岸从未用过的最有价值的第一手满文资料。

又如《张吉午与〈康熙顺天府志〉》一文，耗费了阎先生整整 20 年的心血。

20年，他揣着这桩心事，跑遍了中国大陆及港澳台，乃至欧美、日本等多个国家和地区的图书馆，只为求证一个问题：现藏于国家图书馆的《康熙顺天府志》属于“孤本”。经过20年苦苦求证，问题终于变成了定论：该书纂者为康熙朝的顺天府府尹张吉午，《康熙顺天府志》则为呈送之正写孤本。

再如《于谦〈石灰吟〉指疑》一文，阎先生遍查海内外有关于谦的诗文集，从明成化到清光绪年间以来，海内外现存所有各种善本、稿本、钞本、孤本，考证《石灰吟》非于谦所作，解决了几百年历史上悬而未决的疑问，浙江学者认为这是百年来于谦研究的一项学术突破，一大科研成果。

当今学术论文多如牛毛，能够传于后世、长久保持其学术价值和参考价值的又有几何？但阎崇年先生的这册自选集，立足于第一手原始史料，每篇文章都经过作者精心打磨、反复推敲，论证充分扎实，这将是一册具有生命力的论著集。该书的出版是对史学研究的一大贡献，对我国史学研究领域将会起到大的推动作用。

国家清史编纂委员会委员、中国第一历史档案馆原馆长　邹爱莲

2016年11月16日

《阎崇年自选集》编辑札记

李勇

【题记与作者】

本文是《阎崇年自选集》责编李勇先生所作的“编辑札记”。李勇先生，男，1971年生，毕业于北京大学，研究生学历，硕士学位，长期从事出版工作，也是阎崇年与星云大师对话《合掌录》的责编，现为九州出版社副社长。

一

工作之余，喜欢看些文史类书籍，尤其对明清之际及清末民初这两段历史感兴趣。清史专家阎崇年先生的著作自然成了我的好伙伴。渐渐发现，阎先生对明亡清兴历史的论述颇为精到，自有特点，更引发了我的关注。凡阎先生的论著，无论厚薄长短，只要发现，便拿来读，成了“阎迷”。也许冥冥之中自有缘分，大约九年前，曾因某部论著得到过阎先生的教诲，这次他出版《自选集》，我又一次有缘且有幸，担任了此书的责任编辑。

由于作者是熟悉的前辈，书中主要内容此前都曾拜读，编辑工作的过程成了一次愉快地再学习。然而，由于这是作者的《自选集》，是从其半生治学心得中提炼出的近200万字的论著中再行择精粹而集成，意义非同一般，无形中给自己增加了一点压力：一定要按照编辑工作要求，严谨细致，慎之又慎，莫出差错，万不能辜负作者对我们的信任。因而这次编辑工作也是一次艰苦的劳动。

还有，选编之前，阎老向我们谈了一个想法：让我社也提出一个文章选目，看与他自选的篇目能否合拍。我觉得，这既是对我社的信任，也是对我社的考试，同时还是在倾听读者意见，颇有让读者共同参与的民主精神。还好，我们建议的内容大都在作者所选篇目之中。我们经过了“考试”，也说明作者与读者的想法还是很接近的。

二

这部《阎崇年自选集》共收文章 29 篇，约 50 万字。全书大体分为前后两大部分，前 16 篇文章从第一篇《森林文化之千年变局》到《辽西争局兵略点评》，加上后面的一篇《明永乐帝迁都北京述议》，大体以满洲雄起、明亡清兴为经，把重要人物、关键事件编织其中，大致给出了明清交替、朝代兴亡的脉络。重要人物包括努尔哈赤、皇太极、顺治、康熙、明珠、于谦、戚继光、袁崇焕等；关键事件主要包括明成祖迁都北京、辽西争局中的宁远之战、觉华岛之役、大凌河之战以及明末北京保卫战、清军入关等。后半部分从《论满学》起，除《于谦〈石灰吟〉考疑》和前面所提《明永乐帝迁都北京述议》这两篇，其余 11 篇文章论述满洲文化，内容涉及历史、文学、典章制度、宗教习俗、文书档案乃至宫室、火器等；最后一篇《北京宫苑的民族特征》，说的是元、明、清三朝的北京，但以元、明为铺垫，落脚点在清，展现的也是"满洲文化"对中华历史文化的传承和蒙、汉民族文化的融合，因而也可放到"满洲文化"中。

全书 29 篇文章，写作时间不同（最早是写于上世纪 60 年代的《康熙：千年一帝》，最迟是写于 2015 年的《清朝历史的文化记忆》），具体内容各异，从中可以看出作者在这较大的时间跨度中所关注的问题，这也使得这些篇章在作者的已有论著中具有一定的代表性。这些文章虽皆独立成篇，但因其有"清史"这一线贯穿，无形中珠玑成串，自成系统。其内容宏大者涉及政治、经济、文化、社会、军事之大事，细微处则见一宫一室、一书一文、一村一府之细节。总体上让人感到全书似有一个无形的整体框架，且脉络清晰，血肉丰满。在全书的篇目安排上，前两篇《森林文化之千年变局》和《清朝历史的文化记忆》，从满洲先祖的渔猎文化讲起，细述其如何雄发、兴起于白山黑水之间，并从文化演变、文化自信和文化纠结三个方面概述296年的全清史，带有全书开篇、总论的意味。以下全书主体细分为五小部分，大致可看成前后两大部分。前半部分论及的事务、人物，映现的是金戈铁马、鼓角铮鸣，是“争天下、创基业”；后半部分多涉及文化、宫室之类，让人想起“坐天下”之事；全书最后一篇写“北京宫苑”，则更让人想到大清王朝已日落紫禁城了。总之，全书内容前后呼应，将满洲民族千余年的盛衰、大清王朝300年的兴亡尽现其中了。如此选文、布局，亦可见作者思虑缜密、匠心独具。

三

作者的这些文字，特点鲜明，给人留下深刻印象。

观点鲜明，全局在胸。这个全局，就是经过数千年争锋、比较、交流最终融汇而成的统一的大中华国家和多元共成的大中华文化、文明。作者歌颂这大一统，并把所述一人一事放到这个大背景中，对其行为、成败做出判断。作者满怀深情地写道：“千年文化，发生巨变。大碰撞，大融合，大代价，大发展。”“历史是胜利者与失败者、融化者与被化者，共同参与、共同创造的。中华文化是中国各民族共同创造的。中国各个民族之间，中原农耕文化与西北草原文化、东北森林文化，汉藏语系与阿尔泰语系，多元文化相互交融，中原核心，一统政体，出现了中华大一统局面”（参见本书第12页：《森林文化之千年变局》）。作者文字中写了满洲民族兴起过程中经历的艰难困苦，充分肯定了满洲民族为统一的中华民族的形成、中华文明的发展所作的巨大贡献；同时也深刻论述了，当初仅数十万人的满洲最终能“入主中华”“统一天下”，正是其善于学习、顺应时代文明潮流，最终把自身融入大中华亿万人之中，融入大中华文明之中，才得以立足、发展，形成亿万人之“共主”。任何个人或民族，只有在为国家的统一、为中华文明的发展所作的贡献中，才能找到自身的前途。书中诸文，无不透出这一主题。

有独到见解和创新之处。比如，作者首次在史学领域提出中华五种经济文化类型——中原农耕文化、西北草原文化、东北森林文化、西部高原文化和东部沿海及其岛屿的海洋文化；首次在史学领域论述森林文化的定义、特征、演变及其作用，并论述其在中国有文字记载的 3000 年历史演进中分合、盛衰的变局，阐述森林文化与中华多元文化的冲突与融合，特别论述满洲兴起的森林文化元素，最后统合于大中华文化（参见本书第 1—17 页：《森林文化之千年变局》）。提出了满洲文化具备“满—蒙—汉”三元特征，正因如此，才使其能应付来自蒙古草原文化和汉族农耕文化的两种挑战，兼容蒙古之犷武雄风和汉族之文化翰蕴（参见本书第 331—341 页：《满洲初期文化满蒙二元性解析》）。这给人耳目一新之感。另外，作者关于“三个千年”之说，亦颇有气势：中国有文字记载的 3000 年历史，经过三个千年大变局，进行三次文化大交融——第一次主要是农耕文化内部的交融；第二次主要是农耕文化与草原文化的交融；第三次主要是森林文化入主中原，农耕文化与森林文化、草原文化、高原文化大交融，开出中华文化之花，结出中华文化之果。三个千年变局的实质是由变而合，由合而大，最终统合为大中华文化，生生不息，骙骙健行。三个千年变局所形成统一多民族的持久稳固的中华文化共同体，屹立于世界民族之林（参见本书第 16、17 页）。

不跟风俯仰，务求实求真。通观阎先生之论著，有一股写史的正气和较真的硬气。在前些年一度“戏说”成风、迎合低俗的“大潮”前，阎先生反其道而“正说”，还历史本来面目。又如对康熙历史地位、历史作用的评价，作者最初于上世纪下放劳动时在北京南口的田野、草棚里写就过《评康熙帝》，后于上世纪 60 年代投给《历史研究》杂志，因文中对某权威学者有不同学见而被压未发。30 年后的上世纪 90 年代初，作者拟参加研究《论黄金时代——康乾盛世》这一课题，但课题未被通过，理由是：康乾时代不是历史的盛世，而是专制黑暗时代。作者认为，应当用历史的眼光看待古人。作者认为《清史稿・圣祖本纪》“论曰”中的部分论断“早承大业，勤政爱民。经文纬武，寰宇一统。虽曰守成，实同开创焉”这 25 个字对康熙的评价，是比较符合历史的。遂写了此次收入书中的论文《康熙：千年一帝》。文章指出：康熙大帝奠下了清朝兴盛的根基，开创出康熙盛世的大局面，至其孙乾隆时，中华的疆域已东濒大海，西接葱岭，北达贝加尔湖以东、外兴安岭以南，东北至库页岛（今萨哈林岛），南及曾母暗沙，领土总面积达 1400 万平方公里。康熙帝不仅创伟业丰功，而且内圣外王，修养品格，严于律己，为政勤慎，敬天恤民，崇经重道，学贯中西，知行知止。而且作为以满语为母语的皇帝，其汉文书法、诗篇亦能著称于史，也是其人格与学养的一个例证。最后结论：无论就中国历史作纵向比较，或就世界历史作横向比较，都可以说康熙大帝是中国皇朝史上的千年一帝，也是世界历史上的千年名君。他同当时俄国彼得大帝、法国太阳王路易十四，同列世界伟大的君王（参见本书第79—91页：《康熙：千年一帝》）。再如对权相明珠的评价，作者认为“旧史及前论多对其抑功扬过，均不足为训”。1985年作者专著长文，就明珠所处历史条件与社会环境，从民族与家族、旗分与派别、武将与文臣、国君与权相等层面，分析了清初百年历史的演变及明珠的功过是非，充分肯定了他在辅佐康熙开拓新政、结交和推荐汉臣、奠下康雍乾百年“盛世”基石中所作的贡献，称其“不愧是中国皇朝社会史上的名相，清代杰出的满族政治家”（参见本书第92—104页：《明珠论》）。另外，对似乎已有定论的观点，但凡自己有疑问，即能拿出依据，谈出自己的看法。比如，他认为“皇太极经略索伦”，此役不是“平叛”，而是“建立统治”（参见本书第50—66页：《皇太极经略索伦辨》）。对于素有争议的问题，亦不避繁难，勇于提出一家之言（参见本书第67—78页：《顺治继位之谜新解》）。

考辨翔实，言必有据。作者之所以能言之成理、持之有故，是因其言必有据，以极为严谨的态度治学、撰文。作者对所论之领域的历史文献、档案资料非常熟悉，从《〈无圈点老档〉及乾隆钞本名称诠释》一文即可见一斑（参见本书第395—415页）。尽管如此，为求文字准确，他不仅查阅史料，只要有可能，他还要踏勘现场，亲眼一观，亲身感受。这里仅举两个“小例”。一是1626年明朝与后金进行的著名的宁远之战，其主战场在宁远，分战场在觉华岛。以往论者对觉华岛之役多轻描淡写，略语带过。作者认为此役之影响极为重要，遂作文论证。为了弄清问题，作者亲自乘船登岛，认真踏勘，对这个面积13.5平方公里的小岛及存在于其上的当年明军囤粮城遗址，做了详细的勘查、记录，结合史料进行研究（参见本书第207—220页：《论觉华岛之役》）。二是作者对京西慈寿寺塔（即今之北京阜成门外八里庄玲珑园内高冈之上的古塔）做过一番考察，澄清了建塔四百多年来存留的一些疑问。为此，作者不仅查阅大量史料，而且借1994年5月至12月此塔进行大修的机会，到现场请教专家及工程技术人员，还登上塔顶，进行学术考察，终于获得翔实资料，对流行的不确切的传闻进行了纠正（参见本书第464—485页：《京师慈寿寺塔考》）。靠证据说话，决不取巧于道听途说，这正是老一辈学者多有的风格。

夹叙夹议，点评精到。这是此书诸文共有的一个特点。文章开头，皆开门见山、开宗明义；文中条分缕析，多夹叙夹议，述史实，也讲观点；文末则以综述结论，这综述有着“太史公曰”的味道，精到且每每发人深思。如《辽西争局兵略点评》一文（参见本书第259—275页），开篇就直奔主题：“明清之际，争局辽西。在22年之间，于宁锦狭短地带，明与后金—清双方集结20余万军队，进行了中国古代史上最激烈、最残酷、最集中、最精彩的争战。……其结果，明清争局双方，不是平局言和，而是一胜一败——胜者太和殿登极，败者退出历史舞台。乃胜乃败，原因固多。揭橥其要，首在兵略。谋略巧拙，成败系焉。……本文讨论，旨趣在于，就其兵略，加以点评。”文中作了多方面、多角度的精到点评。文章结尾则是一段发人深思的点评：“……历史的启示：在帝制时代，一个军队，一个民族，一个国家，其胜败，其荣辱，其盛衰，虽原因复杂，但并不多极。一个军队的兵略，一个民族的政略，一个国家的方略，对这个军队的胜败，对这个民族的荣辱，对这个国家的盛衰，有着极其重要的意义。但是，军队的兵略、民族的政略、国家的方略，在很大程度上取决于这个军队的统帅、这个民族的领袖、这个国家的君主。因此，要取得军事的胜利，就要有一个优秀的统帅及其好的兵略；要取得民族的繁荣，就要有一个杰出的领袖及其好的政略；要取得国家的强盛，就要有一个英明的君主及其好的方略……”其精到点评，恳切议论，随处可见，不一一列举。

文由心生，饱含真情。此书文字无应命之作，更无应景之作。文字发自作者内心，字里行间充满真情。寓情理以人事，发感慨于胸臆，是非分明，激浊扬清，斥奸佞宵小，颂忠烈贤良。本书在论及于谦、戚继光、袁崇焕等篇章中，此点尤为明显。这不仅是抒发作者个人情怀，更在弘扬民族正气。

语言简洁，有古史作之风。本书篇篇如此，不一一列举。

征引详注出处，一丝不苟。对所有给自己的写作、考察工作提供帮助者，均标名致谢。既对读者负责，亦可见作者之人格与文品。

以上，是自己在此书编辑工作中的一点感想，谈不到全面、深刻。但对我这个晚生、后学而言，确实受教多多，受益多多。

四

此书编辑工作告一段落之时，我又想起九年前的那件事。那段时间，广大读者对出版物质量啧有烦言，许多人反映“无错不成书”。作为一名出版人，深感“无光而有责”。恰巧看到一部自己喜欢的阎先生的新作，发觉书中似有错讹。出于“吹毛求疵”的职业习惯，竟不知天高地厚正式写出若干条，向阎先生求教。此信一发出，便感到颇为唐突，甚至有点年少轻狂，有失礼貌，很是自责！岂料阎先生胸怀大度，且经此一事，竟待我以忘年之交，经常给我以指导。此次在阎先生的关心与社领导的支持下，担任本书责任编辑，虽再三努力，但仍可能在编辑工作中存在错讹，还请作者及热心读者批评指教。

2015 年 12 月

研究历史没有捷径可走

——专访历史学者阎崇年

王一

【题记与作者】

本文刊载于上海《解放日报》2016年3月25日第13版“解放周末”，由著名记者王一专访并撰稿。王一，《解放时报》记者，《解放日报·读书周刊》策划、编辑。

十多年前，央视《百家讲坛》让原本潜心书斋研习清史的阎崇年成为公众人物。虽然生活越来越忙碌，他却并未改变学者本色。读史阅世六十载，八十高龄亦笔耕不辍，今年 1 月，精选了他 29 篇代表作的《阎崇年自选集》问世。

在采访中，阎崇年最希望的是“越来越多的研究历史的人能慢下来、静下来，重学术、出精品”。

对于已经 82 岁的阎崇年，似乎不适合再用“成长”二字。

但在日前对他的专访中，记者才了解到他还没有退休，作为北京市社会科学院研究员、中国紫禁城学会副会长，他把更多的时间和精力投向了学术研究。每天工作到深夜，清晨 4 点多起床，他还总说“时间不够”。很多人在猜测他什么时候出封笔之作，他却不谈封笔，那些或新或旧、如山如海的史料，已经被他视为精神食粮，不“吃”不行。采撷、咀嚼、反刍、回味，总会有新的感悟、新的发现，每到这时，他就会高兴得手舞足蹈。

对这样一位从茫茫书海中不断发现“新大陆”的人，“成长”二字怎能不适用？

历史观
从时代变迁和人生沉浮中获得一种眼光

对历史感兴趣是从什么时候开始的？阎崇年不记得了，只知道上小学的时候第一次了解中国历史文化，就觉得有意思，还想读。

后来跟随父亲，从山东蓬莱的一个半渔半农的乡村到了北京，考入了北京六中读中学。那时候，《说文解字》《史记》都颇为流行，十几岁的阎崇年用积攒的零用钱买来这些书，津津有味地读起来。直到今天他还纳闷：小孩子读这样的书，居然不觉得沉闷。

上了大学后，一有空阎崇年就往图书馆、书店跑，琳琅满目的图书滋润着求知的心田。如果你今天问他：历史为什么吸引你？他会回答：学历史，可以看到古往今来那些最激动人心的历史场面和最具智慧才干的历史人物，那有多大的吸引力！但小时候的他，没想过那么多，只是喜欢，不问究竟地喜欢。

那时，阎崇年攻读先秦史。一次，他将自己的一篇先秦史论文拿去请中国科学院的杨向奎教授指教，杨向奎看后连连叫好。但几天之后，杨向奎给当时只有二十多岁的阎崇年写来一封信，希望阎崇年转攻清史。在信中，杨向奎提出先秦历史大多依靠关中的地下发掘，身在北京并没有很多资源。而在北京研究清史则有着别处无法相比的优势，紫禁城、清宫档案都集中在北京。

收到这封信后，阎崇年“闭关”思考了一个月，做出了研究清史的决定，也由此开始了他 50 年漫长的清史研究之路。

然而，这一路也充满坎坷。“文革”前，有人说阎崇年走“白专”道路，是“右倾”，于是在1963年到1965年期间，他被下放到地处居庸关的北京南口农场，进行思想改造。阎崇年最放不下他的那些线装历史书，不管去哪都随身带着。一次他被领导找去谈话。领导问：“你为什么到农场？”他说：“改造思想。”“改造思想为什么看线装书？”他说：“我学清史啊，那时都是线装书。”这位领导较为开明，没再批评他，只是让他注意群众影响，并安排他值夜班，让他有更多的时间读书。

《努尔哈赤传》就是在那段时间那个特殊的环境里酝酿出来的，不仅能从文本上寻找出阎崇年最早通读原始史料的影子，更能看出作者历史观的奠定始于那个特殊的年代。二十多岁，正是历史观培养的最佳年龄段。几年间的幸与不幸，并没有单纯地成为他心灵上的一道疤，而是从时代变迁和人生沉浮中获得了一种眼光：审视历史、挖掘历史、求真求理，不人云亦云、概念先行，更不遗忘、否定。

治学观
20年苦苦求证，猜想终于变成了定论

大部头的著作、多如牛毛的史料、常人接触不到的秘密档案、国外历史记录的整理……不就是一座座富矿吗？阎崇年一头扎了进去。海量阅读，只嫌知道得太少；惜时如命，只嫌日头太短。为了制作更便捷的图书资料检索系统，他五十多岁又开始学计算机。别人说他自讨苦吃，他只觉得乐在其中。

寒来暑往。通过对正反材料的对比阅读和对历史细节问题的分析甄别，

阎崇年获得了更为开阔的视野,而他把这些都归结于生性带来的那股子“较真”。

20多年前，北京市昌平区郑各庄，有一座清代建筑群遗址，那里古建遗存比较完整，现在还留有一段护城河，但一直无法判定属于什么朝代。阎崇年曾实地勘察,初步判断此地应属康熙行宫,可是,《清圣祖仁皇帝实录》和《康熙起居注册》等文献，均不见记载。为此，阎崇年先后查阅了大量资料，可惜，一无所获。

正当这事悬而未决时，一次台湾讲学之行，峰回路转，打破了迷局。台北故宫博物院珍藏的清廷满文秘档，明确记载：昌平郑各庄古建筑群，是康熙兴建的行宫和王府。阎崇年立刻眼前一亮，开心得像个孩子。“因为材料不足，很多历史谜团都无法破解，一旦有了史料，就可以石破天惊，这就是历史的魅力。可以大胆假设， 也可以长久存疑。”

1997年，阎崇年发表了一篇论文——《张吉午与〈康熙顺天府志〉》，论文不算太长，却耗费了他整整20年的心血。20年，他揣着这桩心事，跑遍了中国大陆及港澳台,乃至欧美、日本等多个国家和地区的图书馆,只为求证一个问题:现藏于国家图书馆的《康熙顺天府志》属于“孤本”。当年，他和北图善本部工作人员提起这个猜想，也只是一种推论。20年苦苦求证，猜想终于变成了定论。

几年后，在北京市社会科学院历史研究所当所长时，阎崇年又站在了一个十字路口上。那时，国内外有藏学、蒙古学等学科，但没有人把满学作为专门的学科，于是，1989年，阎崇年给有关部门写了书面报告，提出成立满学研究所的想法。接下来的两年，打了多少报告、开了多少座谈会，阎崇年无从计数。直到 1991 年，北京市社会科学院成立了满学研究所并任所长，这是世界上第一个把满族历史、语言、文化合成一个学科来研究的专业的满学研究机构，两年后又成立满学会并任会长，满学研究在国内外渐成气候。

阎崇年总被问到这样的问题："20 年苦苦取证、为新学科孜孜努力，到底是为了什么？"

回答简单而真诚："我对历史有感情。"其实很好理解——他所做的一切只是感情的自然流露，没有刻意，一如最初喜爱历史那样单纯。

传播观
学术成果不是靠头衔和光环决定的

真正使阎崇年成为公众人物的，是在中央电视台《百家讲坛》节目热播的《清十二帝疑案》。

这个节目在 2004 年创下了央视科教频道收视率的最高纪录，这是事先包括阎崇年都不曾想到的。阎崇年和他的《清十二帝疑案》也被认为是《百家讲坛》的"第一坛好酒"。

回忆当时初登上《百家讲坛》的情景，阎崇年概括为八个字："如临深渊，如履薄冰。当时我们这些历史学者都不爱抛头露面，编导也是看了我的《努尔哈赤传》，所以让我先开始讲。”

2004年5月13日，在人民大学的多功能厅，阎崇年走上《百家讲坛》讲《清十二帝疑案》的第一讲“努尔哈赤”。让他没想到的是，当天下午编导们把上午录制的节目剪辑出来后告诉他:“台里开了个会，说您的这集可以成为范本。”后来在央视编导的一再要求下，阎崇年在这个小小的讲台、大大的舞台上，把清朝十二帝全部讲完了。

在长达一年的《清十二帝疑案》节目制作过程中，阎崇年停掉了所有的会议和出差，为每次讲座准备2万字的讲稿，从周一到周四，每天写5000字的文稿，周五串稿子、做试讲，周六再进行一次修改和调整，晚上散步的时候他会一边遛弯儿一边把第二天要讲的内容在脑子里过一遍，周日就正式到电视台开讲。下周一又开始做下一讲的准备，循环往复。

这一年里，很多人都成了他的忠实“粉丝”，上迄90岁的老翁、下至8岁的小学生，遍及江南塞北、各行各业。

一次，清华大学教授、两院院士吴良镛先生见到阎崇年说：“我一定要告诉你，我和爱人都喜欢听你讲，每集都要看。”

一个孩子的家长给阎崇年来信说，他上小学二年级的儿子平时特别闹，从来都坐不住，老师和家长一直拿他没有办法，但是，有一天正好在电视上看到了《清十二帝疑案》，这孩子竟然坐在电视机前看进去了。此后，每周六，一到点孩子就安静地看电视，还拿个小本做笔记，包括清朝十二个皇帝的名字、年号、生卒年月、陵寝等都能够一一背下来。家长说孩子现在对学习感兴趣，上课也不再闹了，学习也用功了。

更有出租车司机给《百家讲坛》栏目组打电话说，他每天中午 12 点半赶回家边吃饭边听讲座，晚上下班回家 8 点要先睡觉，半夜起来后再看重播，从不耽误。

《百家讲坛》让阎崇年出了名，但他依然冷静。过去做学问，做好做坏对别人没什么大影响，现在做学问，做好做坏影响的是观众这一大批人，甚至影响学科建设，他对自己的要求便更严格了。“我上小学一年级时，老师讲桌上放着一把戒尺。我也挨过戒尺的打，左手被打得红肿。后来我心中逐渐凝聚起一把无形的戒尺：自诫自勉，惟勤惟慎。我深知，学术成果要经过三道关的检验，即现时的、历史的、国际的，而不是靠什么头衔和光环决定的。”

人生观

从事实中形成观点，这样才能站得住脚。

在阎崇年看来，研读历史需要反复考索的是哲学思辨，而当这些历史素材化为感悟之后，不如用艺术的方式表达出来。他说：“在艺术的领域，灵感最重要。”

所以，5年前，他又把目光投向东北，提出以森林文化作为东北的一个文化注脚。

中国古代有不同的文化类型，中原的农耕文化，西北的游牧草原文化，那么，东北呢？好多专家都认为东北是游牧草原文化，后来阎崇年发现草原文化不能完全说明其特点，他脑子里闪过“森林文化”这个概念，于是就开始查阅资料、撰写详细的研究提纲，写完之后便进行论证。

一个新的学术观点的提出，要经得起来自不同方面的批评，方能站稳脚跟。

南起长城，北跨贝加尔湖－外兴安岭－库页岛一线，西到大兴安岭，东临大海，地域之大，加上极为恶劣的自然环境，让无数旅行家望而却步，但阎崇年却走了个遍。

当人们惊讶于他在这段考察中所表现出来的勇气时，他却甚为遗憾：“很多地方因为艰险，我都是乘车穿越的，如果还有机会，我一定徒步走走，更加仔细地考察。”

考察的结果让他坚信了东北森林文化的存在：在语言上，它是一个独立的语族，即阿尔泰语系满语族；在历史上，从商周时期的肃慎到明末的满洲一脉相承；在地理上，那是莽莽森林，而不是茫茫草原；在经济上，部民以渔猎为生；在宗教上，森林文化区的信仰一直都是萨满教。

带着研究提纲和论证结果，阎崇年到东北去做讲座，举办方请了一共包括12门学科的25名专家，从不同学科讨论，最后基本上都认同东北属于森林文化的观点。后来，阎崇年又把这个学说讲给中央党校的教授们听，他们也接受了。2013年年底，专题论文《森林文化之千年变局》终于正式发表。

整个过程让《阎崇年自选集》一书的责编惊讶："80多岁的年龄，在他身上根本不意味着即将终结，相反，这位老先生可以随时甩出惊叹号，让人震惊。"

在阎崇年看来，研究历史没有捷径，人生也是如此。有的人不愿意研究那些看似乏味枯燥的史料，却先提出一个看似标新立异的理论。"没有史料支撑的理论是空洞的，这样的人也走不远。倒不如沉下心来，在对浩繁史料的研究中，努力弄清事实是怎么回事，从事实中形成观点，这样的观点才能站得住脚。"

对话
境界高了，就不会犯低级错误

解放周末： 您曾说在50年历史研究中主要做了三件事，即研究清史、倡议创立满学、向公众讲历史，现在看来是不是已经完成了给自己定下的任务？

阎崇年： 这三件事情我都没有预想过，都是边走边看边选择。现在看来，当时的选择都很正确，虽然那时是痛苦的。我认为，对于一个学者来说，勤奋、刻苦、执著、创新这些固然重要，但勇敢是最重要的一个品格，我能够在学术界做了一点事，或许就是因为还算勇敢。一个学者在遇到困难的时候，没有坚持下去的勇气是不行的。

求真求理，史法自然，这是我治史的旨趣。研究历史，有两点最难：说别人没有说过的义理，用别人没有用过的史料。

解放周末：您在《百家讲坛》的讲座，也曾引发过一些学术争议，甚至受到个别观众的质疑，您如何看待这些经历？

阎崇年：作为一名历史学者，我受到了学术界和公众太多的支持和鼓励。学术研究是允许讨论的、可以切磋的，但偏见和人身攻击跟学术无关。

解放周末：探知历史往往是系统的工程，也需要静下心精心钻研。

阎崇年：胡适先生曾说，“考据一个字等于发现一颗星星”。中国历史学者的研究分得很细，既有考据的微观研究，又有宏观的研究。你看黄河上游那么清澈，到了下游就变黄了，还有淤塞现象，此所谓融贯之中有微观差异。历史研究是一个宏观、微观不断切换、相互交融的过程。

研究者自己对一个史实要先搞清楚，然后理清楚，最后讲清楚。一个战士应该做到守土有责，当代学者最重要的就是要坚守学术使命。

解放周末：很多人一直都有这样的误解，学历史没什么用，历史也很好学。在您看来，学历史到底有什么用？

阎崇年：一个人的人生不过百年，活动范围很小，接触人也很少，一辈子认识几十个人几百个人了不起了。历史是五千年亿万人智慧的结晶，任何个人的智慧都不会超过历史。所以，增长知识、激发智慧、以古鉴今、修身治国，最好的办法之一就是学习历史。

我的一个朋友是位领导干部，工作上出现了问题，但不是他的责任，他感到非常委屈。我说，你多看看历史，不要那么想不开。学习历史令人心大、心善、心强。熟知历史的人遇到风吹浪打的事会想得开一点，不会为小事纠缠。

我觉得我们很多官员缺乏历史知识，不知道为官应具备的修养。看看历史上那些清官、好官是怎么做的，可以给自己树立榜样，有所追求，境界就高了，就不会犯低级错误。

解放周末：大半辈子和历史打交道，您对今后的历史研究有什么期待？

阎崇年：我希望越来越多的研究历史的人能慢下来、静下来，这样才会推出更多有灵魂的精品，研究更多可以传世的问题，其实不仅仅是在历史学的领域，各行各业都应该这样。

了解中国，从瓷器开始

王一

【题记与作者】

本文是上海《解放日报》著名记者王一女史，专访《御窑千年》著者阎崇年的记录稿。以一个通版，刊载于上海《解放日报》2018年1月6日《读书周刊》。

瓷器是一种特殊的商品，它是日用器皿，经久耐用，同时，它也是文化的载体。自汉唐以来的陆上丝绸之路行商不断，明代嘉靖以后海上丝绸之路日渐繁荣，作为这两条贸易通道上的重要商品，中国陶瓷见证了中外交流的繁荣历史。

近日，由历史学家阎崇年撰写的《御窑千年》一书，由生活·读书·新知三联书店出版。这是一部有关陶瓷的文化史，在阎崇年眼中，“制造瓷器这个伟大的行业，必有伟大英雄，必有惊世精品，必有动人故事”。

看瓷　用历史的眼光

■瓷器既然是中国古代对世界文明的一大贡献，自然是应当研究的。

■瓷学的研究，就应该视野更加开阔，广泛进行学术交流。

读书周刊：您是历史学家，主要研究清史、满学，很多人看到《御窑千年》后，都会诧异您为何“跨界”研究起了瓷器。

阎崇年：说“跨界”的朋友，一方面对我是关心的，我表示感谢；另一方面则是对“历史学”还不够了解。

历史学研究的内容主要是人、事和物。人和事大家都了解，但对于物比较陌生，其实衣、食、住、行、车、马、船、轿等，都是历史学研究的内容。还有用，就是用品，如餐具、器物、桌椅、钟鼎、书籍、瓷器等。其中就有瓷器，瓷器是中华民族对人类文化的一项伟大创造，也是中国文化对世界文化的一项重大贡献。“瓷器”在英文里叫 china，“中国”在英文里也叫 China，是同一个词。这些都是历史，所以我研究瓷器，是属于历史学的范畴，并没有“跨界”。

还有，过去一段时期，历史学研究的内容有点偏窄，主要为五个方面，被称作“五朵金花”——中国奴隶制与封建制分期问题、汉民族形成问题、农民战争问题、封建土地所有制问题和资本主义萌芽问题。毫无疑问，这五大历史问题都是重要的，也都是历史学应该研究的，但如果历史学仅局限于上述五个问题的研究，就显得偏窄了一些。

瓷器既然是中国古代对世界文明的一大贡献，自然是应当研究的。因为受了过去历史学研究内容过窄的影响，所以产生了历史学者研究瓷器文化是不是“跨界”了的问题。

又有，历史学者与陶瓷学者虽然都在研究瓷器，但着眼点、着重点、研究方法都不同，比如瓷器的种类、工艺、器型、特点、纹饰、色釉等属于陶瓷专家研究的范围，而器物演变的历史及其背后的政治、经济，特别是文化，则是属于历史学研究的范围。元青花瓷器，为什么出现在元代？为什么是青花白地？为什么能运往中亚、西亚？这些与成吉思汗、四大汗国、蒙古文化等的关系，都属于历史文化方面的问题，历史学者自然是应当加以回答的。

读书周刊：那么，对于“元青花瓷器，为什么出现在元代”这样的问题，您作为历史学家会怎么回答？

阎崇年：明朝、清朝和民国的中国学者，都不知道有元青花瓷器的存在，见了元青花瓷器，或者说是明朝永乐、宣德的，或者说是清朝顺治、康熙的，这种情况一直持续到上世纪50年代。

第一个考证两件瓷瓶是元青花瓷器，俗称“大维德瓶”的，是英国学者罗伯特·洛克哈特·霍布森。他于1929年初，在英国《老家具：家居装潢》杂志上发表了一篇学术论文，题目是《明代以前的青花瓷器：一对写有日期的元代瓷瓶》。这篇文章7页，翻译成汉字约5000字。这是在国际陶瓷学界，第一次报告有元代青花瓷器的存在，这对于陶瓷发展史的研究做出了划时代的贡献。

第一个考证元青花瓷为一类瓷器的是美国学者约翰·亚历山大·波普，他继霍布森之后，在国际陶瓷学界，第一次证明元青花瓷器并非孤例，而是一大类瓷器。1950年，波普远赴伊朗德黑兰和土耳其伊斯坦布尔，开始了元青花瓷研究的新发现之旅。波普先到伊朗国家博物馆考察。据伊朗文献记载，公元1611年国王阿巴斯·萨菲，将宫廷珍藏的1162件中国陶瓷，献给阿德比尔清真寺。这批中国瓷器后来大部分由伊朗国家博物馆收藏。

这两件事对我是一个启发，瓷学的研究，就应该视野更加开阔，广泛进行学术交流。

读书周刊：所以，您是以历史研究的方式来探寻瓷器文化的足迹？

阎崇年：我是在以往历史知识积累的基础上，通过查阅历史文献、宫廷档案、拜读学术论文、考察窑址遗迹、参观博物馆藏品和了解烧造瓷器工艺的基础上，先做学生，后做讲说，再出书的。当然，研究中也碰到了很多问题。

《御窑千年》中讲述的瓷器，首先是故宫博物院、台北故宫博物院、沈阳故宫博物院、国家博物馆、上海博物馆、南京博物院、江西高安博物馆等院馆所藏的、传承有序的典型瓷器，还有重要考古出土的瓷器。说到考古出土瓷器，如江西高安出土元代窖藏，共有23件元青花瓷器，其中有6件元青花梅瓶，都带盖，且分别写有汉字“六艺”，就是礼、乐、射、御、书、数，再次证明元青花瓷器是中国烧造的。

我在上述博物馆里，多次观看瓷器。其中一次是1992年，我作为中国大陆第一批社会科学工作者赴台北出席“海峡两岸清史档案学术研讨会”。会间，到台北故宫博物院参观，到了台北故宫博物院背后山洞的文物库房里，看了文物南迁时用铁皮大箱子珍藏的瓷器。每件瓷器，都用丝绵填充，用绸缎包裹；再用丝绸包着，再用绸缎包裹；如此一层一层，而每件包裹瓷器之间，再用丝绵塞隔……一只大箱，装不了几件瓷器。文物南迁，公路水路，辗转搬运，还有日机轰炸，由于文物押运人员非常爱国负责，竟然一件无损。

光有书本知识还不够，我还亲自参加烧造瓷器实践。一件瓷器烧造完成，需要72道工艺。每道工艺，我都或参观考察，或亲手操作，如烧窑点火，熄火开窑，多次到现场，自己动手操作。这些对于我这样一个整天在书斋里做学问的人，实在是个大收获。

品瓷　从时代的印记中

■通过瓷器去学习和感悟中国历史，可以感触到更加亲切、更加温暖的历史。

■因为瓷器成为海上运输的重要货物，“丝绸之路”又被称作“瓷器之路”。

读书周刊：对于中国人而言，瓷器并不陌生，但大部分人可能并不了解它的历史。了解瓷器的历史，有什么用?

阎崇年：这个问题，要分开来说。

第一，瓷器知识对于过去的中国人来说，还是陌生的。比如，打开《四库全书》，经、史、子、集，分门别类，著作繁多。据《文渊阁四库全书》统计，采入书籍3461种、79309卷，其中茶学著作收录了8部，但关于御窑和陶瓷的著作，居然阙录，一卷没有。

第二，瓷器伴随中国历史走过了一两千年，从茶器、酒器、水器、餐具，到礼器、文房、雅玩等等，陪伴了一代又一代中国人。瓷器折射出时代的风貌，镌刻着时代的印记。因此，通过瓷器去学习和感悟中国历史，可以感触到更加亲切、更加温暖的历史。

加强瓷器的学术研究和知识普及，可以提高文化自信心，提高我们的文化素养和艺术修养。

读书周刊：您在书中提到的“瓷器之路”，和现在的“一带一路”基本重合。中国古代贸易中，中国的瓷器，与丝绸和茶叶一起，通过陆海两条通路走向世界。千年以来，瓷器如何成为中外文化交流的“使者”？

阎崇年：早在唐代，通过“丝绸之路”，丝绸、茶叶、瓷器或作为商品，或作为礼品，到了外国，受到那里的王公贵族、部落酋长、富商大贾、宗教首领等的珍爱。

到了宋代，海上贸易大为发达。这时的瓷器，曾成船出口。因为瓷器成为海上运输的重要货物，“丝绸之路”又被称作“瓷器之路”。这有水下考古史实可以作证。以“南海一号”为例，1987 年在广东省阳江市东南约 20 海里上下川岛海域，在古代海上瓷器之路航线上，发现南宋初的一艘沉船，位于海面下 27 米深处，被 2 米多厚泥沙覆盖。2007 年 12 月 22 日，“南海一号”整体打捞出水，船长 30.4 米，宽 9.8 米，高约 4 米，载重近 800 吨。经过数年保护整理，船内计有南宋瓷器 30 余种、6 万余件。这些沉没海底 800 余年的瓷器，大多完好，品相如新，许多可定为国家一级文物。这些瓷器，主要有江西景德镇青白瓷、浙江慈溪和龙泉青瓷、福建德化白瓷等。这艘“南海一号”是世界航海史上迄今发现的沉船之中，年代最早、船体最长、保存最好、文物最多的远洋贸易商船，堪称“海上瓷器之路”的一颗珍珠，是南宋“海上瓷器之路”的一个重要历史证据。

到了元代，海上陆上交通运输，更加发展。在陆路，驿站交通遍及中国，横贯欧亚。在今新疆伊犁哈萨克自治州的霍城（阿力麻里）出土的元青花凤首壶、俄罗斯艾尔米塔什博物馆收藏的元青花蒙古包、甘肃武威出土的元青花高足碗、内蒙古黑水城出土的元青花碎片、内蒙古集宁古城出土的元釉里红玉壶春瓶、西安出土的元青花人物图匜等，丰富多彩，价值非凡。在海路，今宁波、泉州、广州、钦州等是中国“海上瓷器之路”的重要港口。

到了明代，从郑和下西洋开始，瓷器大量对外出口。如有书记载，万历三十二年（1604 年），荷兰人袭击葡萄牙商船，得到中国瓷器约 60 吨。后运到荷兰阿姆斯特丹拍卖，法王亨利四世买了一套餐具。据《荷兰东印度公司与瓷器》一书记载，运往荷兰的瓷器，万历四十年（1612 年）有 38641 件，万历四十二年（1614 年）有 69057 件，两次共 107698 件，数量之大，实在惊人！

思瓷　在不断的创新中

■中国人需要：既重道、又重术，既厚理又厚器，既重知又重行，既厚士又厚工。

■中国瓷器文化始终贯穿着一条中轴线，不是姓“皇”，而是姓“新”，就是不断创新。

读书周刊：如今，也有很多其他有关描写、阐释瓷器的著作，《御窑千年》与这些著作有什么区别？这本书的独特之处是什么？

阎崇年：我的《御窑千年》被读者称作是“简明中国瓷器文化史”。我是以历史学的观点和方法论，来思考、研究、撰述近千年御窑瓷器历史的。

它既是书稿，又是讲稿，力求言出有据，所举瓷器有本，同时以文化为主线，尽量通俗易懂。从作者的角度来说，要努力追求“四个明白”：一要“学明白”，就是自己要把讲的内容弄明白，不能“以己昏昏，使人昭昭”；二要“写明白”，自己心里明白，不一定能用文字表述明白，所以文字要尽量写明白；三要“讲明白”，写明白不一定能讲明白，要力求讲得雅俗共赏，事理圆融；四要“听明白”，就是自己觉得讲明白了，但观众、听众往往没有看明白、听明白。作者应当细心体察，用心琢磨。

读书周刊：您在书中提到，在帝制时代，建筑、舟车、武备、器物等主要制造者是工匠。《说文解字》说工匠：“工，巧饰也，象人有规矩”；“匠，木工也。从匚、斤，斤，所以作器也。”工匠是既重规矩、又巧成器物的人。良工巧匠，尤为难得。瓷器由能工巧匠打造，是否也说明了中国是有工匠精神的？

阎崇年：御窑瓷器是工匠和民间的、宫廷的艺术家共同烧造的。我在《御窑千年》中说过：“重道轻器，厚理薄技，是中华两千多年传统文化的一个弊憾。为什么中国近世落后挨打，割地赔款，备受欺凌？原因之一，就是重道轻器，厚理薄技。无论过去，还是现在，以及未来，中国人需要：既重道、又重术，既厚理、又厚器，既重知、又重行，既厚士、又厚工。”

从本质讲，瓷器是工匠烧造出来的。景德镇有句民谣：“匠从八方来，器成天下走。”从四面八方汇集来的能工巧匠，烧造成当时世界第一流的精美瓷器，不仅创造了历史，也为中国文明增添了光华。

工匠精神，人人可学。清朝雍正、乾隆时期的唐英，被从内务府派到景德镇御窑厂，先任协理督陶，后任督陶官。他以内务府员外郎的官职，在47岁那年，到了景德镇御窑厂。“用杜门，谢交游，聚精会神，苦心竭力，与工匠同其食息者三年。”就是说：唐英闭门谢客，不应酬、不唱和、不访客、不出游；放下架子，与工匠同吃饭、同劳作、同聊天、同休息；钻研业务，学窑务、学管理、学技术、学瓷艺；最后成为内行，会制胎、会釉料、会彩画、会窑火。唐英在窑务二十余年间，主持烧造上百万件瓷器，工艺精美，难度极大，创造了中国瓷器史上一座高峰、御窑史上一个辉煌。

读书周刊：品味官窑瓷器，可以看到工匠精神的传承，透视器物背后的兴与废、了解御窑生产的进与退。

阎崇年：我觉得应当从千年御窑历史中，学习和体会创新精神。我们身处一个新时代，处于经济、文化、科技领先的新时代。就瓷器的烧造而言，从唐代的秘色瓷，发展到宋代通常说的五大名窑——汝、哥、官、钧、定，实际上还有福建的德化窑、建窑，陕西的耀州窑，江西的景德镇窑等，都对陶瓷历史发展做出了自己的贡献。而后，元代青花瓷，明代斗彩、五彩，清代珐琅彩、粉彩等，一直在发展，不断在创新。所以，我在书中强调："御窑千年的历史表明：中国瓷器文化始终贯穿着一条中轴线，不是姓'皇'，而是姓'新'，就是不断创新。创新，既是御窑之魂，也是瓷器之魂。"正如《大学》开宗明义所说："苟日新，日日新，又日新。"由此，御窑千年的历史文化，在精美瓷器的背后，隐藏着的精华是"新"。

大道不器，追求新知

——《御窑千年》编辑札记

张龙

【题记与作者】

本文作者张龙先生，是生活·读书·新知三联书店副编审，北京大学历史学博士，为《御窑千年》《森林帝国》和《阎崇年史学论文集（五卷本）》的责任编辑。此文发表于《光明日报》2017年7月13日。

瓷器对于每一个中国人都不陌生，但瓷器的历史可能大部分人并不了解。不可否认的是，瓷器是中国人的伟大发明，瓷器文化是中华文化的重要组成部分。想了解中国的历史与文化，瓷器历史是绕不过去的，这就是我阅读阎崇年先生《御窑千年》的最初想法。伴随阅读，产生了更多的思考与感悟，这就是阅读的乐趣所在。

一、瓷器历史的书写离不开人物再现

《御窑千年》是一部简明的瓷器文化史，它同其他的有关瓷器历史的著作有着明显的区别。一般意义上的陶瓷史或者瓷器史，主要探讨瓷器本身的产生和发展，关注烧造瓷器的原料和工艺，重点是“物”——瓷器。但据不完全统计，《御窑千年》中共涉及约400位人物，“人”成了本书关注的重点。原因在于，作为历史学家的阎崇年先生更关注人在瓷器发展史上的作用。书中所涉及的众多人物，都直接或间接地与瓷器文化的发展有着千丝万缕的联系。比如，这些人中包括主导瓷器生产、制定窑业政策、监督御窑发展的皇帝、官员、宦官，还包括为提高烧造瓷器工艺水平、提升瓷器艺术品位的工匠、文人、画师。有了对相关人物的研究、讲述他们的故事，御窑瓷器的历史生动鲜活起来了。阎先生秉笔直书，鞭笞专制皇权下的丑恶与贪婪，歌颂美好的价值观念与伟大的工匠精神。

二、瓷器文化的发展离不开创新思维

阎先生始终用历史的眼光，审视御窑瓷器的千年发展。代表瓷器最高水平的御窑瓷器，其发展历史更具有典型性与说服力。通过爬梳史料和观赏传世的历代名瓷，阎先生总结出一条中国瓷器发展的重要启示，那就是“御窑千年”的历史文化，在精美瓷器的背后，隐藏着的精华是“新”，即思想创新、管理创新、技艺创新、产品创新。宋代的青白釉，“青如天，明如镜，薄如纸，声如磬”；元代的青花瓷和釉里红，一改单一颜色瓷器的局面，而开创彩色瓷器的新境界；明代的斗彩、五彩，争奇斗艳，色彩缤纷；清代的珐琅彩、粉彩，各种色彩、各种绘画，都可以纵情而灵动地展现在瓷器上。创新，既是中国瓷器文化发展的原动力，更是中国瓷器文化绵延的生命力！在《御窑千年》中，阎先生讲述的一条明线是历朝历代的御窑瓷器烧造的兴衰，还有一条贯穿始终的暗线就是皇帝、官员、工匠头脑中及瓷器本身体现出的创新思维。这是一条有关中国历史上社会经济发展的规律性总结，是我阅读《御窑千年》的一大收获。

三、史家治学的路径离不开追求新知

阎崇年先生是著名的历史学家，尤以研究明清史见长。很多人看到《御窑千年》后，都会诧异阎先生为何“跨界”研究瓷器。在阅读的过程中，大家就会逐渐消除疑惑。历史不是一条线，而是一个具有多面向的体，包罗万象。阎先生受过严格的历史学学术训练，用史料研究历史早已驾轻就熟，炉火纯青。难能可贵的是，阎先生近年在研究明清宫廷文化的过程中发现，除了文献史料，器物也富含大量历史信息，需要下功夫研究。而精美绝伦、器型各异的宫廷瓷器，便逐渐走进了阎先生的视野。他对御窑和瓷器，其实早有留意，但把精力集中投入其间，是在 2012 年。五年之后，他撰述并出版了《御窑千年》。五年的时间，阎先生几乎将精力全部投入到御窑和瓷器上，他读“万卷书”，一边学习瓷器的相关知识，一边思考瓷器背后的历史大势；他又行“万里路”，走进御窑和瓷器的历史现场，此后将它们带到读者和观众面前。书中多处文字透露出阎先生取得收获的喜悦。比如，他系统梳理了有关“元青花”提法的学术史；准确纠正了清代“郎窑”瓷器中的“郎”所指的不是郎廷佐，而是郎廷极；细致考辨出清代督陶名臣唐英为八旗满洲包衣而非汉军身份；强调指出“瓷器之路”在中西文化交流中所发挥的重要作用，等等。

阎崇年先生以耄耋之年进入新的研究领域，一方面在于他熟谙历史学研究的理论与方法，另一方面在于他本人探索新知识的好奇与渴望。但更为重要的是，阎先生深知历史学家的责任，向广大读者讲好中国故事，将中国传统文化发扬广大。御窑千年的历史，在阎先生笔下重新焕发出新的生机与活力。

阎崇年：瓷器与文化

艾江涛

【题记与作者】

本文为《三联生活周刊》记者艾江涛先生对阎崇年的专访稿。文稿登载于该刊 2017 年第 22 期。艾江涛先生，毕业于北京大学中文系，硕士，现为《三联生活周刊》主任记者。

历史学家阎崇年，最初选择明清历史作为自己的研究方向，部分原因正因为明清历史文物多半集中在北京。“历史，一个文，一个物”，在过去60年间，关于明清历史的图书档案资料，翻得太多了，阎崇年开始将关注点转移到器物层面。

转移的契机，是2010—2012年《大故宫》前三部的研究和写作，以及随后在《百家讲坛》的讲述。那段时间，阎崇年频繁出入故宫，研究宫廷建筑与器物，用他一次答记者的话说，从小到现在他去了故宫怎么也有1000次以上。在对器物的不断观摩与研究中，瓷器逐渐进入了他的视野：“器物里头，家具，老百姓一般不能搬到自己家里；丝绸，过两三百年基本就不行了；只有瓷器，1000年光彩如新。2007年，南宋初年沉船‘南海一号’打捞出水的时候，里面有的瓷器还和新的一样。”

不仅如此，深入接触瓷器后，阎崇年感受到瓷器不仅包含文化、艺术、哲学，本身还蕴藏着一部中外交流史。不用说法王路易十四和美国总统华盛顿这样的瓷器发烧友，让他吃惊的是，在非洲，竟然也有整扇用元青花碎片作为装饰的大门。

阎崇年的这些思考与研究，最终汇集为著作《御窑千年》及近期播出的《百家讲坛》同名讲座。作为对“重道轻器、厚理薄技”文化传统的一种反拨向思考的回应，阎崇年选取代表瓷器最高技术水平、最高艺术水准、最大投资和最高管理水平的御窑为研究和写作重点，试图换个角度看历史，“从

《森林帝国》（精装本）
生活·读书·新知三联书店
2018 年出版

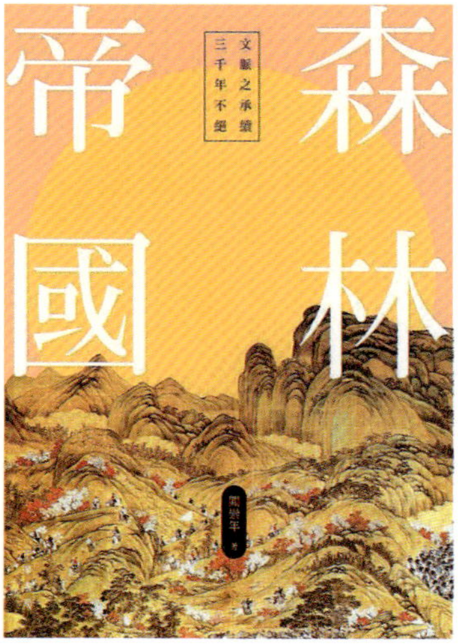

《森林帝国》
（竖排繁体字本）
香港中华书局
2018 年出版

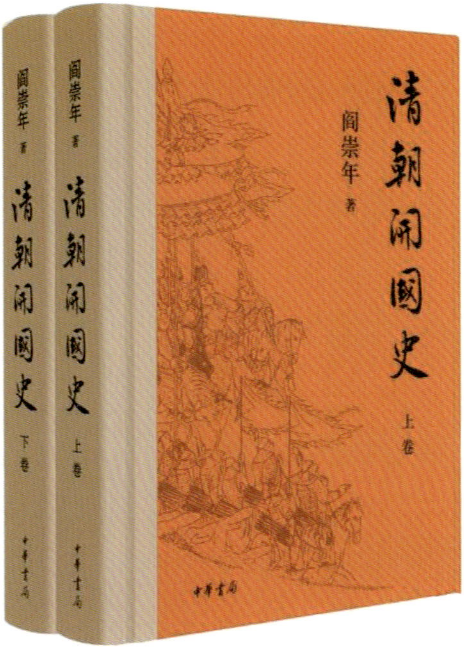

《清朝开国史》（上下卷）
中华书局
2014 年出版

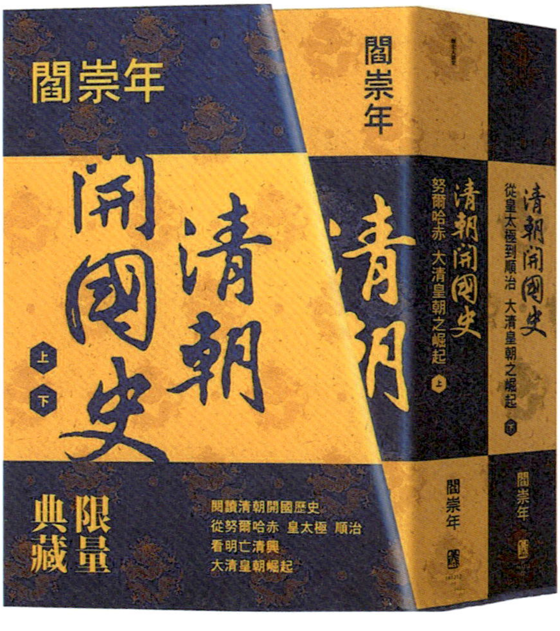

《清朝开国史》（上下卷）
（竖排繁体字本）
联经出版公司
2014 年出版

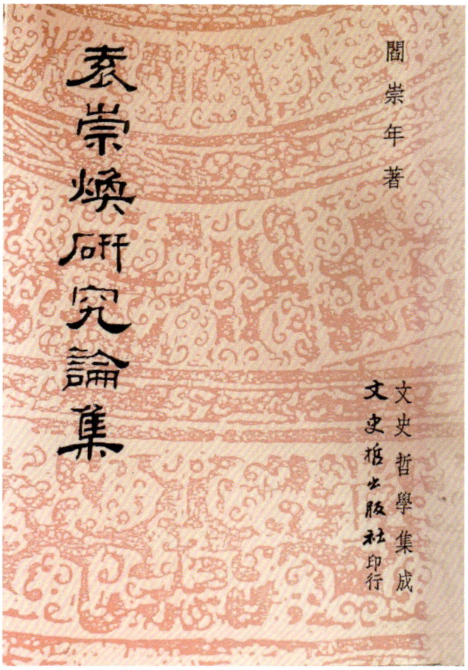

《袁崇焕研究论集》
（竖排繁体字本）
文史哲出版社
1994 年出版

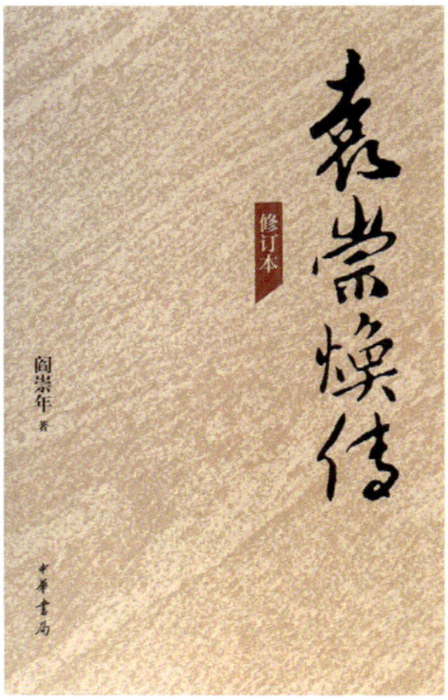

《袁崇焕传》（修订本）
中华书局
2016 年出版

《袁崇焕研究论集》
故宫出版社
2021 年出版

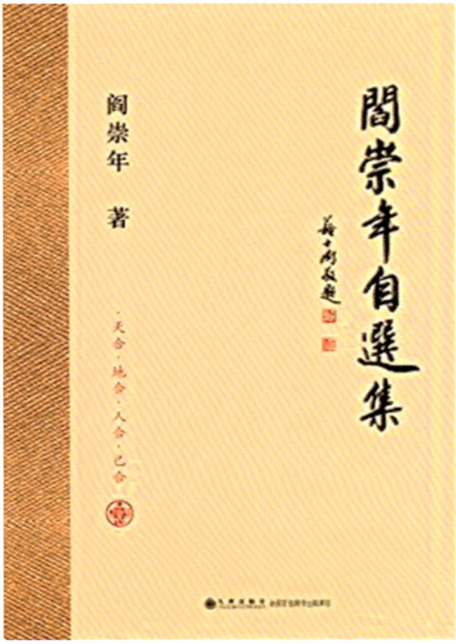

《阎崇年自选集》
九州出版社
2016年出版

《燕史集》
北京燕山出版社
1997年出版

《燕步集》
北京燕山出版社
1989年出版

《满学论集》
民族出版社
1999年出版

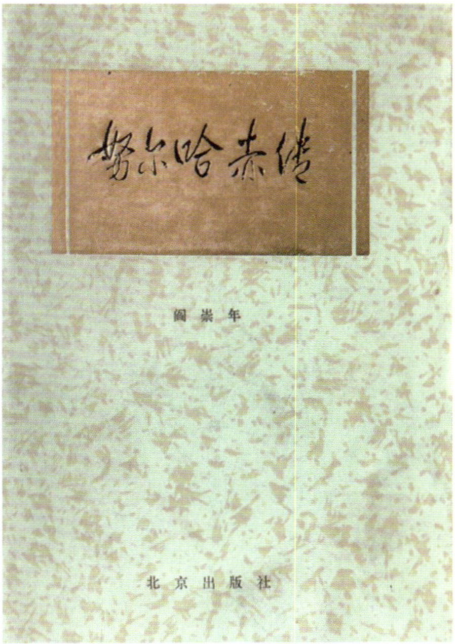

《努尔哈赤传》
北京出版社
1983 年出版

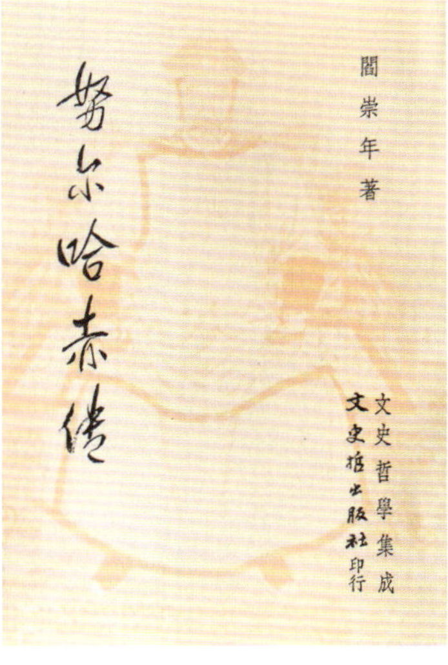

《努尔哈赤》
（竖排繁体字本）
联经出版公司
2007 年出版

《努尔哈赤传》
（竖排繁体字本）
文史哲出版社
1985 年出版

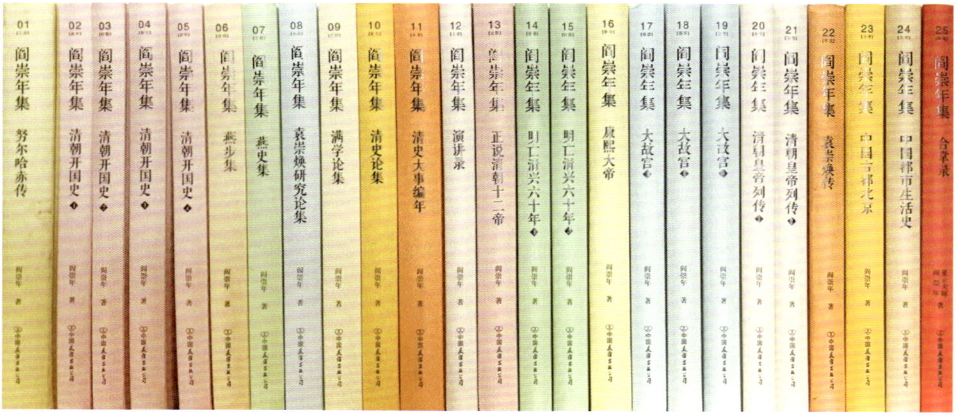

《阎崇年集》（25卷本）
中国友谊出版公司
2014年出版

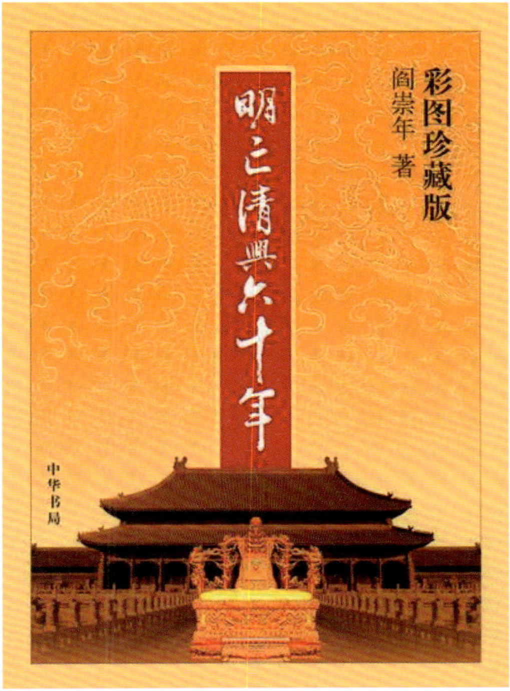

《明亡清兴六十年》
（彩图珍藏版）
中华书局
2008 年出版

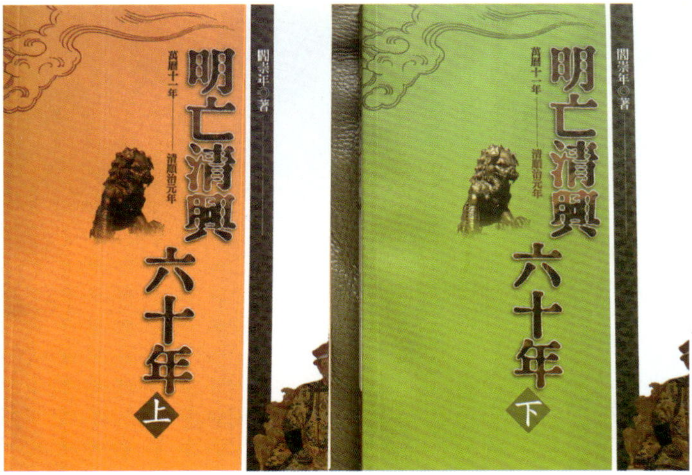

《明亡清兴六十年》（上下册）
（竖排繁体字本）
联经出版公司
2007 年出版

《正说清朝十二帝》
（增订图文本）
中华书局
2018 年出版

《正说清朝十二帝》
（彩图珍藏版）
中华书局
2008 年出版

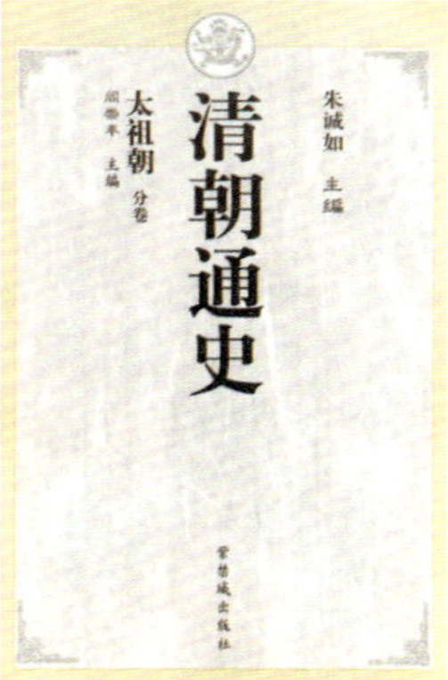

《清朝通史 · 太祖朝》
紫禁城出版社
2003 年出版

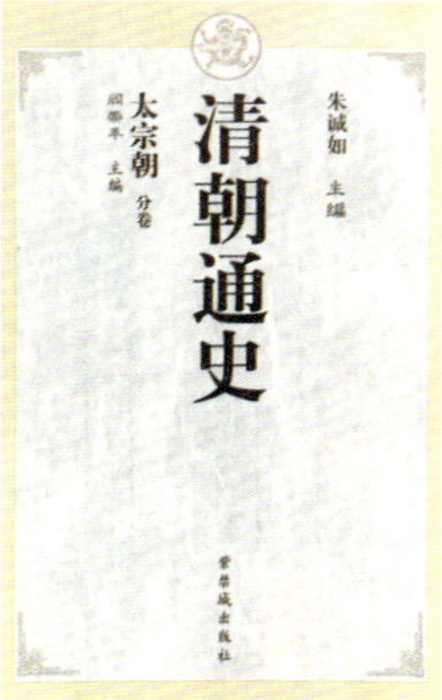

《清朝通史 · 太宗朝》
紫禁城出版社
2003 年出版

《御窑千年》
生活·读书·新知三联书店
2017年出版

《御窑千年》
（竖排繁体字本）
香港中华书局
2017年出版

《康熙大帝》
（彩图珍藏版）
中华书局
2008年出版

《康熙大帝》
（竖排繁体字本）
联经出版公司
2009年出版

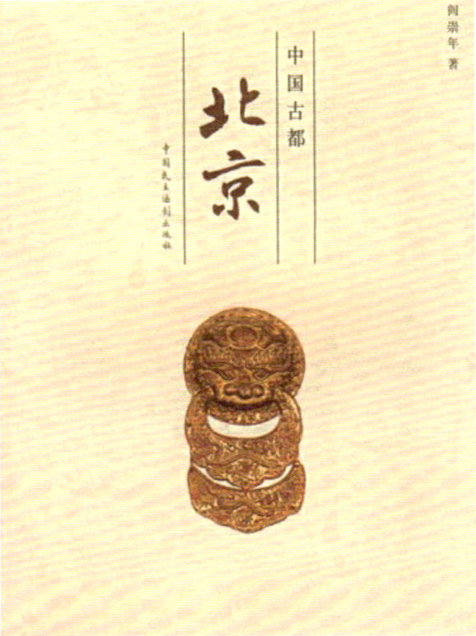

《中国古都北京》
（中文平装本）
中国民主法制出版社
2008 年出版

《古都北京》
（法文平装本）
朝华出版社
2016 年出版

《古都北京》
（中文精装本）
朝华出版社
2016 年出版

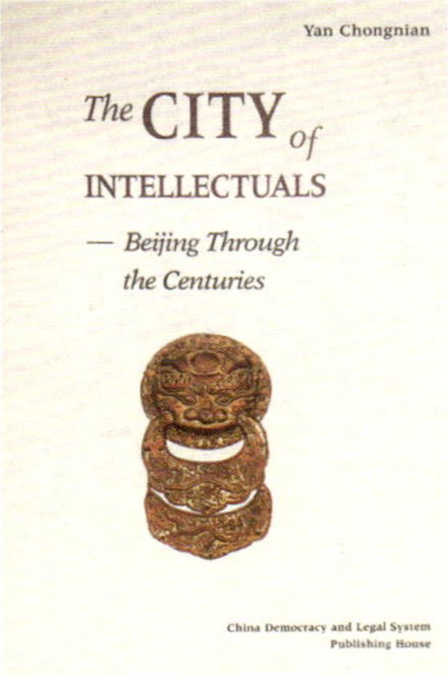

《古都北京》
（英文平装本）
中国民主法制出版社
2008 年出版

《北京文化史》
北京出版社
2021 年出版

《〈康熙顺天府志〉校注》
（竖排繁体字本）
中华书局
2009 年出版

《北京史话》
中华书局
1982 年出版

日新集

新编历史小丛书

北京人民出版社

2019 年出版

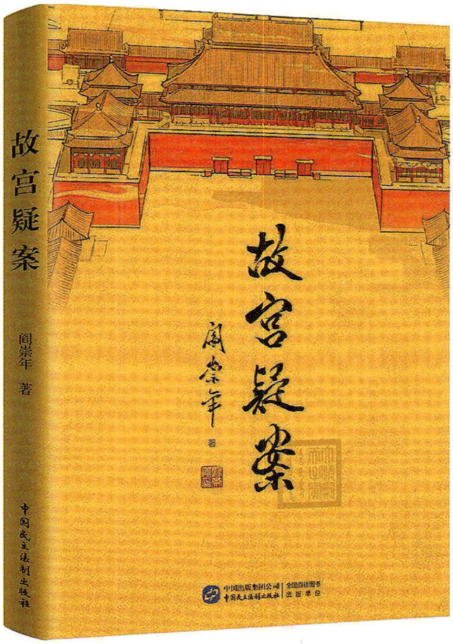

《故宫疑案》
中国民主法制出版社
2020 出版

《清宫十大疑案正解》
（横排繁体字本）
联经出版公司
2007 年出版

《清宫疑案正解》
中华书局
2007 年出版

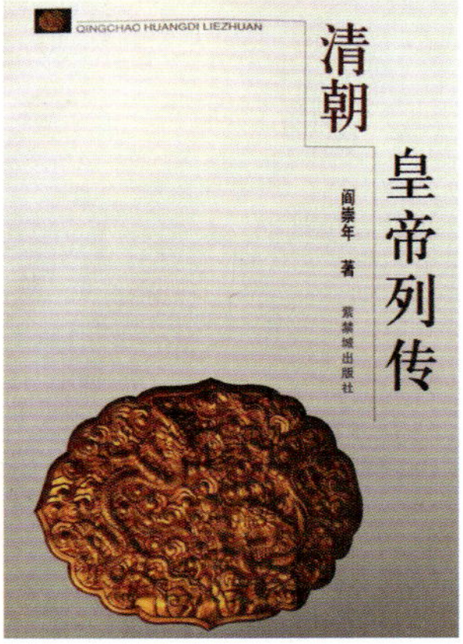

《清朝皇帝列传》
紫禁城出版社
2007 年出版

《大故宫》
长江文艺出版社
2012 年出版

《大故宫 2》
长江文艺出版社
2012 年出版

《大故宫 3》
长江文艺出版社
2013 年出版

《大故宫》(全 3 册)
长江文艺出版社
(彩图珍藏本)
2013 年出版

《大故宫》（Ⅰ）
（竖排繁体字本）
联经出版公司
2012 出版

《大故宫》（Ⅱ）
（竖排繁体字本）
联经出版公司
2012 年出版

《大故宫》（Ⅲ）
（竖排繁体字本）
联经出版公司
2013 年出版

日新集

《故宫六百年》（上下册）

华文出版社

2020 年出版

《故宫六百》

（横排繁体字本）

香港三联书店

2020 年出版

《大故宫》（上下册）

（纪念版）

故宫出版社

2021 年出版

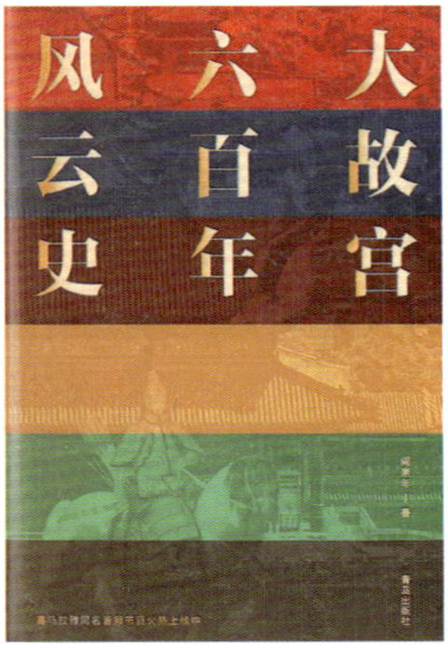

《大故宫六百年风云史》

青岛出版社

2020 年出版

文化看瓷器，从瓷器看文化”。

三联生活周刊：与之前的历史研究相比，从瓷器的角度切入，有什么独特的体会与发现？

阎崇年：从文献准备来说，这段历史我还大体了解，器物方面，我需要补补课。我大概看了100多本与瓷器有关的书，还有许多相关资料。一边学习一边写，我的心态是先做一个瓷器艺术的欣赏者，文化的学习者，然后把心得与大家分享。

从文化看瓷器，是从宏观到微观；从瓷器看文化，是从微观到宏观，两种视角都有。我举一个例子，明朝洪武年间的瓷器尚“红”，搞瓷器的专家只讲怎么红，没有更多解释。其实，皇帝的性格爱好、文化素养与御窑瓷器有直接关系。朱元璋为什么喜欢红色？就像我在书里分析过的，有几个原因：如因为他是红巾军，喜欢红色；明朝国号“明”，左为“日”，右为“月”，均尚红；另外他采纳大臣意见：“历代异尚。夏黑，商白，周赤，秦黑，汉赤，唐服饰黄、旗帜赤。今国家承元之后，取法周、汉、唐、宋，服饰所尚，于赤为宜”，定红色为国色。这中间还闹过一个笑话。永乐帝继位之后，汉大臣穿红色衣服，部分原蒙古大臣穿白色衣服上朝。汉人办丧事时才穿白衣，旁边人赶紧说：新朝尚红，得换成红色。

再比如，我分析明朝成化年间的瓷器特点，鸡缸杯为什么那么小，色彩带有女人味？成化斗彩鸡缸杯，一个小，一个薄，一个艳，还有一个俏、一个趣，特别是画面有三只小鸡依偎母鸡，比较偏女性特点。我注意到成化帝朱见深的六个苦难，他在心灵上需要依赖，这时候比他大 17 岁的宫女万氏就照顾他，两人产生感情，皇帝后来把她纳为贵妃，这段经历影响到御窑瓷器。

过去我们的历史，太概念化了，容易盖掉细节。历史本来是丰富生动的，我们要把这些丰富生动的东西揭示出来。

三联生活周刊：我的一个阅读体会，一个时代的审美与文化特征会明显反映于瓷器，比如宋人尚简，瓷器主要为纯色的单一颜色。能否从美学或文化角度，梳理一下这条线索？

阎崇年：有美学原因，也有文化原因。瓷器是中国发明的，开始就是陶，拿泥弄一下，拿火一烧就硬了。民国时候包括我们小时候，家里还用陶碗。由于技术和艺术等原因，开始造烧不出颜色，烧不出花来，所以只是按照形状，拿工具在上面刻一个暗花。

我们现在知道，历史上第一次出现彩绘瓷器就是元青花。元朝之前，唐三彩不是瓷，是陶。唐代法门寺出土的秘色瓷是单色的。之前瓷器上产生的特殊颜色，属于“窑变”，掌握不了规律，想再烧那种颜色，烧不出来。

我写作前看其他先生关于唐宋以来瓷器史的著作，一个疑问就是，我们为什么特别强调元青花？从全世界来看，元青花都是一个划时代的创新，首次出现彩绘瓷器。为什么到元代才出现这个技艺？因为好的颜料在中亚和西亚，蒙元时期带来的文化交流，把中亚和西亚一种叫“钴”（译名为“苏麻离青”）的矿物质颜料带过来，才解决了这个问题。到今天为止，好的青花瓷还是要用马尾松柴窑烧，以达到 1300℃的高温。

到了明朝，又创新了。明代以后，能做红颜色等多种颜色釉的瓷器了。明代成化年间出现了“斗彩”，万历年间出现了五彩，实际不止五种颜色。清朝又出现了“珐琅彩”，之后又出了“粉彩”。一个个创新，把艺术与文化往前推进了一个时代。

三联生活周刊：是否这种颜色的丰富，便代表着技艺的逐步进化？

阎崇年：对，每一步都是一个大的创新。比如“斗彩”的特点，就是釉上彩和釉下彩的结合。因为颜料随温度变化不一样，斗彩是在一个白色的胚上，先画蓝颜色，放到炉里 1300℃烧。再画其他颜色，再放到窑里以 600—800℃的温度烧，就把其他颜色烧出来了。釉下的青花和釉上彩画争奇斗艳。“粉彩”是用一种叫玻璃白的材料涂到瓷胎上，涂了之后再在上面画画。粉彩的瓷器，质地更加细腻，颜色更加粉艳。

珐琅瓷器在清朝康熙年间开始烧成，雍正、乾隆年间达到极致。珐琅是一种特殊的矿物颜料，开始有几种，后来发展到 37 种，光绿色就有深绿、浅绿、嫩绿等等。珐琅瓷器，瓷胎先在景德镇做好后，再运到皇宫内务府造办处，由宫廷画匠绘画，在宫里低温烧造。为什么不在景德镇做？珐琅彩原料开始是进口的，价钱贵，数量少，珐琅瓷器，实际上是中央与地方的工匠、艺术家与管理者的集体智慧结晶。

三联生活周刊：反过来看，瓷器本身如何体现那个时代的文化特点？

阎崇年：文化与瓷器，瓷器与文化，相互关照，不能空说文化，得对应到瓷器；也不能就瓷器论瓷器，那是陶瓷专家的事情。

瓷器折射时代变迁，皇朝兴旺和没落的时候，瓷器是不一样的。你看清宣统最后一个瓷器，就成这样了，打死也烧不出乾隆时期的瓷器。只有皇朝鼎盛，经费可以支撑，文化达到高峰，才能烧出乾隆朝那样集历代陶瓷技艺大成的“瓷母”。与明朝时的一个罐子相比，乾隆的蛐蛐罐，完全模仿了他青年时期诗集《乐善堂全集》带织锦的线装书函，上面还有仿石质拱形纽印章和圆形印泥盒，里面则是虫食槽和可以发出叫声的孔洞等机关，本来是一个喂养鸣虫的笼子，创烧成一件既能养鸣虫，又能做文房陈设的精美瓷器。历代的蝈蝈笼都是圆的，怎么想到这了？独出心裁，这就是创新啊。

总结起来，乾隆朝瓷器的特点是“华缛”。乾隆时期，国家富了，钱库里钱花不完，又太平不打仗，变着法儿玩。特别是瓷母最难，我给它一层层分析，一共分析了 16 层纹饰。这件瓷器是 12 面开光，每面都要设计，出一点问题都前功尽弃。

康熙朝瓷器的特点，是“恢弘博大”。用《清史稿》的话说，康熙帝“虽曰守成，实同开创焉”。在清太祖、太宗、顺治三朝基业的基础上，康熙帝把中原完全巩固下来，同时开疆拓土，让清朝变成一个疆域达1200多万平方公里的大帝国。这么一个人物，在瓷器上怎么反映他的特点。我总结了两个字“恢弘”。康熙朝的瓷器，我们就拿青花万寿尊来说，上面写了一万个寿字，而且没有一个雷同。除非社会安定的盛世，才能有这种自信。朝不保夕的时候，哪能考虑到这些细节？

雍正朝瓷器的特点两个字：雅致。细致到什么程度？比如这一对瓷胎画珐琅柳燕图碗，这叫双栖，两只燕子相互关照，好像在说话。底下那个碗上是一只燕啊，怎么双栖呢？原来它在回望另一只燕，等它叼了食往回飞，那只燕子没有画出来，一明一隐。说起雍正的雅，我在书里讲了一个故事。雍正三年（1725年）北京景山内的关帝庙要塑像，关帝衣服上有褶没褶他都关注到了，康熙不会管这些事情。再比如雍正时期的一件青花釉里红松竹梅纹梅瓶，仔细观看竹叶，原来画里藏着一首五言绝句：“竹有擎天势，苍松耐岁寒。梅花魁万卉，三友四时欢。”这种在传统文化中强调士人风骨的内容，属于比较鼎盛上升的时代。

与之相比，江西高安出土的窖藏元青花高足杯（共九件），其中一件杯内底以青花料书写草书“人生百年长在醉，算来三万六千场”，很显然，这是元朝末年贵族、官员醉生梦死、享乐至上的世风在瓷器艺术上的体现。

三联生活周刊：您在书中特别分析了每个时代的御窑管理政策，请简单梳理一下其重要发展节点对瓷器的影响？

阎崇年：我这本书从三个方面来谈论御窑瓷器：第一是宏观层面，看大文化，了解元青花，必须了解草原文化，了解成吉思汗和他的四大汗国；第二是中观层面，光有大的文化还不行，还得了解管理制度、官员的修养与道德品质；第三才是微观层面，回到工匠和瓷器本身。

景德元年（1004年），北宋真宗皇帝，用皇帝年号命名“景德镇”，是陶瓷史上一个很大的变化。瓷器烧造引起了朝廷的重视。随后设瓷窑博易务，看起来就是一个专门负责陶瓷贸易和税务的机构，但这是开创性的，说明陶瓷产业形成一定规模了，而且国家通过这个机构，能摸清陶瓷业的家底了，窑的数量及产量都登记在案。到元朝有了浮梁磁局，从国家层面集中和强化对制瓷的管理，并奉御董造。浮梁磁局的职责是掌管宫廷、官府瓷器的烧造等事务。到明朝就更具体了，设立御器厂，这既是皇家管理机构，又是御器生产窑厂。

就像我在书里提到的，“御窑”烧造的瓷器，全部属于宫廷。遵照皇帝旨意，宫廷发放官样，御窑照样生产，产品严格验收，入选瓷器运送皇宫，落选瓷器打碎掩埋。总之，御窑管理，从官样、烧成、使用、保管以及落选瓷器处理，都由皇宫严格掌控。御器厂集中了全国优秀的陶瓷工匠，有朝廷特设的画局，负责设计瓷器纹样，又垄断优质原料，花费大量银两烧制精美的御制瓷器。

清朝改为御窑厂，管理制度具体了，定额、核算、验收，每道工序上升到理论，都要照此来做。还包括监陶官员的派遣。凡是强盛王朝，监陶官员都很强势，比如康熙时郎窑的郎廷极，雍正时年窑的年希尧，乾隆时唐窑的唐英，这些人又懂技艺，又懂政治，还懂业务，且有修养。唐英事陶44年，而且一点也不贪，提出与窑工同吃同住同作同息的“四同”，并以“真清真白阶前雪，奇富奇贫架上书”自诩。

三联生活周刊：御窑与民窑的关系是什么？

阎崇年：最开始都是民窑，政府去民窑采购。后来发现不能完全保证，没法投资，直接监督，有时候你需要100个碗，没烧出来也没采购上来，后来就设御窑，直接供应皇家。

凡是烧制官府需要瓷器的，就属于官窑。御窑由内务府直接管理，主要供皇家使用。瓷器太复杂了，各时代各地区的民窑都很多，因为这本书不是瓷器史，无法一一涉及，我只能以最能代表那一时代水平的御窑，作为写作重点。

三联生活周刊：你在书的最后部分特别提到了瓷器交流的陆海通路，这条瓷器之路有何特殊意义？

阎崇年：中国古代著名的丝绸之路，实际上也是瓷器之路，而且与今天的“一带一路”基本上是重合的，因此今天我们重温御窑千年的历史，回望古老而有生机的瓷器之路，对于理解“一带一路”这一关系国家未来和民族发展的重大问题，是很有裨益的。因此我在这个系列讲座和同名书中，专门讲述了“瓷器之路”。

阎崇年：探寻瓷器之路，挖掘工匠精神

尚晓岚

【题记与作者】

本文是《北京青年报》著名记者尚晓岚（尚思伽）对《御窑千年》著者进行专访而撰写的文稿，刊载于该报 2017 年 5 月 26 日 B2 版。尚晓岚，《北京青年报》著名记者，副刊编辑、著名作家，著作有小说《太平鬼记》、评论集《散场了》等。2019 年 3 月 1 日，尚晓岚因病早逝。本集收录本文，谨致敬悼。

阎崇年先生以清史研究闻名，并通过《百家讲坛》赢得了大量读者。最近，他在三联书店出版的新书名为《御窑千年》，是一部简明的瓷器文化史，这不免让人们有些诧异，难道他的研究发生了转向？

“历史主要有三个面向，第一是人，第二是文，第三是物。这么多年我主要摸索的是前两个，也就是通过文献档案，来研究袁崇焕、努尔哈赤、康熙等历史人物，我觉得自己有个很大的缺憾，就是通过物来反映历史，这方面做得不够。”阎崇年先生告诉记者，他想“挑战自己”，从物入手，来探讨物和人的关系，中国和外国、东方和西方的关系。而最适合的“物”，无疑就是中国的瓷器。“在历史上，我们通过瓷器和世界对话。在英文里，中国和瓷器是同一个词，这是瓷器非常特殊的地方，要想理解大写的‘China’，就不能不懂小写的‘china’。”

阎崇年先生说自己过去对瓷器“了解得太少”。其实，早在1992年，在海峡两岸开放后，作为第一批前往台湾访问的学者，他曾进入台北故宫博物院的山洞库房，看到了许多珍贵的瓷器。“库房里恒温恒湿，箱子包着铁皮，每件瓷器都用丝绸层层包裹，用丝绵衬着，还是抗战时期故宫文物南迁时的样子。”这次难得的经历给他留下了深刻的印象。前些年，在《百家讲坛》讲完《大故宫》之后，有观众建议他讲瓷器。从此他开始“备课”，一边大量阅读相关图书，一边借去外地考察的机会，四处看窑址。“江西景德镇、福建德化、浙江龙泉，还有广西、广东、河北、河南、陕西的窑口等，‘南海一号’沉船的水下博物馆也去参观了，有的窑口只是遗址了，而像福建德化窑、浙江龙泉窑，现在还在烧瓷。”

《御窑千年》集中谈的是皇家制瓷，对此阎崇年先生也有自己的考量。“为什么选御窑呢？瓷器的历史太复杂，各地的民窑很多，都有自己特色。但是在鸦片战争以前，官窑和民窑的水平不可同日而语。制瓷的官样从皇宫出来，是由当时最好的艺术家、书法家绘制的，民间没有这个条件。乾隆时期一年投入3万两白银，民间没有这个财力。一些制瓷的原料，比如清代的珐琅彩，一度由皇家控制，从进口到自行研发，特别昂贵，民间也用不起。御窑瓷器，是精华里的精华，最能代表当时的工艺水平和工匠们的智慧。”

阎崇年先生曾多次前往景德镇，逐渐了解到制瓷的72道工序。从采瓷石、采高岭土开始，他目睹了今天工匠们怎样把瓷土粉粹、淘洗、制成陶泥，怎样做瓷胎、绘画、上釉以及满窑、烧窑、开窑等一道道工序。他经历过几次点火的过程，昼夜守候，看工匠们如何凭经验而不是靠仪器来观察窑内的温度。他也见证了开窑之后，工匠们把瓷器抱出之时的喜悦……“瓷器是工匠用血汗凝聚出来的。我亲眼看到，那真是一丝不苟、精益求精的工匠精神，非常让人钦佩。”

亲身经历的这一切，也让阎崇年先生把目光投向古代的制瓷工匠，他努力挖掘有限的史料，在《御窑千年》里向历史上的名工雅匠们致敬，雍正、乾隆时期景德镇御窑的督陶官兼制瓷高手唐英甚至专列一章。“御窑千年史，唐英第一人。”阎崇年先生感叹道，“他在今天相当于一个厅局级官员，下到地方，却能和工匠们一起劳作，从外行变成内行。而且他非常清廉，他有一句诗叫‘真清真白阶前雪，奇富奇贫架上书’，品格非常高尚。这都值得我们今天的公务员学习。”

瓷器是中国古代海外贸易的大宗商品之一，在亚洲、非洲、欧洲都留下了鲜明的身影，并直接影响到西方历史上的“中国热”。阎崇年先生表示，古代的“瓷器之路”和现在的“一带一路”基本重合，贸易的历史也是文化传播的历史。他说：“中国创造的瓷器，作为中华文化的一个符号，在中外文化交流史上，不仅是一条锦绣斑斓的彩带，而且是一座跨越四洲三洋的津梁。”同样，瓷器之路、工匠精神，《御窑千年》似乎也在历史与现实之间搭建了一座桥梁。

御窑文化薪火千年，贵在求新可鉴可学

刘杰

【题记与作者】

本文是阎崇年出席在河北省廊坊市举行的第27届全国书博会期间，接受《廊坊日报》记者刘杰先生专访的文稿，刊载于该报2017年6月5日。

“10年前，我第一次到廊坊参加市民文化大讲堂，廊坊人民的勤奋好学给我留下了深刻印象。10年后，我再一次来到廊坊，不但城市变美丽了，文化底蕴增加了，人们的读书热情也更加高涨。”5月31日，在第27届全国书博会“读者大会”现场，83岁高龄的历史学家阎崇年表达了对廊坊这座城市的喜欢和肯定。

作为《百家讲坛》的“开坛元勋”，阎崇年以明清历史见长。但不久前，他推出了一本以瓷器为主角的作品——《御窑千年》。阎崇年认为，瓷器是中国历史文化的一项伟大创造，是中国对世界文明的伟大贡献。“要了解中国，就不能不懂瓷器！”

5月31日晚，阎崇年于百忙之中，接受了本报记者的专访。近两个小时的时间里，老先生举止儒雅、侃侃而谈，于谈笑风生之中，立足千年中西历史，品味御窑精品瓷器，透视御窑及瓷器对中国文化发展的推动作用，讲述了“瓷器之路”对于中外文化交流的巨大贡献。

历史是面镜子，历史也是艺术；历史可以借鉴，更可以欣赏。阎崇年表示：“我多年来醉心于明清历史研究，并有意于瓷器加以探究。于是查阅资料、走访景德镇千年御窑的历史遗迹、现代作坊和手工艺人。书终于写完了，最终评论如何？只结善缘，不问前程！”

一、御窑瓷器：中华文化的伟大符号

在央视《百家讲坛》上，阎崇年主讲了“正说清朝十二帝”等系列讲座，在国内外引发强烈社会反响。尽管年事已高，但他在追求学术精湛的道路上仍未放慢脚步，始终严谨治学、笔耕不辍。

《御窑千年》可以看作是一部历史学家撰写的简明瓷器文化史。为何选择瓷器作如此深入的研究？阎崇年说，瓷器是中国对外文化交流的“使者”。“立足于中西历史，品味御窑瓷器的经典精品，纵论御窑的兴与衰，透视瓷器的情与趣，可以淋漓尽致地展现御窑及瓷器于中国文化发展的作用，画龙点睛地提升‘瓷器之路’对于中西文化交流的贡献。”

三年来，阎崇年走访了中国主要的官窑、御窑瓷器产地及场址，阅读了大量有关瓷器的书籍，查阅相关文物档案、图录、考古报告，涉及英文、阿拉伯文等多种文字。从搜集资料到动笔写作，他用工匠精神反复打磨文字，先后十二易其稿，最终完成了这部著作。

阎崇年认为，作为中华传统文化的一部分，如要了解中国古代宫廷文化的精髓，必须通过其载体“御窑”。御窑有狭义与广义之分——狭义指皇家御用窑场及管理机构，广义指烧造过御用瓷器的窑场。就狭义而言，御窑贯穿明、清两朝；就广义而言，御窑萌芽于唐、宋、元，成熟于明、清。广义的御窑，历史已逾千年，“了解御窑与瓷器，是对历史的敬畏，是对文化的凝聚，是对人类的贡献，是对生命的理解。”

随后，阎崇年用一个典故，道出了“中国”与“瓷器”的渊源。在英文中，“中国”和“瓷器”共用一个单词“China”。为什么？有一种说法，瓷都景德镇，“古昌南镇也”，相传瓷器销往海外，一些外国人不知道这种器物该叫什么，只知道来自昌南，于是将“昌南”谐音作 china。“因而，china 不仅成了瓷器的英文名字，China 也成了中国的英文名称！”

“中国创造、生产的物件何止成千上万，唯独瓷器被外国人称为‘china’，这既是瓷器的骄傲，也是中国的自豪。”他建议，我们每个人，特别是有文化的人，都应该了解瓷器，了解中国瓷器文化的博大精深。

二、薪火千年：历史文化的高度凝聚

国盛瓷则盛，国衰瓷则衰。

阎崇年说，于瓷器而言，既展现了历史的事件、人物、典制、技艺，也反映了当时的文化、艺术、生活。“从历史看瓷器，会更高、更远、更深、更广；从瓷器看历史，会更亲、更真、更善、更美。”

康熙御瓷，恢宏丽雅。在康熙推动下，瓷器烧制有了四项重大改进：一是推崇正统，成为御窑文人画瓷的主导风格；二是创新画法，正统画派吸取了西洋画的技法；三是改进技术，青料的提炼、青色的层次、胎釉的质量、器型的种类不断出新；四是创烧成功珐琅彩瓷。

“其缘其因，纵观全局，首先要讲文化大势。”阎崇年介绍，康熙朝呈现多元文化融合、儒家文化主导、吸纳西方文化的特点，开创了清朝御瓷的独有风格，历史文化于瓷器上充分展现。

乾隆时期的御瓷，华彩藻丽，繁缛缤纷。其风格形成，是乾隆帝对艺术收藏有极高的兴趣和品位，对艺术品有独特的见解和情趣。乾隆帝亲自主导御窑瓷器的设计与烧造，表现出创意新颖、内涵丰富、技法新奇、工艺复杂、秀丽端雅、艺术华彩，打上时代的文化印记。

相比于康熙御窑瓷器的恢弘，乾隆御窑瓷器的繁缛，雍正御窑瓷器以雅致著称。雍正登位后，新政迭出，一扫旧象，改革创新之风也吹进了御窑。这表现在御瓷的风格之变——高雅之风、恬淡之韵、精致之趣。

“御窑，是帝制时代的产物，依托国家力量，荟萃了瓷器文化的精华。皇宫有御窑，更能成其大；御窑为皇宫，更能显其贵。”阎崇年说，研究御窑和瓷器，可以了解一个时代的文化特色、宫廷生活的意趣以及某个帝王的喜好、个性、审美情趣，以此窥见中国历史的独特一面。

比如，元青花墨书带盖梅瓶，白地蓝花是共性。蒙古草原文化“尚白崇蓝”，所以元青花的总体特点地儿是白的，花和图案是蓝的。再如，宣德帝喜欢斗蛐蛐儿。他从景德镇做了蛐蛐罐儿。所以从瓷器也能看出皇帝的个人性格。乾隆的转心瓶，扭动瓶颈，内瓶会随之旋转，工艺非常先进。乾隆的多种釉彩大瓶，把宋元明的几乎所有工艺都用到了，总共 15 种釉彩，17 道纹饰，被称为“瓷母”。而这，不仅反映了时代的文化，也反映了皇帝的性格。

历史与瓷器，互相关照，可以帮助人们看清历史发展的脉络，读懂中国悠久的传统文化。“瓷器烧造，历来很多宫廷书家、画家甚至皇帝都参与其事，实现了士人艺术与工匠艺术的结合，更能具象地反映当时的文化大势、经济发展。”阎崇年认为，从这个意义来讲，瓷器是中国的艺术精品、国家财富，更是对历史的敬畏、对文化的高度凝聚。

三、工匠精神：御窑瓷器的创新实践

阎崇年着眼于御窑人与御窑瓷之间的关系，指出陶瓷的历史，也是陶瓷工匠的历史。“陶瓷工匠是陶瓷历史的主体。在陶瓷生产过程中，陶瓷工匠贡献巨大。他们中的一些人或以身殉职，或以器名世。”

“做一个瓷器，通常需要 72 道工序。”阎崇年介绍，万历的五彩瓷百鹿尊，也许画蓝色云纹是一个人，画绿草又是一个人，画红鹿又是一个人，分工特别细。“有的工匠一辈子就画鹿，而且几代人都画这个。”

有诗云："瓦缶胜金玉，布衣傲王侯。"尤其是御窑瓷器，它们的设计、生产都汇聚了当时的能工巧匠，代表了中国工匠的最好水平，体现了追求卓越、精益求精的中国工匠精神。

中国瓷器文化始终贯穿着一条主线，不是姓"皇"，而是姓"新"。阎崇年认为，创新既是御窑之魂，也是瓷器之魂。"御窑千年"的历史文化，在精美瓷器的背后，隐藏着的精华是"新"，就是思想创新、管理创新、技艺创新、产品创新。"创新，既是中国瓷器文化发展之动力，更是中国瓷器文化绵延之生命力！"

创新思维可鉴，创新瓷器更美。阎崇年举例，宋代的青白釉，"青如天，明如镜，薄如纸，声如磬"；元代的青花瓷和釉里红，一改单一颜色瓷器的局面，而开创彩色瓷器的新境界；明代的斗彩、五彩，争奇斗艳，色彩缤纷；清代的珐琅彩、粉彩，各种色彩、各种绘画，都可以纵情而灵动地展现在瓷器上。

"重道轻器，厚理薄技，是中华文化传统的一个缺憾。"阎崇年说，为什么中国近世落后挨打？原因之一，就是重道轻器，厚理薄技，片面地将"器"蔑之为"雕虫小技""奇技淫巧"，不重视创新和科技的作用，流传千年，影响后世。

中国崛起与科技创新、科技创新能力之间存在着复杂而紧密的关系。阎崇年认为：“无论过去、现在，还是未来，中国人需要既重道，又重术；既厚理，又厚器；既重知，又重行；既厚士，又厚工。”

四、瓷器之路：传递中华文化的津梁

中国古代贸易中，中国的瓷器，与丝绸和茶叶一起，通过陆海两条通路走向世界。物质交换的同时，传播中华文化。

对比今天的“一带一路”，阎崇年认为，“瓷器之路”和现在的“一带一路”基本重合。“从宋到清，千年以来，在‘一带一路’上，瓷器成为中外文化交流的‘使者’”。

纵观史料，阎崇年发现，无论是文献记载，还是考古遗存，中国瓷器在亚洲、欧洲、非洲都留下了自己的身影。它曾经是中国海外贸易的重要物资，曾经是中外国家交往中的贵重国礼，为中国带来不菲的外贸收益，更影响西方出现追捧中国文化的热潮。

阎崇年说，从宋朝开始，“海上丝绸之路”可称作“海上瓷器之路”。自1987年被发现，到2007年整体打捞上岸，沉睡海底800多年的南宋沉船“南海一号”，入驻广东海上丝绸之路博物馆的“水晶宫”。

经考古识别，这些南宋外销瓷主要有江西景德镇青白瓷、浙江龙泉青瓷、福建德化白瓷等。在这座沉船中发现的阿拉伯风格瓷器，如仿银器瓷碗、盛手抓饭的大瓷盘等，都被认为是海外“来样加工”的外销瓷器。

“这艘‘南海一号’是世界航海史上迄今发现的沉船中年代最早、船体最长、保存最好、文物最多的远洋贸易商船，为‘海上瓷器之路’提供了重要历史证据。”阎崇年说，东南亚的菲律宾、泰国、马来西亚、新加坡，中亚和西亚的伊朗、土耳其，非洲的埃塞俄比亚，远至欧洲的法国、英国、葡萄牙等国家都有瓷器出土或收藏。“在千年历史的瓷器之路上，中国瓷器成为中华文化的友善代表、国际文化交流的诚信使者。”

瓷器之路的千年历史表明，以往瓷器之路辉煌，今后瓷器之路宽广。阎崇年说：“中国创烧的瓷器，作为中华文化的一个符号，在中外文化交流史上，不仅是一条锦绣斑斓的彩带，而且是一座跨越四洲三洋的津梁。”

五、唐英督陶：汲取传统的从政修养

探索御窑的历史，既要重器，也要重道；既应重物，更应重人。阎崇年说，“御窑瓷器，重在得人，‘瓷神’唐英是其英杰。”

唐英生活的康熙、雍正、乾隆时代，中国瓷器既处于中国瓷器史上的高峰，也处于瓷器史上的顶端。他不仅是中国御窑千年第一人，而且是世界陶瓷史上一大家。

雍正六年（1728 年），雍正帝命“唐英着内务府员外侍郎衔，驻景德镇御窑厂，佐理陶务，充驻御窑厂协理官”。这一年，他 47 岁，于瓷器烧造，“茫然不晓，日唯诺于工匠之意者，惴惴焉，惟辱命误公之是惧”。

阎崇年说，唐英于陶务是外行，一般外行管内行，要么以行政权力去压制，要么“向之唯诺于工匠意旨”，即使有虚心求教不耻下问的人，也至多是通过层层上报了解些皮毛。“但是，做事牢靠的唐英，很快就展示出他的务实之风。”

唐英曾有这样一段自述：“用杜门，谢交游，聚精会神，苦心竭力，与工匠同食息者三年”。苦学三年，他做到“四不、四同、四学、四会”，很快就由一个外行变成一个内行，“因于泥土、釉料、坯胎、窑火诸务，研究探讨，往往得心应手。”

在阎崇年看来，唐英的这些做法，值得从政官员好好学习。所谓“四不、四同、四学、四会”：第一，闭门谢客，“四不”——不应酬、不唱和、不访客、不出游；第二，放下架子，“四同”——与工匠同吃饭、同劳作、同聊天、同休息；第三，钻研业务，“四学”——学窑务、学管理、学技术、学瓷艺；第四，成为内行，“四会”——会制胎、会釉料、会彩画、会窑火。

“作为内务府官员，唐英躬下身来，向工匠学习，变外行为内行，实在难得，实为可贵。”阎崇年介绍，唐英督陶烧造的瓷器，既仿古集成，又采今创新。最重要的是，他编写的《陶冶图说》是中国古文献中第一本完整记录景德镇制瓷工艺的历史文献；他制定的《烧造瓷器则例章程》，于两百年前就实施成本核算，观念超前，制度完备，切实可行，贡献斐然。

“真清真白阶前雪，奇富奇贫架上书。”唐英的人生，任劳任怨，不损公肥私；既有论著又懂工艺，既长文史又善书画，既为官员又做工匠。其清廉情操，其敬业精神，其创新践行，堪称榜样，百世可鉴。

六、关于书籍：读书是我的第二生命

“中国文化具有原生性、悠久性、连续性、包容性、国际性、日新性等特点。”阎崇年认为，弘扬传统文化、提高文化自信、建设精神家园，首要的是读书，特别是多读经典书籍。“因为，碎片阅读增多信息，图书阅读增加知识，经典阅读增长智慧！”

“我每做一个重要课题，大约需要读 100 种以上的图书，大课题需要读 300 到 500 种图书。”阎崇年在全国书博会“读者大会”上表示，读书是他的第二生命，就如同吃饭、睡觉一样，必不可少。

除了专业书籍，阎崇年也阅读其他类型的书籍，比如朋友赠书、媒体推荐的优秀新书以及文学经典等。“读书可以使人增长知识，开拓新天地；读书有助于与人交往，使志同道合的人产生更多话题；读书可以提高鉴赏力，书读得多了，就更容易选出最好的东西。”

“我发现有这样一种现象，有的人花几百块钱吃顿饭无所谓，花几十块钱买本书却不舍得！”阎崇年表示，自己年轻时，发了工资首先就去买书读。“有的人问，你怎么不抽烟、不喝酒？我说，钱都用来买书了，自然就没有烟钱、酒钱了。从这方面讲，读书还特别养生。”

阎崇年还认为，读书的意义在于培养和教育下一代，“身教重于言教，家长多读书，读好书，孩子自然就会效仿，这样的家庭才能成为‘书香家庭’”。

今年是阎崇年第六次参加全国书博会，可以说，他见证了书博会近些年来的发展变化。他感慨道：“书博会一年比一年吸引人，内容越来越丰富，活动越来越精彩，形式越来越多样，全民阅读越来越深入人心。廊坊建设‘书香城市’的步伐，借助此次书博会也会加快！”

建立森林史学开创之作

——阎崇年著《森林帝国》评介

冯尔康

【题记与作者】

本文发表于《历史教学》2018 年第 18 期。作者冯尔康先生是南开大学历史学院荣誉教授，著名清史学家、社会史学家，著作有《雍正传》、《清史史料学》、《社会史理论与研究方法》、《冯尔康文集》（10 卷本）等约六十部，为中国社会史学会创会会长，在海内外有着重要学术影响。

阎崇年教授论述清朝历史，冠以“森林”定语，名曰《森林帝国》（北京：三联书店，2018 年 4 月），别开生面，成为一部具有创造性的学术著作。他的立意不限于阐明清代兴亡史，更在呼吁创建森林文化史学——要从森林文化视角解析中国历史，并且给出东北森林文化广被地区从先秦肃慎到清朝满洲的 3000 年发展简史。

学术研究贵在创新，创新需要有学识，发前人之所未发，同时必须具备勇气与学者良心，敢于不理会成说、定论。阎崇年说“就中国历史而言，将中国历史自商周以降三个千年，概括为五大文化相互碰撞、交流、统合、演进的过程。中国历史舞台上的主角，既可以是阶级、族群、宗教、君王等，更可以是文化。”（第 10 页）文化形态史观曾是主流意识形态批判对象，阎崇年谓文化可以视为“历史舞台上的主角”，敢于公开学术见解，是有学术良知的表现。

由于是创立森林文化史学新说，很难完善，笔者以为对富有学术价值的创意之作，宜持欢迎态度，共同参与新研究领域的探讨。下面将从四个方面叙述《森林帝国》的学术成就和需要深入讨论的问题。

一、结构严谨的森林文化族群满洲及其先世发展简史

阎崇年两度说明他的图书章节构成，和用森林文化为主线建构全书的意图。笔者阅读，感受到《森林帝国》的严谨结构，在叙说肃慎至满洲历史过程

中，时时、处处指出森林文化的表现、作用、与其他文化形态的关系，从而写出 3000 年森林文化族群发展简史。

（1）叙事结构严谨

全书 10 章，讲的是森林文化族群进化史，开篇“引言：赫图阿拉之问”，提出讨论的议题，阐明写作主旨，末章“结语：赫图阿拉之答”，以此前后呼应。由于学术界缺乏森林文化史的课题研究，第二章的“中华文化地图”描画出森林文化的自然区域，阐述森林文化形态是中国五种文化形态之一，在 3000 年历史变局中应有一席之地的历史地位；森林文化形态既然鲜为人知，第三章“森林文化素描”绍述它的内涵，为演绎作者的“文化统合”观点的学术前提；接下来，从第四章“积淀：文化演进”、第五章“先声：渤海政权”、第六章“过度：契丹建辽”、第七章“勃兴：女真建金”、第八章“崛起：森林帝国”、第九章“鼎盛：康乾之治”到第十章“结语：赫图阿拉之答”，依次叙述森林文化演进与森林文化族群从小到大、从弱到强的发展史，与中原王朝的关系史，就中突出满洲史。

（2）创造、利用森林文化的满洲及其先世发展简史

阎崇年声称，“《森林帝国》之全书，纵向以森林文化统合为脊骨和梁架作经线，横向以时间和空间的演变与交合作纬线，分作 10 章 34 节，按照森林文化统合、演进的轨迹，森林文化与草原文化、农耕文化、高原文化、海洋

文化等碰撞、统合的历史，进行历史与逻辑的阐述。”（第 11 页）笔者理解他提出的森林文化的“统合”具有三种内涵：一是文化观念上的“合”，就是合的理念，合的思维；二是治理政事的手段，即为一种治术；三是智慧形成的力量，运用到政治上，收到预期的效果。细观该书内容，诚如所言。

运用森林文化史观，阎崇年概述 3000 年东北森林文化民族发展史，即商周肃慎、秦汉挹娄、魏晋勿吉的森林文化经过约 2000 年的演化、积累，到唐朝出现靺鞨建立的渤海政权。而后，契丹建辽为文化过渡期，女真建金，成为森林文化族群第一个进入中原并有半壁河山的政权。又后，明代建州女真大发展，努尔哈赤于万历四十四年（1616 年）建立后金，其继承人皇太极于崇祯九年（1636 年）改国号“大清”，以森林文化为主体统合其他文化形态与民族，在崇祯十七年（1644 年）明亡之际，清朝统一中国，到乾隆二十七年（1762 年）建立伊犁将军衙署，森林帝国达到鼎盛。然而清朝长期不能妥善调处与汉人农耕文化不协调的因素，又遇到西方资本主义文化冲击，最终衰亡。

对于这种森林文化民族发展简史，阎崇年是用森林文化主线，森林文化民族政权发生壮大史、与中原王朝关系史两条辅线交互作用展开叙述的。

（甲）在多元文化中，不同时代，不同地区，由一种文化统合其他文化，东北地区森林文化居主导地位。“各种文化之间，相互碰撞、统合，彼此交汇、融合，但是每一地域均有其主导文化。”（第 7 页）肃慎、挹娄、勿吉的历史表明，时间不同，地域不同，地域产物也不同——偏北濒临江河湖海，捕捞文化更浓一些，偏南濒临平川沃土，农耕文化更重一些，但就其总体来说，他们属于森林文化，而不属于草原文化。（第 62-63 页）渤海国延续肃慎、挹娄、勿吉等森林文化传统；它的建立，意味着靺鞨人以森林文化为主线，统合农耕文化、游牧文化，迈出了通向森林帝国的第一步。（第 70 页）“满洲实现了女真内部的统合，又完成了东北森林文化的统合，继以森林文化为枢纽，统合了农耕文化、草原文化、高原文化和海洋文化，实现了中华文明的大统合，建立了后金—大清这个森林帝国。这是清朝兴起、统一、鼎盛和延祚的文化根因。”（第 7 页）在论说森林文化形态中，阎崇年特别关注森林文化与草原文化的差异，强调“古代东北地域不是牧区、游牧经济、草原文化，而是林区、渔猎经济、森林文化。森林文化自远古发育，绵延不绝，发展不断，为后来森林帝国做出历史积淀”。（第 51 页）

（乙）森林文化民族发展壮大与中原政权关系。势力弱小时，处于部落联盟阶段，向中原王朝纳贡，如周代，肃慎“贡楛矢石砮”；势力达到一定程度，建立二重性政权，如渤海国王，拥有独立自主权，同时受唐朝册封，是实际意义上的羁縻州，此种政权，用阎崇年的话是具有“双面色彩”（第 75 页）；势力壮大，在渤海靺鞨建国的历史记忆基础上，建设据有半壁河山的金朝，与南宋对峙；进一步壮大，叩打中原王朝的大门，建立大清森林帝国——“是以森林文化为枢纽，统合农耕、草原、高原和海洋文化，所建立的中华文明帝国。它是帝国，因为它是帝制的，又是文化多元的；它是森林帝国，因为它以森林文化作枢纽，并统合多元文化。”（第 9 页）如此，森林文化民族从小到大、从弱到强，不断积淀，经历文化统合到崛起鼎盛。

行文至此，可知阎崇年撰著《森林帝国》，开宗明义提出森林帝国何以建立及森林文化形态的议题，接着叙述森林文化创造者、利用者满洲及其先民的政权、经济、文化发展史，即从先秦的肃慎，历经汉晋的挹娄、勿吉，唐代的渤海，宋代的金人，晚明的后金，至满洲统一中国，建成强盛的清帝国。是一部结构严谨、逻辑性强、富有开创性的学术专著，给学术界贡献出第一部森林文化民族发展简史、第一部森林帝国史。

二、《森林帝国》成功回答满人清朝何以能够统一中国并维持长久

从满洲人渔猎经济的围猎方式，阎崇年发现他们具有“统合”意识，运用到政治、文化方面，统合不同民族、不同生产方式人群为一体，建立八旗制度，以满洲、漠南蒙古和部分汉人的三股力量问鼎中原，建立清帝国，并维持268年之久。

（1）满洲统一中国、维持统治凭藉的是“统合”思想与政治谋略

阎崇年认为森林文化的族群居民有着协作性的性格特征，因为“狩猎一般是围猎，从四面八方围堵捕获猎物，必须协同合作”。（第24页）他进一步比较农耕、草原、高原、海洋、森林五种文化形态的劳作方法，虽然都是以“户”为单位的个体经济，但森林文化的生产者不同于其他民众，他们狩猎中的“围猎”，也叫“合围”，特点是“合”。后金、清朝的八旗组织源于“围猎”。“合”是森林文化的一个鲜明特点，森林文化的部民重“合”，就是注重统合。

（第 9 页）阎崇年进而认为“文化统合是历史前进的巨大动力”，是清朝由关外一隅，统一中国的法宝，也是它在森林文化主导下首先进行了自身统合，进而同草原文化、农耕文化、高原文化、海洋文化进行碰撞、交融而达到文化统合的法宝。（第 24 页）不仅在统一中发挥作用，在巩固江山上依然如此：“统合”是清朝“三祖三宗”——太祖努尔哈赤、太宗皇太极、世祖顺治帝、圣祖康熙帝、世宗雍正帝、高宗乾隆帝，“执政的一个核心理念、基本国策，藉以形成较长时期的鼎盛局面。”（第 9 页）

（2）统合思想的实践，促成清朝统一中国

为什么满人能够入关统一中国？阎崇年指出后金在统合思想主导下汇合三种实力和世界三大宗教之一的佛教力量混一天下，不是单单的满洲人一股力量。清朝的肇造者努尔哈赤、皇太极父子先期统一满洲诸部，创立八旗制度，融合了满洲人、内蒙古蒙古人和辽东汉人，以这种联盟强势，在明末中原处于分崩离析状态下，入关消灭李自成、张献忠、南明四王诸集团，从而统一中华。且看他具体说明：

（甲）四元文化的统合。努尔哈赤、皇太极父子以森林文化为根基，不仅极力吸收农耕、草原文化，而且极力汲取高原文化、藏传佛教。努尔哈赤在辽阳接见乌斯藏大喇嘛干禄打儿罕囊素，在其圆寂后，修建宝塔以示纪念。皇太极直接与西藏达赖喇嘛信件往来。崇德七年（1642 年），五世达赖喇嘛派遣使团前往盛京（今沈阳），朝觐皇太极，随带藏巴汗、四世班禅等写给皇太极的信件，次年，皇太极写给前述政教首领圣旨，由使团带回西藏。盛京宫庙坛寺规划，受西藏高原文化影响，如按藏传佛教曼陀罗（坛城）佛理，除兴建皇宫，还兴建四塔。达赖喇嘛称盛京为“莲花之城”，尊称皇太极为“曼珠师利大皇帝”。盛京以皇宫为中心，内有八旗环卫，外有四塔镇护。皇太极在盛京兴建莲华净土实胜寺，崇德三年（1638 年）落成，亲自出席告成盛典，率众行三跪九叩大礼。实胜寺“东西建石碑二：东一碑，前镌满洲字，后镌汉字；西一碑，前镌蒙古字，后镌图白忒字”。（第 164 页）寺庙碑文的满蒙汉三种文字，体现满蒙汉人联合、森林文化草原文化农耕文化高原文化的统合。

（乙）创建八旗制度。努尔哈赤基于女真人的森林围猎习俗，寻觅到整合社会力量的制度，在万历四十三年（1615 年）创立满洲八旗制度。这一制度不仅是军事制度，也是政治、行政、经济、司法、宗族等的管理规制。它把女真社会精英和部民，从涣散、分隔状态，以军事组织形式，进行统合，加以编制，而成为后金社会的纽带。通过八旗制度这条纽带，将分散的女真部民，统合、统制、统一、统领，而形成一个巨大铁拳。这是清太祖努尔哈赤的一大创新。树有枝叶，更有根本；人有躯体，更有灵魂。八旗制度于女真、满洲、于清王朝犹如树之根本、人之灵魂。这个制度的兴盛衰亡与大清的兴盛衰亡同步。最能反映满洲属于森林文化的制度映像，就是八旗制度。清朝兴也八旗，清朝亡也八旗。这是满洲、大清的生命所在，灵魂所依。（第 149 页）

（丙）满蒙联盟之建立。皇太极三次发兵征讨察哈尔蒙古大汗林丹汗，在天聪九年（崇祯八年，1635 年）的战争中，林丹汗败逃青海而亡，其妻、子投降后金，其所持“传国宝玺”归于后金。皇太极继其父推行联姻、编旗、封赏、重教等举措，实现满蒙文化融合。（第 160–161 页）至此实现满洲与漠南蒙古的联盟。

（丁）皇太极改族名为满洲、国号为大清，森林帝国初露端倪。后金经过多年征抚，不仅已经吞并哈达、辉发、乌拉、叶赫，而且重新整合东海女真、黑龙江女真。还有大量汉人、蒙古人、朝鲜人、锡伯人、达斡尔人、鄂伦春人、鄂温克人、虎尔哈人、赫哲人等，同满洲文化融合，民族成分变化极大，从而形成为一个新的民族共同体。这个新民族共同体，需要众人认同的族名。为此，皇太极于天聪九年（1635 年）发布改族名为满洲的《汗谕》，以更改族名体现新的政治现实、新的民族现实、新的文化现实和新的经济现实，是为了建立新皇朝的政治之需、文化之需。翌年，皇太极改国号为“大清”，举行改元登极大典，满洲、蒙古、汉人分别恭奉满、蒙、汉三体表文，分捧宝玺，共尊皇太极为皇帝。所管辖的疆土，东自鄂霍茨克海，西迄贝加尔湖，南濒日本海，北跨外兴安岭的广阔地域，原明奴儿干都司、辽东都司（山东北部除外）和漠南蒙古（内蒙古）辖境内的各族群部民。（第 165–169 页）至此表明满洲森林文化、蒙古草原文化、汉族农耕文化的统合，进入新的历史时期，表明满洲森林帝国的崛起。这成为大清帝国强盛并臻于顶峰的历史新起点。

（戊）取代明朝，是历史的必然。明成祖之后，明朝集中举国之力应对蒙古，依然发生明英宗被俘的正统己巳之变，蒙古土默特部兵临北京的嘉靖庚戌之变。明朝对付用一个拳头打来的蒙古尚且如此，后金的满蒙联盟两个拳头同时打来，七次“扰明”，崇祯帝如何招架得住！再后，大清统合辽东汉人，并建立八旗汉军。又同朝鲜结成“君臣之盟”。后金在东北等区域建立了广阔而牢固的基地，约有 400 万平方公里。八旗满洲、蒙古、汉军三个拳头同时打来，关内还有李自成、张献忠等多股农民军的力量，明朝便招架不住了。皇太极崩逝后，摄政睿亲王多尔衮辅佐顺治帝，抓住历史机遇，统兵进关，又同吴三桂联合。于是，满、蒙、汉三股强大力量，对付摇摇欲坠的大明，其胜利不是历史之偶然，而是历史之必然。（第 195—196 页）

清朝取代明朝，胜利的取得，史家多有不一的解读，如同阎崇年归纳的几种。笔者则要举出二则外国人的说法，一位是［美］孟泽思在《清代森林与土地管理》所言：“满人通过征服以及与蒙古人、其他部族和归附的汉人缔结联盟，终于获得了在东北地区的统治权。”他又说，“汉族拓荒者移居到辽东平原与满洲兴起与强大有关，也是满洲兴起与强大的重要因素。”（赵珍译，第 59—61、第 19 页，中国人民大学出版社，2009 年）认为满蒙汉联盟，使得满洲获得在东北的统治权，在认识上接近阎崇年的满洲崛起原因。清朝为什么能够统一中国，康熙年间法国传教士白晋（Joachim Bouvet，1656-1730）说出了一种原因：“当时鞑靼人实际上是在汉族人自相残杀、他们中最骁勇的将领投降鞑靼军转而攻打本国军队的情况下，才几乎不费吹灰之力而得以统治中国的。”（［德］莱布尼茨（G.ottfrido Guilelmo Leibnitio,1646—1716）《中国近事》，梅谦立等译，第 64 页，大象出版社，2005 年）着眼于汉人内部的分崩离析，没有注意到满洲本体能量，未能对事情有全面认识。二则事例，从一个侧面表明阎崇年认知的深刻性。

（3）统合文化造成清朝鼎盛和长期维系统治

阎崇年将清朝国祚绵延归结为：清朝定都北京后，经过“康乾之治”的文化统合，即以森林文化为纽带，统合农耕文化、草原文化、高原文化及海洋文化，建立多元一统的中华文明帝国。满洲从物质和精神两个层面，占据主导或主流地位，清帝成为中华共主，取得了巩固的地位。他着重讲解地方行政管理体制的历史。

清朝在中央皇权体制下，以森林文化形态为主导统合其他文化形态，采用传统和创新结合的区域行政管理制度，即在各个地区，依据当地传统的治理方式、经济形态、文化习俗，施行相应的管理体制。在东北林区，先后设置盛京、吉林、黑龙江三将军，实行军府制、府县制、部落制，进行有效管辖。“中原汉族地区社会安定，森林文化同农耕文化统合取得成效”，继续明朝传统，实行行省制，以州县官牧民。在牧区，匈奴—蒙古是历代帝制社会难解的问题。清执政者经过“三祖三宗”六代一个半世纪，把蒙古问题解决。在亚洲地区的蒙古全部归属清朝，实现了对草原文化的统合。在高原区，通过册封达赖喇嘛、班禅额尔德尼、章嘉呼图克图、哲布尊丹巴呼图克图等，重教尊俗、在藏驻军、设驻藏大臣，并依法执行《西藏善后章程》等，对高原文化统合，亦有明显之成效。在海洋区，康熙二十二年（1683 年）统一台湾，设府置县，科举取士，后设立台湾省。清盛时从黑龙江入海口、库页岛（萨哈林岛），沿渤海、黄海、东海、南海，直到曾母暗沙，实现海洋文化统合。书中所述五个文化圈，占当时全国人口的 90%、土地的 90% 以上。总之，清廷依靠“文化统合”而得以

国祚绵延268年。（第196—198页）

对于清朝的行政管理体制，笔者与阎崇年有相同的见解，不妨补充他的观点。笔者在2010年发表的《清代的历史特点》一文中认为，清朝“在民族地区实行多种体制”：

在蒙古地区实行旗盟制，清朝考虑到蒙古族领主社会具体情况，实行旗盟制度，由中央任命盟长、旗札萨克，使之按照中央法规行政，直属于中央理藩院。这一制度同满蒙联姻一起，成功地处理与蒙古人的关系，使历史上长期不能解决的“北患”问题消失了，不仅如此，清朝形成以满蒙为基干的统治集团，令蒙古始终是满洲的助力，军事方面，从入关时的从征，到镇压太平军、捻军，均起重要作用。在西藏实行驻藏大臣与达赖、班禅共治，尊重喇嘛教及其领袖，实行中央政府代表与民族地方首领共同治理的原则，由驻藏大臣与达赖、班禅共同管理西藏，此种制度在清朝灭亡之后仍有所延续。在东北满人故乡实行驻防将军制，设置奉天将军、吉林将军、黑龙江将军，实行旗民分治办法，由副都统管理旗人，府州县辖治汉民。在西南少数民族地区，实行改土归流方针，由元代的改土酋为土司制，到清代的改土司为流官，中央政府对少数民族地区的直接治理得以实现。在新疆维族地区，实行领主制的伯克制度，但不得世袭。在中原大地，设立行省，中央政府直接治理。总之，清朝实行多种体制的行政管理制度——郡县制、盟旗制、驻藏大臣制、驻防将军制、伯克制、驻防都统制，多种体制，均受中央政府管理，特别是在主权方面，如在西藏驻军，对外事务由驻藏大臣与达赖商定。造成多民族国家长期稳定。

（4）森林文化未能随着时代的变化而更新导致衰亡

清朝为什么会灭亡，阎崇年给读者的答案，与崛起同样在森林文化中寻求，那就是森林文化与文化统合没有随着时代演进而不断求新、丰富，却固守着八旗制度，与农耕文化的某些内容始终处理不当，又无视资本主义新文化的冲击，终致衰亡，留给后世严肃的思考问题——中华文化与世界范围的主流文化关系的难题。阎崇年的叙述简单明确，兹分项转录于次：

满人控制行政首脑的固化。皇帝不必说了，内阁首辅亦然。清朝最高权力核心的“五大臣”，即内务府总管大臣、议政大臣、领侍卫内大臣、御前大臣、内大臣，全是满人，个别蒙古人，没有汉人，且多属八旗满洲上三旗；而军机大臣的首席军机大臣几乎全是满人。这个体制，历朝沿袭，没有变化。这个体制没有反映五种文化形态的分别权益和总体状态。（第 201—204 页）

旗人与八旗制度僵化。八旗满洲、八旗蒙古、八旗汉军，他们在圈占土地之后，也是凝固不变的：定身份、定旗分、定佐领、定住地、定钱粮、定土地、定婚姻、定职业等，把旗人圈在满城里，妨碍了文化融合。久而久之，旗人形成一个特殊的群体。这种文化封闭，影响文化融合。历史可鉴。金代实行的猛安谋克制度，猛安谋克户在整体上逐渐变成一个特权性、懒惰性、腐化性、寄生性的集团。他们享有政治、经济、教育、文化、法治等特权，成为社会的特殊阶层。猛安谋克这根国家支柱、女真栋梁，无事则已，一旦有事，如腐柱支厦，稍遭风雨，轰然倒塌。（第 119 页）清朝后期，没有处理好同汉人的文

化统合，最后被孙中山“驱逐鞑虏、恢复中华”所取代。（201—202 页）

《森林帝国》是满洲清朝从明末崛起，入关统一中国，经历康乾之治的鼎盛，终因森林文化没有更新发展，使得与农耕文化的汉人关系破裂，又在资本主义文化冲击下灭亡。这是一部前人所未有的森林文化民族发展简史，森林帝国兴亡史。在这部创造性史书中，阎崇年使用文化史观总结出两条历史经验：第一，以文化之“统合”，求国家之“统一”。（第 204 页）第二，文化统合，要开眼界，要能妥善处置中华文化与西方文化的碰撞与融合。（第 202—203 页）

三、倡议建立森林文化史学的研究方向

第一部研讨森林文化史的《森林帝国》问世，阎崇年丝毫没有满足感，因为他心中还有着建立森林文化史学的文化使命感，他说：“就东北亚乃至全球历史而言，提出建立森林文化史学的课题，主张重视森林文化在中国、在东北亚和在全球历史中的地位及其作用。在东北地区的同一纬度带上，存在着一条森林文化带，这一范围内的各个地域、各个族群，不仅文化相似，而且命运相通。”（第 10 页）

他提出一个新领域的学术研究方向，是学术建设大业，非常可贵。他不只是倡议，更是身体力行，在《森林帝国》一书中对森林文化的内涵、森林文化与其他文化关系、森林文化是构成中华文化的组成要素、森林帝国的历史意义，都做出颇有建树的研究。他对森林文化的地域和内涵颇有见解，如认为“森

林文化是指北半球冻土带以南的一条森林文化带，其各族群的部民，过着定居生活，为渔猎经济，兼以蓄养、采集等”。（第 9 页）他在“森林文化素描”一章中，论及地理（含地理区位、自然因素、植物生态、森林生态）、经济（含渔猎经济、长于骑射、进贡方物、夷字释意）、文化（含祭祀主神、萨满信仰、语言文字、文学映象、历史记忆、敬畏林兽）、生活（含定居生活、饮食习惯、生活习俗、文化娱乐）与森林文化的关系，为建设森林文化史学提供依据内容。毫无疑问，阎崇年为森林文化史学研究开了个好头，可喜可贺。

阎崇年森林文化史研究延伸出另一个学术建议，即树立“大中华文化史观”，认为中国历史研究，不能只是关注中原地区，同时着力于边疆史，所以他说：“主要从中原观点来解释中华历史已经不能反映历史的全貌，应该跳出中原文化中心论的窠臼，将研究视线投射到中华所有地区和各个时代，投放到多种文化形态，投散到世界文化的视野，这样才能更公正客观地评价中华民族，在各个时代、在各个地区、在各个族群、在各种文化形态的交互关系中，其真实、全面的历史地位和文化贡献。所以，应当树立中原农耕文化、西北草原文化、东北森林文化、西部高原文化、沿海暨岛屿海洋文化之间，互相融合、互相补充、互相借鉴、互相推进，从而形成一主多元、共同发展的大中华历史文化观。”（第 25 页）可见，他的“大中华文化史观”与建立森林文化史学是关联的，互为补充的。

学术事业，“乃天下之公器”，是众人的事业。众所周知，一门学问的开创者是不可能将事情都做好，都做完，需要众人的参与及贡献，才可能做得完满。现在阎崇年已经在森林文化史研究中作出成绩，笔者相信他还会继续从事这个方向的研讨，学术界同仁也绝不会漠视他的建设森林文化史学的倡议，会逐渐参与这一领域的研治。

四、建议：深入研讨森林文化概念及提出问题的准确性

《森林帝国》的学术价值必将为同好所欣赏，但是阎崇年抱持谦虚心态，“期贤者，供讨论”（第 7 页）。表示愿意探讨的态度。好吧，笔者提出三个请教问题。

一是需要有明确的“森林文化”定义，哪怕有供讨论的也好。阎崇年在书中谈到文化概念：“所谓文化是指人类创造的物质财富和精神财富的总称，它以地理要素及其社会要素为基础，既包括生产和生活的形态，又包括物质和精神的样态。”（第 10 页）至于森林文化，提出决定它的地理、经济、文化、生活四种要素，却没有给出一个明确的定义。他的著作以森林冠名，以森林文化为观察中国东北地区肃慎至满洲社会历史的主线，不给读者一个明确概念，似不相宜。当然了，给森林文化下定义，不管谁来做，都很难周全，都会引起讨论，这是很正常的，所以笔者还是建议阎崇年予以考虑。笔者也在网上看到有学者就森林文化概括为：“人类心灵与力量投射至森林之结果”。前面提到孟泽思的《清代森林与土地管理》，该书说：“树木在神话、传说和宇宙论中出现，表明一种世界观，即人与自然环境共生共存和互相依赖”（第 26—27 页）。笔者受到启发，以为森林文化，是人与森林共生共存和互相依赖而产生的文化认知，在森林环境

中主要从事渔猎经济，兼事采集，在观念上对森林有敬畏心理，产生树神崇拜。

二是赫图阿拉之问的准确提法。对于赫图阿拉之问，书中是这样写的：“满族是一个只有几十万人口的民族，军队也不过十万人，怎么会打败约有一万万人口、一百多万军队的明朝呢？”而且前后两次出现。（第 3 页、第 192 页）书中又说“摄政睿亲王多尔衮辅佐顺治帝，抓住历史机遇，统兵进关，又同吴三桂合。于是，满、蒙、汉三股强大力量，对付摇摇欲坠的大明，其胜利不是历史之偶然，而是历史之必然。”（第 196 页）这样的提问，认为清军打败明朝，在清军入关时，明朝处于“摇摇欲坠”状态。明清易代的历史，设若笼统地叙述，马马虎虎也可以这样说，但较真的话，那种说法就因不完全符合史实，就是不准确的了。历史的事实是：崇祯十七年（1644 年）三月十九日，崇祯帝自尽，二十九日，李自成在武英殿登基，三十日撤离北京。五月初三日，多尔衮领兵进京，同日福王朱由崧被留都（南京）文臣武将拥立为监国，五月十五日登皇帝位，为弘光帝，闰六月唐王朱聿键在福建称帝（隆武），九月十九日顺治帝进京，十月初一日举行登基大典。李自成进京，崇祯帝吊死煤山，明朝已经灭亡。在明亡五十多天后，清军才进入北京，而后击败明朝残余势力——南明诸王及李自成、张献忠诸部。不能因为明朝之后的王朝是清朝，就说成清朝战胜明朝、灭亡明朝。关键性的“提问”造词遣字，需要准确，请阎崇年再思索。

三是过度强调“合”“一”，是否相宜？阎崇年一再强调“合”：满族之所以兴起并取得全国政权，原因固多，择其关键，简而言之，是两个字：“合”与“一”，以文化之“统合”，求国家之“统一”。世界事物，人类历史，已经反复证明，且将继续证明，一条颠扑不破的历史定律，这就是——分则小，合则大；分则寡，合则众；分则散，合则聚；分则弱，合则强；分则乱，合则治；分则辱，合则荣；分则败，合则胜；分则否，合则泰。（第 192 页）中华文明发展宝贵经验在于两个字——“合”与“一”，实现中华文化多元统合，形成中华民族多元统一。“合”“一”对国家的统一积极意义自然是无异议的，但把它绝对化，就需要考虑辩证法了，其实“分”亦有意义，南北朝、辽金与两宋对峙，长江以南与闽粤就得到比统一时代的快速发展。

阎崇年研讨森林文化史学和肃慎—满洲森林文化史，10 年来经历了逐步深入的历程，他在 2010 年由北京出版社刊行的《北京文化史举要》一书中，对包括森林文化在内的五种文化形态的历史作用做了简要的论述，2014 年发表《森林文化之千年变局》，2018 年出版《森林帝国》，用森林文化的概念演绎东北地区从商周以来的满洲及其先民历史，成功地回答森林帝国建立和维持强盛的原因。真正是“十年磨一剑”，其学术成就，令人瞩目。他提出建立森林文化史学的倡议，就值得学术界的鼓励，期待创意者陆续有更加精彩的森林文化史研究成果贡献于读者和学术界。

读阎崇年先生新著《森林帝国》

卜宪群

【题记与作者】

本文是作者于2018年4月27日，在远集坊举行的“《森林帝国》出版座谈会”上的发言稿，后经作者审阅定稿。卜宪群先生是中国社会科学院历史研究所研究员、所长，博士生导师，院历史学部专业技术职称评审委员会委员，国务院学位委员会历史学科评议组成员等，兼任中国秦汉史研究会会长。著有《秦汉官僚制度》《与领导干部谈历史》等多部专著，总撰稿《中国通史》（五卷本），主编《新中国历史学研究70年》等。

著名清史学家阎崇年先生的新著《森林帝国》，已于2018年4月由生活·读书·新知三联书店出版问世。该书纵向以森林文化统合为脊骨和梁架作经线，横向以时间和空间的演变与交合作纬线，共10章34节。通读全书，具有以下三个特色：

其一，鲜明的问题意识

毛主席和周总理都曾关注这样一个问题：为什么满洲能够以一个只有人口数十万、军队十多万的民族，而战胜明朝一万万人口、一百多万军队？并先后击败李自成、张献忠的农民军，且维系长达268年之久的统治？作者将这一历史难题称作“赫图阿拉之问”。该书力图在史实叙述与制度梳理的基础上，将对“赫图阿拉之问”的探讨贯穿于全书研究之中，凸显出作者鲜明的问题意识。

对于清史研究者而言，“赫图阿拉之问”本身就是一个重大的历史问题。以往学术界也曾做了不少有益的探讨，得出过一些有见地的认识。主要有“征服说”“汉化说”和“政策说”。持“征服说”者认为，满洲通过军事征服、民族压迫的手段，将明朝灭亡了，或者说“满化”了。这种认识影响很大、很久、很广，但难以解释为什么清朝能够统治那么久，而同为少数民族入主中原的元朝，统治却不满百年即被推翻。赞同“汉化说”者，强调清朝入主中原后吸收了汉文化，满洲被汉化了。而持“政策说”者，则主张清朝之所以能够延续二百六十余年的统治，主要在于其在军事上、政治上、经济上和文化上所制定实施的一系列政策。对此，作者坦言自己受到东汉学者王充《论衡》的影响，独辟蹊径地提出，不妨从森林文化的视角，探讨满洲——清朝发展的历史与演进，进而回答“赫图阿拉之问”。

其二，提出了“森林文化”“森林帝国”的独特概念

作者认为，在东北亚这片森林大地上生息繁衍的族群和部民中所承载的文化形态可以称为“森林文化”。以“森林文化”为历史演进的主干，可以将农耕文化、草原文化、高原文化和海洋文化融会贯通，进而实现对中华文明的大统合，而努尔哈赤对女真各部落统一的历史进程，实质上是其对东北“森林文化”的统合与重建，这成为清朝兴起、统一、鼎盛的文化基因。

作者又对“森林帝国”兴起原因做了论证，认为赫图阿拉（“兴京”）是清朝初兴时期的京城。它三面环山，漫山遍野被森林覆盖，雨量充沛，滋养着这个部落民族走向昌盛。独特的地理优势，既可隐蔽信息、暗自发展，又可开拓进取、图谋大业，成为“森林帝国”崛起的基础。

文化是中华文明延续不衰的基础。作者的研究并不拘囿于政治和经济层面，进而对“森林帝国”展开文化阐释。作者认为，在我国古代文明发展史上，农耕文化、草原文化、森林文化、高原文化、海洋文化分别代表了五种不同形态的文化特征。而“森林帝国是指以森林文化为纽带，统合农耕文化、草原文化、高原文化和海洋文化，所建立的多元统一的中华文明帝国。”文化的碰撞、交流、统合、演进，便构成了中华文明史的主要内容。“森林帝国”概念的提

出及其文化阐释，体现了中华文明的博大精深，有助于我们深入地理解中华文明所具有的多元性与统合性。这一概念的使用，更可以赋予我们这样的历史启示，一个国家崛起和强盛的基本经验是：以文化之“统合”，求国家之“统一”。

其三，研究视野宽广

该书虽然旨在回答清史研究中的“赫图阿拉之问”，但研究的视野却不局限在有清一代。作者从商周的肃慎讲起，下及秦汉的挹娄、魏晋的勿吉，再到隋唐的靺鞨，均以“森林文化”为纽带，将满洲先民的发展历程勾连贯通，颇具历史的深度。作者对“赫图阿拉之问”的探讨也不局限在东北区域史的范围内，而是在东北亚史及全球史的高度上，提出了“森林史学”的课题。作者认为，在东北地区的同一纬度带上，存在一条森林文化带，这一范围内的各个地域、各个族群，不仅文化相似，而且命运相通。这一论断体现了更为宽广、宏大的研究视角。

综上，该书是一部观点新颖、论证有力、逻辑性强的清史力作。该书的出版，不仅会进一步推进对清代历史的认识，也将深化统一多民族中华文明的丰富内涵。

《森林帝国》历史之问与崇年之答

——周远廉、阎崇年、赵婷三人谈

【题记与作者】

2018年12月4日本组文章在《北京日报》“深读周刊”通版刊出。其作者，周远廉教授是中国社会科学院历史研究所清史研究室资深研究员，著名历史学家，著有《清朝开国史研究》、《乾隆皇帝大传》、《清朝通史·乾隆朝》（上下卷）和《清朝兴亡史》（五卷本）等，著作等身，于2020年5月19日病逝，此文敬示对先生的怀念；赵婷女士为《北京日报》著名记者、高级编辑，副刊部主任。笔谈之文，著录于下。

一、评价《森林帝国》

著名清史学家、中国社会科学院历史所清史研究室资深研究员周远廉说：

（一）历史之问

长久以来，学界、政界、军界人士，一直饶有兴趣地关注着“明亡清兴”这个“历史之问”。一个偏僻山区人少兵少的女真小部酋长努尔哈赤，竟能屡败强敌，成为辖地数千里的金国之君，其孙更能成为天朝大皇帝，取明代之。需知，入主中原，面临难以逾越的重重险关，清本身又存在着一个无法克服的、根本性的致命缺陷，那就是人丁太少。

《满文老档》记录了长期在蒙古、女真地区流行的一句古话：“八十万尼堪（明），四十万蒙古，三万诸申（女真）”。它准确地、形象地表述了明王朝强大、蒙古强大、女真人丁太少太弱。

具体来说，万历六年（1578 年），明有 10621436 户、60692856 口。顺治元年（1644 年），清有八旗满洲 309 个整佐领和 18 个半分佐领，一个整佐领有 200 男丁，约有 6.4 万丁，仅为明人口的两百分之一。

顺治元年（1644 年）四月，清摄政王多尔衮“统领满洲、蒙古兵三之二，及汉军、恭顺等三王、续顺公兵”入关伐明。总兵数为 10 万余名，其中满兵为 4.3

万余名。他们面对的是：大顺农民军100万，大西农民军60万，南明福王、鲁王、唐王、桂王等政权兵士一二百万，以及分散各州县的多股抗清武装。多尔衮率军，三年之内，打败上述军队，基本上统一中原，六龄幼主福临君临天下。这已经是极难办到之事。

接下来的事更难办。顺治八年（1651年），全国有民丁10633326；十一年（1654年），14057205；十四年（1657年），18611996。而连年征战，满洲男丁不增反减——顺治五年（1648年），八旗满洲男丁只有55330，比四年前减少了15%；十一年（1654年），更减为49660，仅为全国1400万民丁的两百八十分之一；十四年（1657年），满洲男丁为49695，仅为全国1861万丁的三百六十分之一。如果全国以汉族为主的各族民丁一起反叛，哪怕满洲男丁尽皆当兵，也只有5万名兵士，每个州县只能分到38名满兵，能打败该州县平均1.4万名民丁吗？5万满兵能打败全国1861万民兵，又能统治住1861万民丁吗？太难，太难。

可是，清办到了，既能打天下，又能坐天下。这该如何解释呢？这就是几百年来，军、政、学界人士要问的“历史之问”。

（二）崇年之答

多年以来，不少学者探讨“明亡清兴”这个历史之问，答案众多，见仁见智，各有所据。最近，阎崇年教授写的《森林帝国》认为，明亡清兴的根本因素是“森林文化”。

《森林帝国》有十章。

第一章是“引言”，讲写此书的原因是要解答上述“历史之问”，以及研究思路和本书意义。

第二章“中华文化地图”，第三章“森林文化素描”，主要讲古代中华文化，包括中原农耕文化、西北草原文化、东北森林文化、西部高原文化、沿海暨岛屿海洋文化。东北森林文化辽阔区域的族群居民，有鲜明的性格特点：一是勇敢性，二是协作性，三是开阔性，四是坚韧性。尤其是其政治谋略，如“文化统合”思想。其主要经济，是渔猎兼采集经济，因而居民长于射猎。

第四章至第七章，“积淀”“先声”“过渡”“勃兴”，简明扼要地叙述了从商周肃慎起，历经挹娄、勿吉、靺鞨、渤海、女真近两千年东北森林文化部族的基本情形。

第八章“崛起：森林帝国”。元末明初起，女真开始南迁。明万历初年，建州女真多数部落已定居抚顺边外新宾等地。此时建州女真以渔猎经济为主，也有农耕和草原经济因素，文化上也是以森林文化为主，含有农耕、草原文化。努尔哈赤以“遗甲十三副”起兵，36年内相继统一了建州女真、海西女真各部和一些东海女真部，又创制满文，建立八旗制度，成为辖地辽阔、人口众多的后金国英明汗，建立起“森林文化政权”，年号“天命”。后率军攻占辽宁大部分州县。皇太极继位后，占领全辽，统一黑龙江女真、东海女真，臣服漠南蒙古各部，增立蒙古八旗、汉军八旗，改族名诸申（女真）为满洲，改国名为“大清”，统合了满洲森林文化、农耕文化、草原文化。

第九章“鼎盛：康乾之治”。顺治元年（1644年），摄政王多尔衮率军入关，六龄幼君福临入主中原，此后康、雍、乾主政时期，先后统一西藏、台湾、蒙古、新疆等，出现了：“康乾之治”，大清国森林帝国进入鼎盛时期，国土广达1400万平方公里。

第十章“结语”。从1583年努尔哈赤起兵，到1911年大清国结束，这328年的历史，以“文化初合，取得政权；文化统合，巩固政权；文化裂分，失去政权”这三句话24个字来概括，画龙点睛。

本书详细论述了东北森林文化的区域、特点、演进、作用、影响。举一反三，相互联系，因果循环，自然可以引申出若干新课题。新课题，新见解，论述清晰，史料翔实，行文通畅，插图珍贵，是部好书，值得一读。

二、不识庐山真面目，只缘身在此山中

清史学家阎崇年说：我最近出了一本新书《森林帝国》。这是一本学术书，但很好读。部头不大，十几万字。全书围绕着自清朝定都北京三百多年以来，

学界、政界、军界人士等不断提出的两个“历史之问”:(1)清何以“以少胜多”?(2)清何以“以小治大”?

在回答这两个问题之前，我在书中提出一个新的概念：在中国从秦始皇到宣统帝两千多年的皇朝时代，中华文明是由五种文化形态，即中原农耕文化、西北草原文化、东北森林文化、西部高原文化和沿海暨岛屿海洋文化所组成。

我们常说：北京自元明清以来是全国的政治中心、文化中心。北京这个全国文化中心的地位，既是上述农耕、草原、森林、高原、海洋五种文化的中心，也是中国今汉、满、蒙、回、维、藏等56个民族文化的中心。这样为北京文化史定位，既是客观的、历史的，也是实际的、科学的。

帝制时代，特别是清朝执政者，起于森林，长于骑射，缺乏海洋文化基因，不重视海洋文化。海上防御薄弱，结果英国挑起鸦片战争从海上打来，英法联军从海上打来，甲午战争从海上打来，八国联军从海上打来，日军侵华还是从海上打来。海洋文化是中国传统文化的一块短板，吃了大亏。

苏轼说过：“不识庐山真面目，只缘身在此山中。”在回答上述两个“历史之问”时，要有大文化的视野：横向（空间）——从地球北半球冻土带南森林带看北欧、北美、北亚，从北亚森林带看中国东北森林文化；纵向（时间）——从商周以来肃慎、挹娄、勿吉、靺鞨、渤海、女真演进轨迹看满洲兴起，从3000年肃慎族系发展看清朝300年历史。

在《森林帝国》书中，总结清朝296年历史的一条重要经验与教训：

其经验，清朝力行文化统合。清入关前，已经统合女真各部、东北地区和内蒙古各部，创建八旗满洲、八旗蒙古、八旗汉军，建立巩固而强大的基地，面积达400多万平方公里，比中原农耕文化核心地区还要大一些。实现了“以少胜多”。清入关后，打败南明“四王”和李自成、张献忠余部。此期，明朝泰昌帝登极一月而死，天启帝在位七年、瞎折腾而死，崇祯帝也是刚愎自用、用人不当、自缢而死。清朝康熙、雍正、乾隆（前期）三帝100多年，尽力对中华文明五种文化——农耕文化、草原文化、森林文化、高原文化、海洋文化实现文化统合，特别是满、蒙、疆、藏、台完全归入清朝版图，盛清时疆域达到1400万平方公里。这是汉、唐、宋、明所没有过的。实现了“以小治大”。其中，八旗满洲、八旗蒙古、八旗汉军，像鼎之三足，成为清朝政权的三根支柱。

其教训，如同辽朝契丹没有处理好同女真的关系，不敢放手南进，始终是半壁江山，最后被金朝所灭；金朝女真没有处理好同蒙古的关系，未能过江南进，也始终是半壁江山，最后被蒙古所建元朝取代；同样，清朝满洲没有处理好同汉官、汉儒、汉人的关系，最终被孙中山“驱除鞑虏，恢复中华”为号召的辛亥革命所推翻。

从《森林帝国》中能读到历史的镜鉴。

三、中华文明有五种文化形态，文化统合是前进动力

《北京日报》著名记者赵婷说：著名清史学家阎崇年，以讲述《大故宫》而家喻户晓。这些年，老爷子却四处奔波考察，更以 80 岁高龄亲上拉萨布达拉宫；埋头于古书文献，重读《旧唐书》《新唐书》《辽史》《金史》，以及日本、朝鲜的文献著作，只为探究一个问题——赫图阿拉之问。这道历史难题，当年毛泽东、周恩来都曾经问过。今年是阎崇年的本命年。他的新著《森林帝国》由三联书店出版。书中，他不但走出了故宫和赫图阿拉村，更跳出了清王朝 300 百年的兴衰，以世界的眼光、历史的眼光给出了全新的答案。

五种文化形态

“中华古代文明主要是由五种文化形态构成的，即中原农耕文化、西北草原文化、东北森林文化、西部高原文化和沿海暨岛屿海洋文化……他们的碰撞、交流、统合、演进构成了中华文明史的主要内容。”

本书伊始，阎崇年即明言，森林文化、中华五种文化形态概念的提出，有助于澄清两个认识误区：第一，认为中华文明只有一种文化形态；第二，认为文化统合就是文化征服，或文化同化。

他为我们勾画了一幅明清盛时的历史文化地图——中原农耕文化主要包括黄河、淮河、长江、钱塘江、珠江流域等，核心地区面积约 300 多万平方公里。

而西北草原文化、东北森林文化、西部高原文化的区域面积同样各是约300多万平方公里。真是不算不知道，一算吓一跳。

三个千年变局

上述五种文化都对中华文明发展起过重要历史作用，就文化演进脉络，阎崇年总结了三个千年三次大变局——

第一个千年，商周时期，主要是农耕文化各地域、各方国的大统合。

第二个千年，从秦初到唐末，除了中原地区农耕文化内部继续冲突与融合外，又注入了新的文化元素——西北草原文化。其间，农耕文化与草原文化的碰撞与统合出现了三次浪潮：秦与匈奴、魏晋南朝与与鲜卑、隋唐与突厥。

第三个千年——从辽宋到明清，中原农耕文化、西北草原文化继续冲突与融合，东北森林文化则登上中原历史舞台。这第三个千年，焦点是森林文化与其他四种文化的统合——向西统合草原文化，形成满蒙联盟；向南统合农耕文化，赢得中原正统；向西南统合高原文化，巩固青藏版图；向东南统合海洋文化，收复台湾故土，南达曾母暗沙。在中华文明史的第三个千年，森林文化发挥了促进各文化统合的枢纽作用。

一条文化脉络

《森林帝国》起笔于“赫图阿拉之问”，收官于“赫图阿拉之答”，但阎崇年的立意不限于清代兴亡史，更在呼吁创建森林文化史学——“全书纵向以森林文化统合为脊骨和梁架作经线，横向则以时间和空间的演变与交合作纬线，按照森林文化统合、演进的轨迹，森林文化与草原文化、农耕文化、高原文化、海洋文化等碰撞、统合的历史，进行历史与逻辑的阐述。”

合是森林文化的一个鲜明的特点。清帝国是中国历史上第一个极力汲取高原文化、藏传佛教的大一统皇朝。在今西藏博物馆收藏有皇太极与达赖喇嘛的信件；盛京的宫庙坛寺规划，便受西藏高原文化影响，比如按藏传佛教曼陀罗（坛城）佛理，除兴建皇宫，还兴建四塔。

“金没有处理好与蒙古的关系，终被蒙古所灭。皇太极特意让人把《金史》译成满文，让领导干部阅读、讨论，学习经验，总结教训。”阎老笑言，“清也是中国历史上唯一将五元文化统合、执政200年以上的大一统皇朝。”

于是，透过3000年的演进，我们还可以看到某些“弦外之音”：敢于文化统合、善于文化统合者得天下。“文化统合是历史前进的巨大动力”。

“多元文化是大国强国文化自信非常重要的部分。”十年磨一剑的《森林帝国》虽已出版，但“八旬学术壮兵”阎崇年森林文化学说的研究仍然在路上。

历史中国的“合”与“一”

宿平

【题记与作者】

本文是上海《解放日报》著名记者宿平即王一女史，专访《森林帝国》著者阎崇年的文稿，刊登于该报2018年9月15日第6版“读书”。是为《解放日报》三年来第三次以通版刊载记者专访同一学者的文章。

2000 多年前，司马迁在《史记》中划分了农耕与游牧的界限，自此，中国历史上存在着中原农耕文化和北部游牧文化，成为一种广泛的认知。但这种划分是否能够适用于历史中国的各个时期，能否涵盖历史中国疆域内的各个地域？

阎崇年先生在其新著《森林帝国》中对这一问题发表了自己的看法。他认为中华古代文明主要是由农耕文化、草原文化、森林文化、高原文化和海洋文化等五种文化形态构成的。而他更加着重探讨了东北地域所属的森林文化，森林文化孕育了满－通古斯语族诸民族，造就了渤海、金朝、清朝等政权，而清朝更是充分利用森林文化，统合其他文化，建立了对全国的统治，阎崇年称之为“森林帝国”。

追踪森林　梳理东北地区的文化脉络

森林文化所具有的这些特点，始终获得继承与发展，这是一条贯穿 3000 年东北史的文化脉络。

森林文化，就我国的地域范围而言，主要指的就是东北地区；就历史上生活在这一地域的民众而言，主要指的就是满－通古斯语族诸族群。这些族群利用当地的森林资源，进行渔猎和采集，崇拜森林，所产生的文化就是森林文化。阎崇年指出，森林文化所具有的这些特点，从肃慎、勿吉、挹娄、靺鞨、渤海、女真直至满洲，始终获得继承与发展，是一条贯穿 3000 年东北史的文化脉络。

这条文化脉络的存在回答了一个重要的问题，那就是东北地区是否具有独立的文化形态。以往，学界一般认为，东北地区并不具有独立的文化形态，而与西北地区一样都属于草原文化的一部分。这种观点的缺陷在于，既无法解释东北地区文化与西北地区草原文化的显著差异，也不符合东北地区的文化特征。但是，独立的文化形态并不意味着文化形态的单一性与排他性。森林文化的一个特点，就是善于吸收借鉴农耕、牧放等生产方式。明代汉人曾对女真诸部的生产方式和生活方式进行了比较描述，建州女真“乐住种，善缉纺，饮食服用，皆如华人”；海西女真“俗尚耕稼，妇女以金珠为饰，倚山作寨，聚其所亲居之”；野人女真“不事耕稼，惟以捕猎为生”。这是由森林文化所处地域的地缘政治决定的。

东北地区与以游牧为主的蒙古地区毗邻，又与从事农耕的汉人、朝鲜半岛居民长期接触，故存在于森林文化中的生产方式包括农耕、牧放、渔猎、采集等多种。但渔猎、采集应是最初的生产方式，农耕、牧放是随着与周边文化的接触而逐渐产生的，同时也是伴随着森林文化族群逐渐南下的过程出现的。有学者已经指出，射猎、牧放和采集经济，为女真社会经济繁荣提供了有利条件。

考问历史　重新审视满族崛起的根源

森林帝国是指以森林文化为纽带，统合农耕文化、草原文化、高原文化及海洋文化，所建立的多元一统的中华文明帝国。

赫图阿拉位于今辽宁省抚顺市新宾满族自治县永陵镇赫图阿拉村。阎崇年为了写这本书，这些年曾无数次去往赫图阿拉故城遗址。赫图阿拉是满语的汉语音译，直译作“横岗”，也译作“平顶山”，是一座地形古怪的小山城，三面环山，四面临水，凭借天险，易守难攻。为什么是赫图阿拉？因为赫图阿拉可作为清朝的发源地：努尔哈赤以赫图阿拉为基地，统一女真各部，创建满文和八旗，奠定了清朝的基业。赫图阿拉被清朝尊为“兴京”，意思是清朝兴起的京城。

《森林帝国》开篇便抛出一个历史问题——“赫图阿拉之问”，简而言之，就是满族如何以弱胜强地战胜明朝，并建立起 268 年的统一王朝。作者通过多年的努力在书中对此问题进行了回答，可以用“文化”与“统合”两个词予以简单概括。

清史专家曾指出：“满族是 17 世纪初在辽东地区形成的一个新民族共同体，而构成其基本源流的那部分女真人主要来自东北北部和东北部的边远地带。”

满族先民的步步南下，在白山黑水之间形成了四个民族（女真、蒙古、汉族、朝鲜）、三种文化（渔猎、游牧、农耕）并存互动的格局。外部的多重文化对于满族先民产生了程度不同的影响，这是满族意识得以产生的前提条件。清史专家提到了满族先民在南下过程中不断接触其他族群、其他文化的历史，也提到了多重文化对满族形成所起的前提作用。

而所谓外部文化的影响，更重要的是促进了该地域的森林文化的形成与发展。文化史家认为，文化并不是在人类活动及其成果中被经验确认的、作为技术方法及静态特征的样式，而是作用于人类一切活动及其成果中的“动态力量”，是促使样式成立的“形成原理”。诚如上文所及，森林文化的重要特点就是善于吸收、借鉴其他文化，从而使得本文化与他文化互融互通。这应该是森林文化的一大优势。借助这一优势，满洲依靠森林文化，统合其他文化，定鼎中原，实现了对全国的统治。

阎崇年认为，在中国两千多年帝制史中，中华文明帝国曾表现为农耕帝国、草原帝国和森林帝国三种形态。其共同特征是以某一文化形态为纽带，实现文化的多元一统。森林帝国是指以森林文化为纽带，统合农耕文化、草原文化、高原文化及海洋文化，所建立多元一统的中华文明帝国。

白寿彝先生曾指出，统一的多民族国家是逐渐形成起来的，并在理论上提出了统一的四个类型，即单一民族内部的统一、区域性多民族的统一、全国性多民族的统一和社会主义的全国性多民族统一。历史时期的全国统一则应该属于白先生提到的前三种类型，而满洲建立清朝统一全国的过程也属于白先生这三种类型的范围之内。满洲实现了女真内部的统合，完成了东北森林文化的统合、同漠南蒙古（内蒙古）的统合，以及同汉军、汉臣、汉儒的统合，形成八旗满洲、八旗蒙古、八旗汉军。清定都北京后，原本是“以小制大”，经过“康乾之治”的文化统合，他们在满、蒙、疆、藏、台等地区，重俗尊教，因地制宜，逐渐与农耕文化、草原文化、高原文化和海洋文化统合。

书中所述五个文化圈，占当时全国人口的90%、土地的90%以上。满洲从物质和精神两个层面占据主导或主流地位，取得了巩固的地位。总之，清廷依靠“文化统合”而得以国祚绵延268年。后来外有列强入侵、内生文化裂分而逐渐走向衰亡。

首倡统合　重新看待中华民族的凝聚统一

文化统合，在坚持统一的前提下，允许各个地域、各个族群在各自的文化系统内生产、生活。

阎崇年在《森林帝国》中首次提出了文化统合的概念。他认为，从森林文化走出来的满洲统治集团，善于利用政治、文化、宗教等政策，逐渐统合农耕文化、草原文化、高原文化以及海洋文化，使得各种文化类型既能和而不同、各自得到发展，又能够互通有无、促进多元文化共同发展，最终汇聚成为中华文明，各文化类型的族群最终凝聚为中华民族的多元一统。

梁漱溟先生在《中国文化要义》中曾指出中国有三大特征：广土众民、偌大民族之同化融合、历史长久。翁独健先生也认为，民族同化与民族融合是历史上一个民族合于另一个民族的两种不同方式。因此，民族同化、民族融合被长期认同为我国民族关系的主要存在形态。此外，“征服说”“汉化说”“涵化说”等说法也代表了学术界有关民族关系的认识。

阎崇年提出的森林文化善于吸收借鉴其他文化，具有包容性，而满洲统治者则充分利用森林文化的优势与特点，采用文化统合的政策。费孝通先生在其代表性著作《中华民族多元一体格局》中指出：“中华民族的‘一体’，是指各兄弟民族的‘多元’中包含不可分割的整体性，而不是其中某个民族同化其他民族，更不是汉化，或者马上实行‘民族融合’。”费先生的说法与满洲统治者所采用的文化统合政策是相辅相成的。文化统合，在坚持统一的前提下，允许各个地域、各个族群在各自的文化系统内生产、生活。在对中国历史的长时段观察后，阎崇年指出了文化统合的优势与不足：文化统合能够促进政权的建立与巩固；文化统合还需放眼世界，善于从其他文明、文化中汲取养分；中国历代长期忽视海洋文化、森林文化是文化统合中的一块短板。

学术研究贵在理论创新，学术创作重在问题导向。有关“森林文化”“文化统合”的提法，是阎崇年多年进行理论思考、长期从事清史研究的最新理论成果，具有首创之功。学术的发展，需要一代代学者提出自己的新学说、新理论，但更需要学术界针对新学说、新理论展开深入、细致的研究与讨论。对于《森林帝国》中提到的新学说，希望能够得到更多学者从各自学术研究领域出发提出自己的意见和看法，一石激起千层浪，促进学术研究的理性健康发展。

由合作走向统一

——读《森林帝国》

杨海龙

【题记与作者】

《森林帝国》出版后，《中国纪检监察报》记者杨海龙先生对阎崇年进行专访，写出评论专文《由合作走向统一——读〈森林帝国〉》，刊载于该报 2019 年 12 月 31 日。

《森林帝国》是阎崇年在85岁高龄完成的一部原创性史学著作。本书开篇便提出一个历史问题“赫图阿拉之问”——清朝的起点在赫图阿拉，所谓“赫图阿拉之问”即清朝之问——“满族是一个只有几十万人口的民族，军队也不过十万人，怎么会打败约有一万万人口、一百多万军队的明朝呢？建立清朝并巩固其统治长达二百六十八年，这究竟是什么原因？”全书以森林文化的统合作经线，以时间和空间的演变与交合作纬线，按照森林文化统合、演进的轨迹，依据森林文化与草原文化、农耕文化、高原文化、海洋文化等碰撞、统合的历史，进行历史与逻辑的阐述，探索满洲—清朝发展的历史与演进，并在结语作出三个方面“赫图阿拉之答”——文化初合，取得政权；文化统合，巩固政权；文化裂分，失去政权。历史表明，中华文明之博大，在于其文化多元；中华文明之绵延，在于其文化统合。所以，“森林帝国”的历史启示：一个国家崛兴和强盛的基本经验是：以文化之“统合”，求国家之“统一”。

作者认为，满洲实现了女真内部的统合，又完成了东北森林文化的统合，继以森林文化为枢纽，实现了中华文明的大统合，建立了后金—清朝。这是清明兴起、统一、鼎盛和延祚的文化根因。

书中还对“文化”与“统合”两个关键词进行了细致回答。统而合之，合则大，合则强，合则兴，合则安。这应是森林帝国从赫图阿拉走向辽河，走进山海关，走入中原，最后走向统合全中华的历史逻辑。作者认为，中华文明史上产生过的农耕帝国、草原帝国和森林帝国三种形态，其共同特征是以某一文化形态为纽带，实现文化的多元一统。

关于文化统合，作者认为从森林文化走出来的满洲统治集团，善于利用政治、文化、宗教等政策，逐渐统合农耕文化、草原文化、高原文化以及海洋文化，使得各种文化类型既能够和而不同、各自得到发展，又能够互通有无、促进多元文化共同发展，最终汇聚成为中华文明，各文化类型的族群最终凝聚为中华民族的多元一统。

全书以森林文化为主线，在叙说肃慎至满洲历史演进过程中，时时处处指出森林文化的表现、作用以及与其他文化形态的关系，从而写出 3000 年森林文化族群发展简史。作者试图澄清两个认识误区：第一，认为中华文明只有一种文化形态；第二，认为文化统合就是文化征服或文化同化。作者认为中华文明发展的宝贵经验在于两个字——“合”与“一”，实现中华文化多元统合，形成中华民族多元统一。

书中提出的森林文化的“统合”具有三种内涵：一是文化观念上的“合”，就是合的理念、合的思维；二是治理政事的手段，即为一种治术；三是智慧形成的力量，运用到政治上，收到预期的效果。在论说森林文化形态中，他还特别关注森林文化与草原文化的差异，强调“古代东北地域不是牧区、游牧经济、草原文化，而是林区、渔猎经济、森林文化。森林文化自远古发育，绵延不绝，发展不断，为后来森林帝国做出历史积淀”。

作者认为森林文化的族群居民有着注重协作的性格特征，因为“狩猎一般是围猎，从四面八方围堵捕获猎物，必须协同合作”。他进一步比较农耕、草原、高原、海洋、森林五种文化形态的劳作方法，虽然都是以“户”为单位的个体经济，但森林文化的生产者不同于其他民众，他们狩猎中的“围猎”，也叫“合围”，特点是“合”。后金、清朝的八旗组织源于“围猎”。“合”是森林文化的一个鲜明特点，森林文化的部民重“合”，就是注重统合。

书中对森林文化的内涵，森林文化与其他文化关系等都做出了颇有建树的阐释。

本书着重探讨的森林文化，孕育了满洲－通古斯语族诸民族，造就了渤海、金朝、清朝等政权，而清朝更是充分利用森林文化，统合其他文化，建立了对全国的统治，作者称之为“森林帝国”。

读《〈康熙顺天府志〉校注本》

郗志群

【题记与作者】

本文是首都师范大学历史学院著名文献学家、北京史学家郗志群教授所作，作者有《历史北京》《松漠纪行——燕北地区农牧交错带文化遗产考察报告》《河洛源流——赣闽粤古移民文化遗产报告》等专著。此文刊载于中华书局《书品》2010年第一辑。收入本集时作者略有文字改动。

2009年6月，阎崇年先生校注的、清张吉午纂修的《康熙顺天府志》由中华书局出版。这是被阎崇年先生认定的“世间孤本”，在经历320多年的秘籍流传后与读者见面了，这实在是一件嘉惠史林的好事。同时，对于阎先生多年来对该书的版本寻证和点校注释，也应致以敬意。

通读此书，在三个方面感受较多，谨略述于下。

一、史料丰富，版本珍贵。北京作为千年古都，历史上留下了相当丰富的地方志史料。据谭烈飞《北京方志提要》记载，现存的旧编地方志就有91种之多，时代从元朝直到民国。其中在明清顺天府时期，曾先后官修了永乐、万历、康熙、光绪四种《顺天府志》，时间段也恰好分别位于明早期和明晚期、清早期和清晚期。但是由于《（永乐）顺天府志》已残佚，仅有辑本，而《（万历）顺天府志》“书止六卷，甚为简略”（缪荃孙语），由此更显现出《康熙顺天府志》承上启下的作用。

作为官方修编的志书，八卷本的《康熙顺天府志》资料丰富，有着其他官、私史料所不能替代的价值。例如卷二有一段对清初北京城墙的描述：“甲申，毁于流寇者什九，惟正阳门内二楼岿然独存。自我皇清定鼎以来，次第修理，乃复旧观。”虽然站在不同的立场，这里将北京城毁坏的责任全部归结为李自成起义军，但是由此也不难看出，北京城墙在明清之际的损毁程度是相当严重的。并且关于大顺政权对于北京城的破坏，历史上尚存在着不少的争论，这里的表述，也不失为一个参考。

另外，正如阎先生在《张吉午与〈康熙顺天府志〉》中指出的，本书对于清初的六大弊政有着很翔实的反映。卷四《食货·田赋》中记载，宛平县原额民屯地有“三千二百七十二顷五十六亩五分三厘”，而“除圈丈、投充带去地亩外”，再加上“拨剩香火等地”，也仅仅剩下“一千四百四十五顷八十七亩五分四厘”，其纳税田产减少了一半。而在编丁口也减少了近3000人。而良乡县更甚：“除圈丈、投充带去地亩，本县实在民地无”，香河县同样“除圈丈无遗”。作为一府的知府，张吉午深知北京地区圈地、投充的弊病，所以曾上书《请停圈民地疏》，希望朝廷停止圈地投充。

这些特定时期的特定史料，在《（光绪）顺天府志》中都是没有记载的。所以说，《康熙顺天府志》的点校出版，在史料的保存与流布上有着重要的意义，为研究明清之际以及清初的北京地方史提供了很大的帮助。

鉴于《康熙顺天府志》的史料意义，很多北京史研究者都注意到了它的价值。王灿炽《燕都古籍考》中曾有记述：“此书全国仅存一部，为海内孤本。……乾隆间编《四库全书总目》、光绪间纂修《顺天府志》均未著录，可知此书久藏秘阁，知者极少。”并希望及时整理出版。

阎崇年先生早年进行北京史研究时发现了此书，并深知其不可替代性，便开始留心于版本的搜集查找。史学研究向来是“证有易，证无难”，要证明存于国图善本部的《康熙顺天府志》为孤本，确实十分不易。为此，阎先生在工作中留心于此，在海外访学时也不忘时时察访，在国内外主要的保存中国古籍的文库和图书馆中都没有找到其他版本。

在整理中，阎先生还逐步考证了《康熙顺天府志》的成书过程和纂修者张吉午的背景经历，发表了《张吉午与〈康熙顺天府志〉》（《文史》第四十七辑，1997 年）、《论〈康熙顺天府志〉》（《故宫学刊》2004 年总第一辑）等文章。理清了本书的来龙去脉，并且对本书的史料价值和时代特点，对其中录入的当时奏疏的意义进行了详细的阐释，为本书的出版做了充分的准备。

校注出版孤本古籍在版本流传上的意义是不言自明的，尤其是对于这样一本史料价值颇高的古籍。可以说，此书的校注出版不但方便了读者的阅读研究，并且最大程度上保留了原有版本的信息，这在古籍整理、保护和利用上无疑做了一件功德无量的事情。

二、校勘细微，考证精当。我们在进行古籍整理校勘工作时，一般都遵循着陈垣先生提出的“校勘四法”。由于本书为孤本，故而无法进行对校。但是在本校、他校和理校方面，本书都可谓是相当精彩的。

作为一直致力于北京史研究的学者，阎先生在相关史料的认知方面有着相当厚实的基础。如在卷二《地理》中，他就细心地发现了正文所谓“金大和中”的年号存在问题，并将其改为“泰和”；再如在卷六《政事》中，原文有记载：“朱永昌，辽东辽阳曲卫人”，阎先生则指出，明末清初辽东辽阳是没有“曲卫”的，纠正了原书记载的偏差。

此外，在原书的史实记载失误这一问题上，阎先生也作了细致的纠谬。如卷七《人物》中，有“太后薨时，崇祯甫四龄”之语。此言粗看之下并无不妥，但却与《明史·后妃传》“帝五岁，失太后”的记载不符，阎先生发现了不同并且予以指出。再如原书在记载刘文炳时，将其叔继祖误记为其父，并且将其弟“文燿”之名误作“文耀”，阎先生根据《明史》记载将其一一指出，并对原书做了改正。

阎先生还在很多部分参照其他相关史料进行比对，对此部分内容进行整体的匡谬。如其《食货·田赋》一部分就参照了《（万历）顺天府志》，对其中一些明显失实的数字作了改正；《政事·历官》一部分与《（万历）顺天府志》作对比，把其中人名的出入一一匡正；而同样在此部分核对了《明清进士题名录》，也从中发现了一些问题。

本书的理校也是细致入微的，如在卷三中，曾出现“康熙乙酉年”，但是据阎先生考证，本书的截稿时间是康熙二十三年，而“康熙乙酉年”则是康熙四十四年。所以根据上下文的推理，这里的“乙酉”，可能是“己酉”的误写。

本书的整理工作还有一点非常值得肯定和学习，就是在校勘的同时有很多注释和考证。点校者旁征博引，结合了多年史学研究的心得。可以说，本书的一大亮点就是对史实的考证，和对一些史料的深入解释。

粗略的统计，本书大小考证就有近百处，其中涉及了历史地理、经典古籍、历史事件等各方面的内容。如卷二中注释四十三对“燕京八景”的解释中，就以《日下旧闻考》为基础，参考了《元一统志》和乾隆御制诗，文字精炼详实。此外，如对北京两条高梁河的说明、妙应寺白塔的源流考证、顺天府不同时期所领州县的梳理等内容，都是很有学术价值的。

另外，本书在注释中对一些著名事件、人物、景观和官职都有着重标注，并且大多援引史料，使得读者在理解本书时更加方便。

三、对北京史研究的意义和启示。近年来，随着北京文化事业的繁荣发展，北京史的研究也进入了新的高潮。一方面，表现北京城市历史、城市景观、风土人情的新书不断涌现；另一方面，很多一手史志笔记也被重新校勘出版。但是与此同时，我们不难发现，在地方志的整理出版上，我们还存在着不少的空缺。

北京历史上比较全面的地方志书，一般来说以五部最为主要，即《（永乐）顺天府志》《（万历）顺天府志》《康熙顺天府志》《（光绪）顺天府志》和日伪时期的《北京市志稿》。随着此次《康熙顺天府志》的出版，这五部志书都已出版面世。不过，稍有不便的是其中的《（万历）顺天府志》还没有点校本出版。此外，北京地区府以下的各个州县也存在着相当丰富的志书，但是现在已经点校出版的——如《光绪昌平州志》《昌平外志》《康熙大兴县志》等，可谓凤毛麟角。所以说，在一手史料的发掘、整理、点校、出版上，真的还有很多工作要做。

梁启超先生在《清代学术概论》中曾说过：“古书传习愈希者，其传抄踵刻讹谬愈甚，驯致不可读，而其书以废。”所以校勘因其存正史料，虽为小学，但确系为史之人的基本。阎崇年先生此次点校《康熙顺天府志》，一方面使得明清时期的《顺天府志》得以全部付梓，形成系列，为北京史的研究带来很大便利；另一方面，也启发了我们，北京史研究应该从基础工作做起，着重基础史料的整理和点校，使北京历史上丰富的方志资源得到有效的保护和应用。

践行四力——努力·毅力·心力·合力的史学大师

——恭记与大学长、清史专家阎崇年先生一夕谈

张永和

【题记与作者】

本文是著名剧作家、被访者中学的学长张永和先生的专访茶叙后的文稿，刊载于《北京纪事》2019年第7期。张永和先生为一级编剧，发表或演出剧本《风雨同仁堂》等五十余部，多次获得重大奖项，产生广泛而巨大的社会影响。

我与著名学者精研清史、北京史专家阎崇年先生，交非泛泛。先生与我同毕业于北京六中这一名校。崇年先生高余三班，大学长无疑矣。毕业后，时事变化异常，各奔东西，晤面机会较少。但自改革开放之后，崇年先生供职于北京市社会科学院，我就职于北京市文化局《新剧本》杂志社，接触的机会便与日俱增。尤其是2000年后，虽然我与先生都退休了，可是退而不休。随着文化艺术界对学术研究更大的开展，我们接触反而更频繁起来，几乎数日一见。最近些年，余编剧本之暇，也记录了一些与在下有关的师长和挚友的人物文章。一些老师辈份之人如周师贻白公、张师中行公、吴师祖光公、黄师宗江公、汪师曾祺公、翁师偶虹公、欧阳中石公等。还有六中的一些授我语文知识的师长；与我接触密切的挚友，如姜纬堂、高宝贤、杨晓雄、谭元寿、梅葆玖、李小春诸兄等。均曾撰文介绍。唯崇年学长，接触频繁，问艺日久，竟尚无一文恭颂恭记。前日与崇年先生同观拙作京剧《风雨同仁堂》，并于第二日择一茶室请教先生该剧发生在庚子年中，大栅栏被火烧殃及各商店的情况。趁此机会，余与学长促膝而坐作一夕谈，华灯初上，共品香茗，恭聆教诲，受益匪浅，也是一种艺术的享受。谨记数则，已成小文，记录了崇年学长做人的特点和治学方面的成就，当然不过是沧海一粟而已，然而终于开了头，得到了学长允许，假以时日，再做学习后的文字记载。

著作等身　史界翘楚

在茶室，我很冒昧地问崇年学长，这几十年您都有多少作品？崇年学长笑着说："你问的真好，这两天因为一个出版社也要我谈这个问题，所以抽空我算了一笔账，因此我可以准确地答复你。我从 1955 年到北京师范大学学习历史开始，到 2018 年，这 63 年中，大小文章我一共写了 568 篇。超过万字的重要论文 118 篇，各种版本的著作 95 种，不重复的、独一的一个版本的著作 57 种，为自己作品作序的 63 篇，为他人作序的 75 篇，主编的作品 15 部。其他讲话、讲座、答问、诗词等没有统计。"学长没有更详细地具体解释他写出了哪些著作和论文。根据我与学长数十年的交往，以及学长每出一部重要的著作，都会亲笔签上名字送给我，故我大都有所知，他的主要的作品，不妨说一说。

他的专著有《努尔哈赤传》、《清国开国史》（上下卷）、《正说清朝十二帝》、《明亡清兴六十年》（上下册）、《康熙大帝》、《大故宫》（一至三册）、《清朝皇帝列传》（上下册）、《袁崇焕传》、《中国古都北京》、《中国都市生活史》、《合掌录》以及最近两年的力作《御窑千年》和《森林帝国》；论文方面有，《燕步集》《燕史集》《袁崇焕研究论集》《满学论集》，等等。至于学长所主编的论文集，我就不在这里细细道来了。我以上所列的专著和论文集共 25 部。可以说这都是学长的经典之作，而且其中大部分都在中央电视台十频道《百家讲坛》播放过。字数逾千万，而且通过电波的传播，受众又何止千万，故而说崇年先生，著作等身、史界翘楚，名实相符，毫不过分。

发奋读书　问心无愧　善于利用一切可以利用的时间

我问学长，您这么多的著作，而且又非小说、散文、诗词歌赋、戏剧戏曲剧本，可以挥洒自如，虚构想象，学长的作品都是有关中国古代与现代历史之或专著或论文，必须言出有据，符合史料记载，是要从故纸堆中爬梳钩沉来核对，没有时间是不成的。这短短的几十年中，您是从哪里挤出时间？怎么完成这些大部头的？学长笑道，这其中还确实有个如何挤时间，延长时间、延长生命的方法。应该说我的条件并不好，怎么条件不好？我的天赋并非绝顶聪明，也非诗书世家，所以写出这么多书来，我总结起来，原因固然有一些，但主要有四条：一、努力；二、毅力；三、心力；四、合力。先说努力。

学长讲他的努力

从 1963 年开始，到 2019 年，这五十七年中，只要条件允许，我清晨四点起床，到清晨七点，这是第一个单元；吃完早点以后，八点开始到十二点，这是第二个单元；中午休息：吃饭，午睡。从下午二点始，到六点再休息，这是第三个单元；吃晚饭，看中央电视台新闻联播，八点钟开始，到晚上十多点结束，这是第四个单元。上下午 4 单元共 14 个小时，都用来写作和读书。这就等于一般人两天的工作时间。我周六周日两天，也是这样，不休息。一年 55 个双休日，每天 4 个单元工作，这样又出来 220 个单元，770 个个小时。我就是用这个笨办法，挤时间延长生命。条件有利时努力如此；条件不利时也努力如彼；劳动时的闲暇时间努力，下放锻炼仍然努力，利用一切条件，读书写作。逢有考察必拿小本把所见所闻记下，以备后来查用。

80 年代兴起下海潮，单位办了四十几个公司，领导让我带头兴办公司，我答：公司不是人人可办的。领导找我谈了三次，我婉拒了三回，坚持不办，仍然坚持读书和写作。后来私人公司都垮了。商品大潮坚持读写、下放劳动坚持读写、搞运动休息时还要读书写作。“文革”十年，学校不上课，工厂不做工，那时我正在学校图书馆做管理员。图书馆关门不接待任何读者，我八小时都是看书。比别人多了十年，下放三年我不偷懒依然读书，又多三年。三年四清，我又不停地读书，这样就比旁人多读了十六年书。我深深体会，历史这门学问，和文学艺术不同，文学艺术需要天才，而历史只有用笨功夫，勤奋读书、努力笔耕。“文革”结束后许多人这些年没有写文章，而我却不停地写，我有文章，便拿出来一篇篇发表。《努尔哈赤传》就是在看瓜棚写的。

总结一下，星云大师说，一个人寿命百年。我通过这个笨法子，拼命挤时间读书写作，这样就比别人的时间延长了一倍或者两倍。所以能够写出来一些东西，这是我努力的结果。

永和谨按：一个人一时努力，或较长时间努力，逆境时努力或得意时继续努力，历史和今时都有之，似亦不足为奇。然如崇年先生，六十载中，勤奋努力一以贯之，其人其事，古人今人是不多见。故才能有此卓越的成就，老天不负勤奋人，信矣！

崇年学长讲毅力

我请大学长再讲他的第二个力，即毅力又作何解释！答曰：努力必一贯，读书需恒久。否则三天打鱼，两天晒网，一曝十寒，这是不能够出成绩的。我1956年入门北师大学历史，六十年就凿在一个眼儿上，这个眼儿，就是历史。不论天冷天热。白天晚上、寒暑假、节假日，这么干了六十年，就做了学习历史、研究历史这一件事。我要干六十件事，可能一件事也会做不成。这六十年做一件事，我从没有动摇过。六十年我研究了三个史：清史、满洲史（满学）、北京史。

先说第一个清史，我写清史出了十本书以上。重点是《清朝开国史》，共120万字。古今中外没有，我是第一人。第二个满学，六十岁开始，我创立了满学，这个学科过去没有过。我倡议建立了北京市社会科学院的满学所，这在全世界是第一个建立的满学所。满学是一门研究什么学问的呢？满学侧重于满洲的语言、文字、八旗、宗教等和各国的关系，满洲八旗的建立和它的种种历史，满洲文化的源流和发展，再有就是有关满文的一些常识和运用的历史。满学所一共出了七本满学论文集，每两年出一本，满学论文集出了我的专著，全世界我是第一个。连着就召开了五次满学国际研讨会。满学研究在北京，开创了一个新学科。我们的满学研究，超过了日本和美国对满学的研究探讨。

第三个就是北京史的研究。在北京市社会科学院历史所的领导下，我出了五本有关北京史的书籍，其中的《中国古都北京》，翻译成英文、法文、德文等各种不同文字刊行。

这就是我所说的毅力。数十年我一心一意、心无旁骛地就做历史研究这一件事儿。正所谓专心致志金石可镂，所以，我在历史研究上，方能创作出些许成绩。

永和谨按：人之一生，漫漫百年，能就一件事，义无反顾，毫不动摇，不改初心，始终如一，如崇年先生，始终与历史结缘，无论风雨阴晴，逆水顺流，皆一步一个脚印去做，很难。而人之天赋有不同，光有天赋这本来是极好的事情，但也有高智商的人，绝不肯做一件事，往往见异思迁，广泛涉猎，史上不乏其人。比如明末清初的大知识分子张岱，诗词歌赋、吃喝玩乐、小品散文，无一不能，无一不精，甚至可以串演角色，登台演戏。但他传世之作不多，而且完全是在清军入关之后，他披发隐居山林，始立志发奋著书立说，于是留下《石匮书》《西湖梦寻》，特别是《陶庵梦忆》这部大书。如果他开始便能踏下心来，肯努力，有毅力，而做一件事，或文或史，那就绝对不止留下这几部文史俱佳之书，可能还不知要为后人留下多少经典著作。绝顶聪明，本来是难得的事，用崇年先生自己的话说，他并非绝顶聪明之士，只因为肯努力，有毅力，因祸得福，反而留下了诸多史学经典著作。

大学长继续讲心力

我问大学长，这第三个“心力”又作何解释？我们写文章谁不是用心来写呢？崇年学长笑答：我所谓“心力”不是指用心不用心，谁写文章不用心、不用脑，难道还能用别的什么？头两年我参加北京电视台《春妮的周末时光》节目，她问我搞历史什么最难？我说了四点：

第一点：说别人没有说过的“义理”，所谓“义理”就是观点。搞历史研究，切记不能东抄一点，西抄一点，要用心开创，说别人没有说过的义理，即观点。读史料、看前人的记载，史料本身是没有观点、没有见解的。你读后，没有观点不行，那就是没有灵魂。对读到的史料，要有见解、有理论、有思想，写出来的文章，文字还要漂亮。抄别人的东西，自己没有观点，学问做不大。

第二点：用别人都没有用过的史料，而且要用得对，用得准，要恰到好处，这是比较难的。大路货不行，别人没有利用过的史料，你把它找到，经过分析，得出你的观点，这就是很好地利用了你所发现的新的史料。

第三点：做别人没有做过的“阐释”。光发现新的史料还不行，更要对这一段史料经过你的独特的阐述和解释，这必然是新的观点，新的发现。

第四点：补前人没有取得的成果。综合这四点，归结为一句话，就是学术创新。即你对史料的新的义理（观点）、你新发现的史料、你对新的史料的阐释、你新取得的成果。学长讲完后，因我不是学历史的，所以，我还不是理解得很透彻。我请大学长能否举例来说明？于是崇年先生又为我简单地举了三个例子。

一个是《张吉午与〈康熙顺天府志〉》，一个是《清郑各庄行宫、王府、城池与兵营考》，还有一个是《于谦〈石灰吟〉指疑》。在这三篇论文中，崇年学长对于昔日史书对这三件事的结论有怀疑，于是费尽心力，奔走万里，搜寻新的史料，终于在此基础上得到了新的结论。崇年先生完全是用心力来做这些事情的。限于篇幅和我的学养，对这几件事情，我不能讲得很详细。先说这个《张吉午与〈康熙顺天府志〉》是怎么一回事。20 世纪 70 年代中，崇年先生去位于文津街的北京图书馆（今国家图书馆分馆）查阅《顺天府志》时，觉得该书重要，随手抄录原文，阅读中，同管理人员聊天时，提及此书可能是孤本，第二天，图书馆以整理图书为由，不能借阅。崇年先生索然失望。先生告诉我，下决心定要考证其作者及其版本。经二十余年，学长国内外访查与求索，终于考证出该书修纂者为谁及该书有何重要史料价值。

首先，这本书经过阎崇年先生去国内诸多知名图书馆查询，均无此书，属海内孤本。但先生又考虑到，海内孤本并不等于海外无藏本。于是，先生不避辛劳，在 1989 至 1990 年赴美讲学期间，亲赴美国国会图书馆，同中文部王冀主任、居密博士查询此书，该馆确未收藏。崇年学长又在哈佛大学、耶鲁大学、哥伦比亚大学、印第安纳大学、夏威夷大学、加州大学等图书馆及其他图书馆查阅中国地方志目录，亦概未著录《康熙顺天府志》；在欧洲，学长讲道：通过其他途径查询，亦未见著录《康熙顺天府志》；在日本，学长于 1987 年赴日本，曾在东洋文库看书，并查阅日本收藏中国地方志的目录，未见著录此书；在中国台湾，除有人已核阅台湾公藏地方志联合目录外，先生于 1992 年赴台湾，在“中天研究院”史语所图书馆，台北故宫博物院文献处和台湾“中央图书馆”等地进行查询，均未见此书。此外，大学长对香港大学、香港中文大学和澳门大学图书馆均做过查阅，亦未见收藏此书。故大学长对余说：这样可以说了，《康熙顺天府志》不仅是海内孤本，而且是世间孤本。

崇年大学长，根据这次国内国际不平凡的调查，查阅多种史料后，终于得出此书是康熙年间顺天府尹一代名臣张吉午所编纂。查阅张本《康熙顺天府志》，记载史料极为详实，讲顺治帝和康熙帝的御制文，全文著录于卷八《艺文志》之首。又将触碍时讳的奏疏，原文著录于卷八《艺文志》之内，即将康熙年间旗人圈地圈房之弊政也写于本书之中。“此其两举，突破实例，体现了张吉午极为可贵的民本思想。在书成之后，引起朝廷官宦异议。”故呈于宫中，即留中未发，自然也不能雕刻，后流出于民间。于是，此本《康熙顺天府志》便成为世间孤本。因此也正如阎崇年先生所说“张吉午纂修的《康熙顺天府志》，成为中华古籍中的一颗珍珠，也成为人类书库中的一块瑰宝”。

第二个例子，学长举了于谦的诗作《石灰吟》。于谦的《石灰吟》世人皆知，这是民族英雄于谦的著名诗作，而且被收入中学语文课本。21 世纪初，杭州于谦研究会第一届学术研讨会，邀请阎崇年先生去参加，并提交论文。崇年先生曾对于谦为这首名诗作者有所怀疑，曾本着一个史学工作者需认真对待存疑史料之精神，遍查海内外有关于谦的诗文集，从明成化到清光绪年间以来，三百多年中海内外现存所有各种善本、稿本、抄本、孤本，考证这首名诗作者到底为谁。查阅多种版本之后，于谦这首名诗，在清刻本《于忠肃公集》中收录了《石灰吟》，但没有注明出处。而所有记载此诗作的版本，无论明、清各版本均未注明源自何处。即或偶有，也语焉不详而最后终未找到。

《石灰吟》现在能见到的其最早的出处，是明人孙高亮的《于少保萃忠全传》。而这本书是一部歌颂于谦精神德业的章回体历史传记小说，乃一家小说之言。小说之言，于史无证，何况诸多正史有关于谦资料中均未曾收集《石灰吟》，故崇年先生最后得出结论，指出《石灰吟》诗作非于谦所撰。但崇年先生又认为“于谦是杭州人，也是中国人，于谦是杭州的骄傲，也是中国的骄傲，历史不会以《石灰吟》不是于谦所作，而对于谦评价有丝毫影响，《石灰吟》借于少保而传颂四海；于少保以《石灰吟》而更加辉煌。”

崇年先生举出的第三个例子，便是通过《清郑各庄行宫、王府、城池与兵营考》这篇论文，清晰地考证出当今北京昌平区之郑各庄平西府村之温都水城为清朝行宫和王府所在地。1958 年崇年先生在北京市文物普查时，发现在郑各庄平西府村内仍留有一座古城墙的残垣，还有上写楷书“来薰门”的白玉匾额。城墙外是护城河，东、南、西三面护城河基本保留。2006 年该村施工时又出土一口鎏金铜井圈，制作相当精美，依然能清晰地看到井口雕刻的云龙，威严之气魄，不失皇家风范。

郑各庄平西府村究竟在什么地方呢？在北京 5 号线地铁终点天通苑北站再往北行一站地，地名为平西府，有“533 路”等数条公交车在此设站。由此站西行里许，便可见一座雕梁画栋的建筑群，此处便是近年来由村民修筑起来的集体企业——温都水城。打开这里的地图看，此地为平西府村。据此地老人讲，这温泉所在就是当年的平西王府。这就奇怪了，清初只有叛将吴三桂被封为平西王，而吴三桂从没有在北京开过府，叫此王府称谓，可算是驴头马嘴绝对对不上号。崇年先生为弄清这个问题。在赴台湾讲学的过程中，多次去台北故宫博物院查询大陆没有的满文资料，与该院的周功鑫院长及冯明珠副院长交朋友，并为该院讲述康熙和雍正两朝的历史，因此得以多次查阅康熙和雍正两朝的满文档案。方看到康熙六十年（1721 年）建造郑家庄行宫与王府工程郎中尚之勋等满文《奏报郑家庄行宫用银数折》，折中奏道：“康熙五十七年十二月内，为在郑家庄地方营建行宫、王府、城垣及城楼、兵丁住房……”可见此处不但曾建王府，还建过皇帝的行宫。崇年先生从台湾返京后，又在中国第一历史档案馆郭美兰研究员的帮助下，查阅到康熙五十七年（1718 年）此项工程清宫的满文档案奏折。译文为“清郑家庄行宫与王府等工程，于康熙五十七年开始动工……”“共计建筑住房当在一千一百六十四间”。经过崇年先生如此辛苦努力，谜团终于解开，水落而石出。原来这里曾修筑成康熙皇帝的行宫。这是板上钉钉，毫无问题了，那么又是给哪一位王爷修建王府呢？人们都知道北京二环路以外，从没有任何王爷的王府。后又经崇年先生反复研读资料：康熙六十一年（1722 年），《清圣祖实录》载：“朕因思郑家庄里已盖设王府及其兵丁住房，欲令阿哥一人往住……”是让哪一个阿哥去住呢？康熙也没有说。但又是崇年学长据在台北故宫博物院，查满文档案中记载，又查到《朝鲜李朝实录》载，康熙帝临殁时的遗言：“废太子（胤礽）、皇长子（胤禔）性行不顺，依前拘囚，丰其衣食，以终其身。废太子第二子（弘皙）朕所钟爱，其特封为亲王。”这说明，胤礽虽被康熙两立两废，但父子舐犊情深，故此这位老皇帝，才在临终时留下这样不寻常的遗言，从而也便毫无疑问地说明该王府理应为废太子胤礽之第二子弘皙的理王府。

郑家庄王府从康熙五十七年（1718 年）七月始建，到康熙六十年建成。康熙皇帝在行宫住过一天，而于康熙六十一年即病逝。雍正继位后，于雍正初年便按照其父康熙皇帝的遗言，封二阿哥（胤礽）子弘皙为多罗理郡王，并在数月后，雍正又下旨“……今弘皙既已封王，令伊率领子弟，于彼居住，甚为妥协……”弘皙于雍正元年九月二十日（1723年10月18日）乔迁郑家（各，“家”与“各”通用）庄，于是这里便正式成为弘皙的理王府。但十五年后，清乾隆四年（1739年），乾隆还是对弘皙不放心，怀疑他有阴谋不轨的行为，对弘皙作出革除王爵迁出郑家（各）王府的处理。又经二十几年，乾隆令看守王府的数百八旗兵丁全部调往福州当差，亲属整户跟随。于是王府尽数迁出，人走房空，最后“其空闲房屋，毁仓空地”。但是偌大王府岂能没有留有痕迹，已出土的残破的城墙，匾额以及护城河、金井……说明有清一代，只有郑各庄王府是皇宫与王府同在一处的。否则，哪个王府能够设备有城墙、护城河、金井等只有皇帝才能有的设施？再有，头些年，崇年学长去福州讲学，会后，尽管大家都已散去，但尚有10余人，围着崇年先生问长问短，而且所讲之话都是北京口音。学长觉得很奇怪，便问他们怎么说这样一口京片子？这些人说道，他们都是过去从北京来的八旗驻军的后代。大学长一想，说不定就是当年看守理王府，后来因为弘皙被革爵而迁出京城去往福州的那些兵丁的后代。一代传一代，所以到今天，仍能保持北京的京音。当崇年学长和我讲这一段故事的时候，神情也不免有些激动。沧海桑田，三四百年过去了，这些当年迁出北京的八旗兵丁的后代，今天依然生活在福州，生活在今天幸福的新时代，也不枉他们历尽艰辛、长途跋涉，如今虽在闽地，却也过上了好生活。

诸事皆已明白，最后我问崇年先生：为什么这个地方又叫成了平西府了呢？学长又笑答：原来平西府为弘皙府的谐音。平西与弘皙发音极为近似，平西通俗易记，弘哲字难认，读起来又拗口，故久而久之以讹传讹，弘哲府叫白了便变成了平西府了。年深日久，这个地名也就不用再改了。

永和谨记：为了这个皇宫和王府。崇年先生用尽“心力”，终于把这桩公案弄得一清二楚。说来这与我还有些关系。我的女儿张田，曾随崇年老师一起到平西府村那个温都水城踏勘故址，聆听那里的领导和老乡讲出土文物情况而受益匪浅。后又经崇年老师亲自指导，遂写成《北京平西府从无有平西王》一文。而我原在平西府有一个工作室，每次去工作都要在平西府车站下车。我一直弄不清这个平西府是怎么回事儿，现在终于弄明白了，原来是弘皙府，这也可以算作一段学人佳话。

最后崇年学长又说到这个合力。学长最后讲合力“无论在什么时候，要做成一件事，往往不是凭一个人的力量能够做成的。”他面容严肃，意味深长地说，“小的时候我最爱吃家乡的千人糕。现在想一想这个千人糕要经过多少人的努力，才能够付诸实现做成这个糕。首先要由农民种麦子、收获后再磨成白面，做成这糕还需要植物油、蔗糖等调合面粉，最后再经由技术人员的手艺，方能制成这个好吃好下咽的千人糕。”接着，崇年先生又讲了一段数百年来一直为人传颂的佳话。

话说清代康雍年间有一位读书人，江苏金坛人蒋衡，此人是个老贡生，科考场屋多年不利，但他并不想撂挑子什么也不做了，他是一位书法家，写得一手好毛笔字。有一年他旅游到西安碑林，看到字迹不同的石刻的经文，他便产生了一种要重新书写《十三经》的念头。于是他下决心去到扬州的琼花观住下来，从此便在此庙里以楷书书写《十三经》。他心无旁骛，每天坚持抄写，这样夜以继日。抄写了十二年。《清史稿·蒋衡传》这样写道："键户十二年，写十三经"。也就是关上门，抄写《十三经》，终于把这个大工程完成了。继之，需要合力了。扬州大盐商马曰琯知道这事了，出资二千锾，合白银二千两，蒋衡得以把抄写的《十三经》装裱成三百册、五十函。乾隆时的名臣，江南河道总督高斌又知道这件事了，就把这装裱成册的《十三经》呈上给乾隆皇帝御览。弘历看后非常高兴，先将这装裱成册的《十三经》藏于大内懋勤殿。后来又下旨，将这抄写的《十三经》刻于石上，摆放于太学之内。现在蒋衡这手抄的《十三经》，藏于台北故宫博物院。

崇年学长笑着对我说，你看看这样一桩事情，如果光凭着蒋衡一个人的奋笔疾书，再豁出性命也难以完成这伟大的系列工程。这就是合力的结果。

永和按：崇年学长为我出版的传记文学《王致和》写的前言中道："人生道路，千条万条；哪条通达，就走哪条。"而要想通达，四个力似乎缺一不可。阎老师在大学或中学讲这段故事，往往能得到阵阵热烈的掌声，莘莘学子明白了，人生之路多条，不仅仅是上大学，甚至最后博得一个硕士、博士、博士后这样的一条路。人生的路，千条万条，宽阔的很呐……灿烂辉煌的许多条路在等着你。

阎先生坐拥书城

马瑞芳

【题记与作者】

本文作者马瑞芳先生，是著名文学家、作家，山东大学文学院资深教授，中国作家协会全国委员会荣誉委员，中国红学会学术委员。代表作有：长篇小说《蓝眼睛·黑眼睛》《天眼》《感受四季》，散文集《煎饼花儿》《百家讲坛：这张“魔鬼”的床》近十种，学术专著约四十种，如《幻由人生蒲松龄传》《中国古代小说构思学》等。她又是《百家讲坛》著名主讲人。马教授既有学术根底、著作等身，又有教授经验、长期任教，在央视讲述更颇受好评、既叫座又叫好，所以她的评论有感受、有体验、有高度、有睿见。

似乎无关的引子

十年前，王扶林导演到山东大学拍摄根据我的长篇小说《蓝眼睛黑眼睛》改编的电视连续剧，山东大学提供的最大方便是：几位已故教授的家可作拍摄场景，唐诗研究权威萧涤非的家是其中之一。山东大学索引派口耳相传认为，萧涤非是小说中名教授叶云朗的原型。我估计，王扶林可能采用萧府作叶府，没想到王扶林“踩点”后敲定的拍摄场地是：萧涤非的家作小说中副教授刘树人的家。而刘树人在小说里，是被我用“穷困”和“劳累”双刃剑杀死的！

山东大学最著名教授的家，成了我小说里最寒酸的教师的家！这不可思议的跌宕超出了我的最大想象。我“责问”王扶林导演为什么这样“乱点鸳鸯谱”，王导演说：“你这个做学生的，被你对老师的崇敬蒙住眼睛了，难道你看不出萧家怎样寒酸吗？他连套像样的书都没有！可是在他一个书架上，有七个墨水瓶！”

王扶林导演对七个墨水瓶的观察深深印在我心上。从此，我到学术界朋友家，总喜欢看看，他到底有多少书架？都摆在什么地方？上边都有些什么书？怎么摆的？更重要的，他用这些书做出了什么？

我和阎崇年教授因为同为《百家讲坛》主讲人，成了好朋友。我这次到北京前，约定到他家看看。我还在火车上，我们共同的责任编辑小宋（志军）就打电话，说北京电视台正在办阎崇年的新作《清宫疑案正解》新闻发布会。

阎老师让他把我接到会上。会开得很热闹，会后中华书局的老总李岩要请客，我说：我得先到阎府瞧一眼。

小宋和我跟阎崇年先生一起坐李总的车回家，李总呢？打的。

包容财富框架和书橱迎门

阎崇年的宿舍位置非常好，在北京市社会科学院办公室后边，大约是上世纪 90 年代的房子。设备倒也还齐全，大门要用住户自己的卡才能打开。阎崇年还没把自己的卡凑到门锁上，门已呀然打开，一个七八岁的女孩伸出脑袋来，高兴地说："阎爷爷回来了！"

众人走进有吱吱嘎嘎响动声的电梯。一出电梯，阎崇年一边掏钥匙，一边兴致勃勃地说，有位懂风水的人来看过他的房子，说："这房子好啊，楼房两头伸出去，阎家房子两侧又有两个电梯间突出去，阎府正对着下边小花园中心，这样的框架，把财都包住了！"

我听了直想笑，风水先生顺杆儿爬的本领不小。他知道阎崇年教授这几年拿了几笔版税，就顺水推舟，把财源跟房子的框架联系了起来。试想，阎先生在这套房子住了至少十几年了吧？怎么前几年没包住财富，这两年忽然大包特包了？不是上《百家讲坛》，一个历史学家能"包"住多大财富？风水先生蒙谁啊？

阎先生乐呵呵地说着，拿钥匙开防盗门。

那是什么样的防盗门啊？！通常号称不锈钢的铁门，锈迹斑斑，油漆剥落。眼下在济南，不要说白领阶层，就是一般工薪阶层，哪个还用这么陈旧、这么破烂的防盗门？

阎崇年先生一再声明“不用换鞋”，我们还是坚持换了。因为我看到阎府的地面是叠屋架床式的：在并不名贵的地板上铺了化纤地毯。如果直接踩到上边，外边的泥土岂不就在清史专家的脚下长时期“安家落户”？我们还是与人为善吧。

我一只手扶住高大书橱换鞋。抬起头对室内瞥一眼，发现，阎家是彻底开放结构，家庭内部所有的门，卧室、书房、卫生间、厨房的门和通阳台的门都敞着。客人进入阎府，不必一一进入这些房间，里边的“内涵”一览无余。我忍不住想笑：像我这样粗心的人，有客人来时，我会预先关起卧室门。客人只能看到我客厅有什么，顶多能看到书房有什么，绝对不会看到卧室啥布局。所有门四敞大开，就把客人带进门，阎家夫妇如果不是大大咧咧，那就可能最近忙昏了头啦！

我顺着手扶的书橱望上去，惊叹：阎家对空间的利用登峰造极！

阎府一进门处是宽约一米、长约四米的走廊，走廊左边是小小的卫生间和同样小小的厨房，右边是阎崇年幼子的卧室。阎公子的卧室门和进户门之间，大约 30 公分宽的书橱顶天立地，书橱上历史书密密麻麻。书橱的势力范围：一边紧接阎公子卧室门，一边恰好跟进户门打开时保持不到 10 公分的距离。这样的设计，真叫“寸土必争”啊。这么窄的书架上居然还装着玻璃门，既然有了门，书架就升级为书橱了，非常狭窄的书橱。里边的书既一目了然，又可以阻挡灰尘进入。阎老先生使用书、爱护书很有一套啊。

我突然伤感地想起刘白羽来。刘老到底是什么级干部，我一直没弄明白，好像他比大军区司令还高，按他的级别他该住哪儿哪儿的将军楼。可这位新中国成立初就挂上将军衔的老作家却不肯搬家，就是为了他那无处不在的书。刘老的许多书就像阎崇年的书，也放在贴墙的狭窄书架上，而且没有玻璃门。但我不管什么时候到刘家，都看到书架和书干干净净，显然书架经常得到擦拭，书籍经常得到使用。

不管是大学问家还是大作家必须腹有诗书啊。

而阎崇年正因为腹有诗书，才因一次特殊机会财富盈门。

乱得极其精彩的书斋

阎府有个突出特点，给我留下深刻印象。我当时就对同来的小宋说了不止一次：“阎老师家，太有意思了，乱得极其精彩。”

小宋诧异地问：“乱得……极其精彩？”

宋志军，编辑嘛，最讲究遣词用字、咬文嚼字，他当然认为“乱”是不能和“精彩”联系到一起的。

那么，“乱”能和“精彩”联系到一起不？能。在阎家。

先看阎府“乱”的根源是什么？是书。

阎府根本没有“书房”和“非书房”概念。书房者，专门放书的房间也。阎崇年家里，哪个地方都放书。书满为患，书满为乱。

第一乱：客厅是大书房。

阎崇年的客厅，按照上个世纪90年代盖房的规矩，阎崇年的客厅不算小，方方正正，大约20多平方。人们习惯把客厅当作招待客人、家庭起居的地方，阎府客厅也兼这作用。

我说“兼这作用”，是因为，这个客厅虽然也招待客人，也供家人看电视用，其主要功能，实际是阎崇年的大书房。

摆在“大书房”的书看来是经过精心挑选的，既是实用的，又带有“场面”

性，也就是说，这些书都比较气派，一般几十本一套，硬壳精装，基本是清史方面的书，比如有一层摆的是《清实录》《清稗类钞》，一本厚厚的《新满汉大词典》隔在两套书中间。书橱是黑色的，似乎质量不错。书橱顶上也放书，也是成套的。

阎崇年用自我表彰的语气介绍：他的这组书橱是用了多便宜的价钱淘到手的；放在橱顶上的那套大型类书又是用多便宜的价格拿到的，“几乎等于白捡！”眉飞色舞，自豪之情溢于言表。

客厅书橱的前边有个跟书橱颜色差不多的大圆桌，上边也堆满了书。看来这桌子是阎先生有时写东西、写毛笔字的地方，他的“专用”书房里，只有一台台式电脑，没有写字台。

阎崇年坐在皮沙发上从手提电脑里找文件给我看，他的背后窗台上，是书，脚下，电视机柜前边，是盒卡片。

阎崇年真是坐拥书城啊。

第二乱：阳台成资料库。

阎崇年注意到我在研究他的卡片，就说：“我的卡片主要不在这个地方，在哪儿？阳台上。”

我好奇地跑到阳台上看，有个类似床头柜、但比一般床头柜高得多的橱子，非常旧，是极其破旧的五斗柜，五个抽屉，我拉开其中一个看，里边的卡片满满当当。我长叹一声："这么多啊？！"

我为了研究蒲松龄做过上万张卡片，阎崇年的卡片比我的卡片居然多几倍。这是因为他比我多读近十年书啊。我是做过卡片的人，深知这五个抽屉的卡片意味着多少不眠的夜晚，意味着多少次抄卡片抄得手腕得肌腱炎！

而现在，本来应该养花养草的阳台，居然兼任起资料库来。

阳台上还有些箱子，里边是不是些陈年旧笔记呢？我自己有许多陈年笔记，我相信，阎崇年这儿，更多。

第三乱：专用书房不"专用"。

阎崇年的书房应该是这位清史专家"专用"的，但我发现，这个书房反而不属他专用。

我们来到阎家时，有个年轻女孩在阎崇年的书房打字。阎崇年解释说，这是他请的助手，女孩替他把他挑好的资料打到电脑里边，他自己需要用的时候，挑选、剪裁、贴到需要贴的地方。

阎老师很聪明，知道用点儿劳务费，减轻烦琐的资料重担。

女孩看到我们来，关上电脑离去。

我走进阎崇年的专用书房，大约10平方左右的小书房四壁全是书架。是书架，不是书橱。我惊奇地发现，阎崇年这位清史专家其实并没有把眼光仅仅盯住清代，而是把历史和现实、历史和人生结合起来。为什么这么说？我发现，书架上的书种类繁多，很“杂”，还相当有现代性。比如说，书架上居然有这样的书：《对话》《交流》《超越校园》《吴健雄》，这似乎不该是年过古稀的历史学家读的东西。小书房的资料也并非清一色的清代历史，比如《袁崇焕传》《清朝皇帝资料》就和《两会资料》《师友资料》放在同一个书架上。看来，阎崇年先生虽然研究清史，但他的眼界并没被清史拘泥住。对历史学家来说，研究历史而不拘泥历史，非常重要。

阎崇年是务实而关心现实的人。

第四乱：儿子房间成老子“侧书房”。

阎家公子现在北大，可能读博？他的房间一进门的地方也是几个旧书架，房间的门敞着，我进去瞄了一眼，发现，儿子的卧室已成了老子的“殖民地”。几个书架上，全部是清史的书！有《读史方舆纪要》《国朝耆献类徵初编》《图说北京史》《清人笔记随录》，还有几十个资料夹，上边写：“皇太极”“济尔哈朗”“马光远”“李栖凤”“孔有德”“佟养性”……一人一夹，厚厚实实的几十个夹子挨挨挤挤。

我突然明白：阎崇年家之所以所有的门都开着，原来是为了主人研究工作的需要。阎崇年知道，自己哪种资料在哪个“书房”可以找到。在我命名的“大书房”、“专用书房”、儿子卧室“侧书房”，有阎崇年做研究时分门别类的资料，这些图书和资料，外人看起来，极其紊乱，但在阎崇年看来，很有章法。它们固定地待在一个地方等待主人召唤，阎崇年什么时候需要，一抬手就可以拿下！

于是，一切本来死气沉沉的书籍、资料因为主人经常的眷顾变得鲜活起来，灵动起来，有用起来。

这就是阎府的乱而精彩，乱得精彩。

从这个乱得精彩的书斋走出中国一位特殊会长和他的特殊理论。

满学和“四合”理论

阎崇年做过北京市社会科学院满学所所长，是北京满学会会长。

其实说起来，阎崇年涉足满学，还和山东大学学者的指点有点儿关联。他就是曾在山东大学任教的著名历史学家杨向奎先生。

阎崇年本是研究先秦史的。“文革”前，他把一篇先秦论文去向杨向奎教授求教，杨先生当时是中国科学院历史所知名专家。老先生居然给二十多岁的阎崇年回信，大意是：一方面表扬阎崇年文章写得好，是研究历史的料。另一方面建议阎崇年改变研究方向，转攻清史。杨向奎说：先秦史要依靠关中地下发掘资料，你身在北京哪有这样的方便？而没有资源上的优势，历史研究很难成功。如果你搞清史研究，身居北京就有别处无法比的优势，清朝的宫廷建筑和清宫档案都集中在北京。为什么不扬长避短呢？

收到信后阎崇年认真思考了一个月，决定改换门庭、研究清史。

阎崇年由此走上半个世纪的清史研究之路。

清史包括满族贵族入关并入主中原的历史，满学是不可或缺的方面，但中国一直没有满学。真正打出“满学”旗帜，是在改革开放后80年代末。阎崇年提出：我国有藏学、蒙古学，也该有满学。1989年，阎崇年建议成立满学研究所，两年后满学研究所在北京市社会科学院挂牌，全世界第一个把满族历史、语言、文化整合成一个学科的研究机构横空出世。1993年北京满学会成立。通过阎崇年奔走呼号、率先垂范，满学研究所学人披荆斩棘，众擎群举，满学研究渐成气候，迄今满学国际研讨会已举办五届。满学研究中心在北京，阎崇年是满学研究大家，被国内外公认。

历史学家讲究“秉笔直书”，前辈历史学家对清史最喜欢秉笔直书的，是扬州十日、嘉定屠城、留头不留发留发不留头……但是，崛起于游牧民族的清朝贵族能统治中国二百多年，总有成功奥秘吧？封建时代著名的“康乾盛世”总有值得总结的经验吧？

阎崇年研究这些经验，在论著中发表，在《百家讲坛》陈述，结果这位满学大家，居然被百家讲坛某些观众在网上指责。

阎崇年在沈阳签名售书，签售前有一小时讲座，有位观众向他发难：“阎老师，您该知道扬州十日吧？”

阎崇年知道来者不善，平静地回答：“知道。”

“您知道扬州被杀多少人？”

阎崇年反问：“您说多少人？”

那位观众说：“80 万人。”

“我去过扬州。现在的扬州总共有 78 万人。就是把经过几百年繁衍后的扬州人全杀了，也凑不起 80 万。”阎崇年接着说，“研究历史，讲第一手资料，请问您这 80 万数目从何而来？从哪儿来的第一手资料？即便是第一手资料，还要经过考证。想确定某一历史事实，不仅要有‘孤证’，还要有旁证，有二证、三证。”

那位观众继续说："反正清兵在扬州杀人了，在嘉定屠城了，您为什么不讲？"

阎崇年说："我从没否定过扬州十日、嘉定屠城，我按清十二帝线索讲，每个皇帝有固定集数，一集四十多分钟，总不能在哪一集三言两语说这么重要的事吧？"

阎崇年面对批评，不是强词夺理而是坦诚说理。这真正是学者的态度。

阎崇年认为，勇敢的品格对学者来说，比勤奋、刻苦、执著、创新更重要。学者遇到困难时没胆量不行。

汉族的阎崇年"歌颂"满族先驱，需要相当勇气。阎崇年为什么这样做？并非出于标新立异的需要。而是出于一个坚定信念：他认为清朝对中国传统文化的传承有巨大贡献。他认为，在世界四大文明古国中，古埃及、古印度、古巴比伦的文化都中断了，中国没断。在中国历史上，有三段少数民族入主的时期，南北朝和蒙古人建的元朝，因为年限短而传统文化没断。清朝是少数民族政权，统治近三个世纪，传统文化仍没断，就难能可贵了。如果清朝廷要求汉人说满语，学满族文化，用满文科考，那历史就是另一回事了。清朝皇帝没有强制推行满族文化，自己还积极地学习汉语，修《四库全书》，对中国传统文化的传承有功。尽管有文字狱，有"嘉定三屠""扬州十日"，但过不掩功。

不过，阎崇年认为清朝贵族“过不掩功”的理论，某些观众接受起来有点难度，比如说，我就觉得，扬州十日的“过”是清兵入关的过；修《四库全书》的“功”是百年后的功。“过”就是过，“功”就是功。功要大讲，过也得大讲，才公道公平。不能因为“过不掩功”就对“过”轻描淡写或略而不谈。我有这样的感想，可能因为我是搞文学的，多年看《聊斋志异》，里边对清朝贵族入关时的“过”写得太深刻了。我在《百家讲坛》“说聊斋”中有“刺贪刺虐”部分，举到《公孙九娘》的例子，说清兵入关，杀人如麻，碧血满地，白骨撑天，鬼火狐鸣，骇人心目。今年国际台重播“说聊斋”，马上有观众在网上对这一集大加称赞，说“敢说真话”。

其实，阎先生跟我完全不同的说法，完全不同的侧重，都是真话。只是根深蒂固的民族感情影响了对同样是“真话”的对等理解。阎先生后来讲惨烈之至的袁崇焕，可能已把沈阳那位观众的质疑堵上了。

讲袁崇焕同样体现了阎崇年的勇气。过去对袁崇焕强调“忠孝”，阎崇年则说袁崇焕最闪光的是“爱国”和“爱民”，做文官不爱财，做武官不惜死。现在仍应该学习袁崇焕的爱国精神，勇敢精神，求新精神，清廉精神。

讲史不单纯讲史，而为现实所用，是阎崇年一贯的态度。他总结出的“四合”理论，产生很大影响。阎崇年把努尔哈赤的成功归结为“天合、地合、人合、己合”，其中尤以“己合”为最重要，他说现在很多人能够面对成功，无法面对失败，心理不平衡、生理不平衡，这都是“己合”没有处理好的原因。

努尔哈赤胸怀开阔、心境豁达，事大心静，兵不满万，却能取得建州大胜利；相反，皇太极爱妃故去，不吃不喝，悲戚成疾，抱憾而终。这说明“己合”非常重要。

有位观众听了“四合”之后，特地写个“四合”匾额送给阎崇年。这“四合”，现在就挂在阎崇年并不专用的专用书房门额上。

从书斋到讲坛

阎崇年从他乱得精彩的书斋走上满学所长位置，走上满学会长的位置，又走上《百家讲坛》。

刚介入《百家讲坛》时，阎崇年如临深渊，如履薄冰。他最初接到的任务是讲努尔哈赤，他专门研究几十年的努尔哈赤，是国内外第一个给努尔哈赤写传的人。讲努尔哈赤得心应手，闭着眼也能讲。但是，如果把苦心孤诣的研究，高深周密的研究，条分缕析地照搬到讲坛，观众又不是历史系古代史研究生，哪有心思看那些枯燥考证？央视实行收视率末位淘汰，如果他阎崇年把观众讲跑了，岂不成了栏目罪人？经和编导沟通，阎崇年选择了从来没人做过的创新之举：以学问说评书，以故事说历史。客观真实＋好听好看。

“努尔哈赤”一炮打响，《百家讲坛》一对俊男靓女马琳和那尔苏加快频率往阎家跑，马琳摇着阎崇年的胳膊，“阎老师再讲讲顺治吧。”讲完顺治再摇胳膊，“阎老师您接着讲康熙吧。”讲完康熙讲雍正，讲完雍正讲乾隆……阎崇年把清十二帝全部讲了下来。

《清十二帝疑案》紧张制作的2004年，阎崇年哪儿也不去，就待在家里，坐拥书城，一天到晚写稿。他每天工作十几个小时，早上四点就起来写。从周一到周四，每天写五千字，周五把这两万字串起来，挑最精彩的部分用简练的语言讲给夫人听。夫人边听边提意见。周六，阎老师根据“家庭试讲”体验，对讲稿修改调整，晚上一边遛弯儿一边把第二天演讲的内容在脑子里“过筛”“定格”。第二天，《百家讲坛》开讲。

于是，多年来尘封土埋的遥远历史，那些普通民众一辈子也不会去看的，埋在各种各样历史书、地理书、笔记小说、类书里的“历史碎片”，那些摆在阎府各种“书房”林林总总的书，通过阎崇年深思熟虑的整合，编织成明白晓畅、引人入胜的故事和灵动鲜活的人物。

同为《百家讲坛》的主讲人，我对阎先生讲《清十二帝疑案》非常佩服。最主要是两点：其一，一位年近古稀的历史学家，在准备讲稿时，居然每天写到五千字！实在不可想象。须知，这是写上中央电视台的讲稿，不是写小说。当年我写长篇小说，构思顺利时，一天可敲出七八千字。那是形象思维，天马行空，任我往来。我写讲稿，哪怕写非常熟悉的《聊斋志异》，一天顶多写两三千字。阎先生能写到五千字，说明他对资料的把握到了烂熟于胸的程度。其二，阎先生在讲坛上很少看讲稿，却又条理清晰、观点鲜明，极少有废话甚至废字。他真是记忆力和思维能力超常。

阎崇年到各地演讲遇到过各种各样的问题，他印象最深的，居然是一位市委书记提出来的历史学问题。

那是在深圳。阎崇年给各区县第一把手讲清史，深圳市委书记李鸿忠在会后说："阎先生，请教个问题。您提到清初满文老档案。请问，原版本和抄本有什么区别？它们的流传如何？"

阎崇年大吃一惊，市委书记竟然问出这么专业、这么有深度的历史学专业问题！他稍作思考，侃侃而谈："关于满文档案，我写过四篇学术论文，总共十二万字……"然后，他一一讲述，老满文档案是什么时候修的，经过什么样的流传过程，现在保存台湾故宫地库；乾隆时满文档案修了六种抄本，它们有什么特点……足足回答了十五分钟。

原来，这位深圳市委书记是吉林大学历史学硕士，曾经在沈阳市委宣传部工作过，一直对满学感兴趣。阎崇年倘若不是对这个问题有深入研究，洋相可就出大了。

这，就是坐拥书城的好处了。

阎崇年：从《百家讲坛》走来的历史学家

江一河

【题记与作者】

本文是《中国社会科学院院报》记者江一河先生的专访文稿，刊载于该报 2009 年 4 月 2 日。

2009年3月18日上午，北京的气温突然升高了很多。春天刚刚来临，人们似乎就感受到了夏天火热的气息。

在弥漫书香气息的自家客厅，阎崇年先生上身只穿一件浅蓝色的衬衫，还挽起了袖口，与《百家讲坛》里的形像相比，多了一份随意和淡雅。相视落座后，阎老说话也很轻松随意，但又不失知识分子的真性情。

“三顾茅庐”：登上讲坛

2004年5月，《百家讲坛》栏目策划一个选题“清十二帝疑案”。按照以往的惯例，必须请12位学者，每人讲一个皇帝。

有一天，阎崇年接到《百家讲坛》一个编导叫容畅的打来电话，双方先前并不相识，对方是因为看到了阎崇年写的《努尔哈赤传》，便有意请他作为十二集系列的首位开讲学者。

可听明对方的电话，阎崇年却拒绝了。在他看来，学者到电视台讲学是一件“吃力不讨好的事情”：讲好了，人家以为是图名；而讲不好，有可能受到外界的非议。

栏目编导并没有放弃，很快他便找到阎崇年家里来了。在阎崇年看来，对方另外一方面的用意，则是想看看自己的相貌、口才和文化品位，是否符合上电视的要求。

待亲眼见到阎崇年和他的书房，栏目编导显然更加坚定了自己的想法。可是，阎崇年的态度并没有改变。

随后，栏目编导组组长再次登门，意欲说动阎崇年，可阎崇年仍然不为所动。没有办法，由于人才难求，栏目制片人聂丛丛只能“三顾茅庐”。直到此时，阎崇年才为对方的诚意所感动，只好应允，但他与对方达成了一个默契：既讲历史，又讲故事；既陈述事实，又夹叙评论。

阎崇年说，与如今影视剧“戏说历史”的风格所不同的是，他必须遵循“正说历史”的道路，如此，“在面对大众的同时，又可以面对同行”。

准备了半个月之后，阎崇年首次正式走上《百家讲坛》。他一口气讲了60分钟，讲完就回家了，对于外界如何评价，他并不是太关心。

“我一点压力没有，因为我没想过靠这个出名。”阎崇年直言。

次日，出于好奇，阎崇年应编导组的邀请去看了样片，因为他“不知道自己在电视里是什么样子”。看片现场，电视台领导、编导来了，此外还来了很多评委、专家。

结果，大家一致看好阎崇年。于是，栏目组向阎崇年提出了一个大胆的请求：“清十二帝疑案”系列由他一个人来主讲。阎崇年没有答应。可在对方的再三恳请之下，他只好答应再加一讲皇太极的内容，因为此前他出版过50多万字的《清朝通史·太宗朝》。可再后来，对方更是“不依不饶”，直至阎崇年“步步就范”。与此同时，《百家讲坛》的收视率一路攀升，屡创新高。

教学相长：讲坛“逼着我思考”

阎崇年认为，治学有三个阶段：博、专、通。博就是博览群书，知识面要广。专就是要成为某个学术领域的专家。通就是要把所学融会贯通，站在更宏观、更系统的角度看待和思考问题。

“对于我而言，走上《百家讲坛》对‘通’是很大的一个促进和提高。”阎崇年表示。在他看来，在电视台讲学也是一个教学相长的过程，要把历史知识讲得深入浅出，让观众喜欢听，而且听得下去，并不是“一件简单的事情”。

“这需要不断地逼着我去思考。”阎崇年说。

一方面，为了把一些纷繁复杂的历史问题讲明白，阎崇年必须对一些专题问题进行深入思考，而且必须上升到一定的理论高度。例如，对于明朝灭亡和清朝兴起的原因，阎崇年想了足足三个月而不解。有一天夜里，已是凌晨两点了，阎崇年突然想明白了，赶快起床打开电脑，只写下了两个字：分、合。

在阎崇年看来，这两个朝代的更替兴亡，都是分、合在起作用，具体来说，分就是民族分、官民分、君臣之分，合则是民族合、官民合、君臣之合。后来事实也证明，他这样的理论概括也得到了同行的积极评价。

另一方面，也是更重要的，就是必须进行一些贯通性思考。这就是把清朝各个历史阶段、明清之间、中外历史之间，“串起来”思考。例如，对于康熙皇帝开创的盛世，一般学者是放在中国历史环境下加以思考，而阎崇年通过中外历史的比较研究发现，康熙皇帝主政时期正好是处于一个特殊时期，即以荷兰、葡萄牙、西班牙为首的第一轮帝国资本主义兴起与后来的以英国、法国、美国为首的帝国资本主义兴起的两个高潮之间，这便给康熙帝开创盛世提供了“一个历史机遇和舞台”。这个历史背景是非常重要的。

半个世纪的治学之路

阎崇年早先是研究先秦历史的，后经中国科学院历史研究所杨向奎先生建议，才改修清史。迄今，治学已有 50 多年。

树有根，水有源，做学问同样要抓根源。阎崇年认为，中国历史的根源在先秦，清朝历史的根源则在关外。因此，他首先必须研究清朝入关以前的历史，只有弄清了这段历史，他的研究视野才能从“关外”移向“关内”。

研究初期，阎崇年感觉“困惑”很多，例如对于清朝的土地制度、皇室世系、八旗制度和满文创制等很多问题都弄不清楚，为此，他花了十几年时间通读相关史料。由此，清朝开国时期的研究，便成了阎崇年的学术重点，前后共花费30多年，占据了他大半的学术生涯。有付出就有回报。阎崇年关于这段历史的研究成果，出版或发表了350万字。

历史研究是一门需要“坐冷板凳”的学问，要出成果是非常不容易的一件事情。在阎崇年看来，一年能写两篇比较有分量的论文就很不错了。在他所写的比较有分量的论文中，没有一篇少于半年时间的，其中的一篇花了长达30年时间。

拿最近的一篇学术论文来说。2008年，应人之邀，阎崇年前去北京昌平区郑各庄考察一个清朝王府的遗址，这个王府的真正主人是康熙皇帝的孙子弘晢。可是，按照清朝的惯例，王府一般是建在内城，是在今二环之内，根本不会建在远郊。因此，很多人猜疑这很可能是吴三桂的王府（平西府）。

了解到这个情况后，阎崇年便开始查史料予以考证，可一无所获。直到后来，利用一次去台湾讲学的机会，阎崇年最终在台北故宫博物院查到了有关这座行宫、城池、王府竣工的满文档案及其他记载。但这仅是孤证。回到北京后，他到中国第一历史档案馆，在馆里帮助下，又查到这项工程开工的满文档案。这样，这个工程开工、竣工记载，数据，与郑各庄遗址遗迹，三者吻合。据此，他撰写了一篇论文《清郑各庄行宫、王府、城池与兵营考》。可谁能想到，这篇带有填补历史空白意义的论文，前后耗费了阎崇年一年多的时间。

研究清朝历史，离不开对满洲历史的了解。于是，阎崇年将满洲历史、语言、文化整合为一门新的学科——满学（满洲学的简称）。1991年，世界上第一个专业满学研究机构——北京市社会科学院满学研究所挂牌成立。阎崇年又出任首届北京满学会会长，以此为依托，他陆续组织召开了五次国际满学研讨会，主编出版了7本满学论文集和《20世纪世界满学著作提要》，自己也出版了《满学论集》。据阎崇年介绍，北京满学会目前共有会员100多人，国际上研究满学的学者也有百人左右。

中国有55个少数民族，因而，外界有人怀疑满学能否或者是否有必要成为一门独立的学科，对此，阎崇年提出了奠定满学建立的六大“基石”，包括满族历史悠久、具有民族文字、建立过全国性政权等，并为国内满学家所认同。

学问人生

对于一个历史学家的评判，阎崇年有两条标准。

古代“药王”孙思邈有一句名言：安神定志，无欲无求。阎崇年对这句话作了修改：安神定志，淡泊名利，这便成了他所讲的第一个标准。对于“安神定志”，按他的解释，就是做历史研究要能静得下心来，要“全神贯注”，并要“一以贯之”。对于“淡泊名利”，阎崇年给出了这样的解释：“这个年代要做到无欲无求，我是做不到，但可以做到的是，不追名，不逐利，一切要取之有义。”

走上《百家讲坛》之后，阎崇年的知名度大增，于是想请他讲学的机构也是成几十倍增加。“我很少先问人家价钱，对方一分钱不给的情况也有。”阎崇年直言。

《礼记·学记》中有一个说法叫“大道不器”。借用这句话，阎崇年认为，历史学家所应具备的另外一个标准就是应该做到“大道不器，日日求新”，也就是有勇气，有胆识，敢于尊重事实，敢于打破传统，挑战权威。

一个人迅速成名，除了令人艳羡，往往还会招致各种是非争议。阎崇年也是如此。近两年来，关于他的“诗词”“语录”在网上广为流传，最有名的如“清军入关更多是促进了民族融合”“吴三桂开关减少了战争旷日持久带来的无辜平民的伤亡”“文字狱……起码维持了社会稳定”等。这让阎崇年背上了诸多骂名。

“这于我完全是捏造，甚至说不上是断章取义。”阎崇年指出。

更有甚者，受这种舆论的影响，个别有恶意的人编造谣言，后来媒体普遍报道这是因为“学术之争”。可在阎崇年看来，这是不可能的事情，因为对方没有受过起码历史学训练，根本提不到学术论争的层面。因此，对于这种恶意诽谤，阎崇年只是引佛门《四十二章经》的话：“恶人害贤者，犹仰天而唾，唾不至天，还从己堕；逆风扬尘，尘不至彼，还坌己身。贤不可毁，祸必灭己。”尔后一笑置之。

至今，阎崇年在《百家讲坛》共推出124讲。对于以后还会不会再讲，阎崇年表示并没有想好。这个节目让阎崇年的生活变得更为忙碌，但他的学者生活基调，并未改变。

阎崇年介绍说，不外出演讲的时候，他一般是在家里看书写作。每天凌晨四点起床，工作到七点吃早餐。上午工作四个小时，中午有个短暂的午休，下午接着工作四五个小时，晚上还有一个单元。

“我没有什么业余爱好，不出去卡拉OK，也很少看电视，而且长年如此。”阎崇年说。

事实上，为了不耽误更多的时间，阎崇年现在把每月外出讲学的次数控制在一到两次。对于外出讲学，他有两个主要条件：第一，要去的地方是他特别想去的，而且跟历史考察有关；第二，他认为此次讲学比较重要，在他看来，这也是他的社会责任所在。

阎宗年：从历史走向未来的东北文化

陈耀辉

【题记与作者】

本文作者陈耀辉先生，他在任《吉林日报》总编辑时，到北京对阎宗年进行专访。专访文章发表于《吉林日报》2016 年 11 月 16 日。作者现任吉林省文联党组书记、主席，又对阎宗年进行专访，将该文修改补充后，登载于其文集《大地星辰——时代与人生访谈录》，2019 年由长春出版社出版。

说起东北，他谈古论今，情理交融；言及文化，他思想深邃，纵横捭阖。

茫茫乾坤，浩浩长河，笔者有幸与他一起，进入繁盛壮阔的历史，感受灿烂悠久的中华文明，系统梳理从东北这一方土地源起的大清王朝兴衰脉络，感受康乾盛世，从历史中汲取宝贵的治国经验，在从古至今的嬗变与跃进中，树立文化自信，增强继续前行的强大精神力量。

在北京朝阳区一处幽静的住宅小区，我见到了闻名已久的阎崇年先生。推开门，眼前的阎老神清气爽、精神矍铄，已经 80 几岁的他，看上去比实际年龄要年轻得多。因为是史学前辈，拜访之前，想象中这应该是一位严谨而不苟言笑的学者，而我见到的阎老却非常和蔼，异常亲切，令人顿时抛 开顾虑。欢谈之中，“四合书屋”里，茶香与书香四溢，跟随他深邃的声音，脑海中幻化着鼓角铮鸣的历史风云。

中华文化　绵延不断

习近平总书记非常重视和强调文化自信。从历史上看，中国在世界上屡屡处于经济、文化的领先地位，多个时代都创造出具有独特魅力的璀璨文化，在当时的世界格局中占据非常重要的位置。

作为历史学家，阎崇年对此有着精深的研究和解读。说起中华民族的文化自信，阎老娓娓道来，引人入胜。

我们生活在茫茫宇宙之中，宇是空间范围，四面八方；宙是时间概念，古往今来。从时间和空间看，我们中华民族的文化都是独特而灿烂的。在世界四大文明古国中，古印度文明、古埃及文明、古巴比伦文明都中断了，只有中华文明历经沧桑绵延至今。中国有 5000 年的文明历史，有文字记载的历史是 3000 多年，一直延续下来。中国有编年的历史从公元前 841 年到现在，一直是连续不断的，每一个朝代的记录都完全能接续起来。中华文明源远流长，生生不息，是世界文明发展史上绝无仅有的奇迹，对人类社会的发展作出了重要贡献和深刻启迪。而且，在中华 5000 年历史长河中，历朝历代都留下了丰富的古籍文献，记录着诸子百家思想、政治制度、经济和社会成就以及文学艺术、自然科学成就等，浩如烟海，蔚为大观。国内保存的公藏古籍善本就达 3700 万册，为全世界古籍最丰富、最繁多、最系统、最完善的国家。古籍清芬，勾勒着历史的脉络，闪动着文化的灵韵，其承载的博大精深的中华文化，是献给世界的宝贵精神财富；从四面八方来说，中国地域广阔，经济文化形态丰富多样，如中原的农耕文化、西北的草原文化、东北的森林文化、西部的高原文化和沿海暨岛屿的海洋文化等，都曾创造并树立了璀璨的文明高峰。

阎老认为，就清朝而言，它继承了前朝几个帝国的繁华，把中华文化又向前推进了一步。

首先，它奠定了今日中华版图的基础。清朝强盛时的版图，面积非常大。“康乾之治”时的版图总面积约 1400 万平方公里，在中国历朝历代中都居于前列。而且与当时的世界各个国家相比也是最大的，比俄国（当时还没有完成大规模扩张）、英国、法国、德国和日本等国土面积都大（当时美国还没有诞生）。广阔的疆域和有效的控制力显示出当时清王朝国力的强盛。

清王朝由生活在东北地域的满族入关发展而来，所以东北经常被称为满族的“龙兴之地”。满族在当时来讲，本是边陲一个弱小民族，但它进关以后，定鼎北京，入主中原，统一华夏，造就了一个强大的帝国，其兴盛的原因是什么呢？许多的思想家、学者专家都从不同的角度给出了自己的见解。

在阎老看来，清朝的兴盛，究其原因，可以概括为一个字，就是“合”。表现在五个方面，即诸王大臣协合、民族关系统合、经济多元整合、文化传承融合、社会编制聚合。

民族协合方面，对待其他文化实行“一主多元”的文化政策，以中华传统文化为主，各民族多元文化并存、整合。尊重各民族的文化传统和风俗习惯，满族与各少数民族关系处理得较好。中国2000年来帝制时代没有解决好的匈奴、突厥、蒙古等民族难题，在清朝得到了较好的解决，这是一个重大的历史功绩，也是一个重要的历史经验。满族比较虚心地吸纳了汉族文化，自己的民族文化也得到了提升，创造出了中华文明大统合的新时期。

“合”的价值观，既是清朝强盛的内在因素，也是中华文化的精髓和中华民族的核心精神之一，是中华民族伟大生命力和凝聚力的内在因素——这是清朝兴盛留给后人的历史宝鉴。

清朝后来衰落、败亡的原因，阎崇年认为由一个字来概括，就是“僵”。具体来说，强调君主权威而忽视民主、强调以农为本而忽视近代工业；强调传统文化继承而忽视科学技术；强调八旗严密组织而忽视民众利益。总之，就是“敬天法祖”“率祖旧章”，没有跟上世界发展大趋势，没有顺应历史潮流而不断维新与时俱进，导致最后落伍，被淘汰出局。如此深刻的历史教训，应当引以为戒。

以史为鉴，可以思接千载。只有了解自己的历史，才能继承和发扬优秀传统文化，掌握中华民族最深层的精神追求，才能对自己的文化有坚定的信心，获得坚守的从容，才能鼓起奋发进取的勇气，全心全意投入到时代的建设中来。

学术使命　济世情怀

作为一位历史学家，阎崇年在清史和满学研究领域皆有建树；作为一名社会文化名人，他生动的讲解备受读者欢迎，激发了广大公众对历史的兴趣，加深了全社会对中国传统文化的认知。从这一角度讲，阎老功莫大焉。

他讲述了这样一个小故事，那是在吉林市签售《康熙大帝》时的小插曲。当时有一位女读者前来签书，阎老问她：“给谁签啊？”她说：“给他签！”阎老一怔，见这位读者指了指自己隆起的腹部，才恍然大悟——原来指的是还没出生的小宝宝。于是问：“他（她）还没出生，为什么就给他（她）签呢？”

这位准妈妈说，要对孩子进行胎教！她希望孩子从小就能好好学习、读书，像书中的历史人物一样成为一个对社会有用的人……阎老对这件事印象很深刻，这件事让他感受到了历史通俗读物的广泛影响，也在一定程度上让他意识到了史学普及的重要意义。

还有一件事。九州出版社副社长李勇，还是出版社编辑室主任时，就是个十足的“阎迷”，对于阎崇年的书，无论厚薄长短，只要发现，就全部买下。对《明亡清兴六十年》，他逐页研读，提出疏误，甚至包括标点符号在内，并反馈给阎老。为表示感谢，阎老给他寄了一本签名的《明亡清兴六十年》彩图本。后来，李勇所在的九州出版社给阎老出书时，很巧，他又成为阎老《阎崇年自选集》《合掌录——阎崇年对话星云大师》（增订版）两书的责任编辑。这些读者的反馈和关注都成了阎老继续普及历史知识的动力。

2016年，《阎崇年自选集》出版。当初出版社来联系阎老时，阎老本不想出，因为对出版社来讲，可能不赚钱。但出版社非常坚持，说：“只要出版有您的名字的书，就肯定赔不了！”这份信任令人感动。事实也证明，这本纯粹的学术书籍不仅没有赔钱，而且销量很好。

《正说清朝十二帝》是阎崇年在央视《百家讲坛》引起大家关注、促使他走向大众的一部重要作品。这本由中华书局出版的图书，自2004年推出以来，已经印了50版，包括韩文本、香港和台湾繁体字版等各种不同版本。作为一本畅销书，出版社每年都会修订增印，几万册至十几万册不等，截至目前，已经累计达100多万册，有专家说，这已经称得上是一部经典著作了。每次印刷，这本书都要进行修改。因为看的人非常多，大家会从不同的角度提出建议。有一名四年级的小学生，在书缝里夹着的、几乎打不开的地方，发现了“珍妃”的“珍”，被错打成“诊”，就写信告诉阎老，阎老也送了他一本签名的书表示感谢……《正说清朝十二帝》就这样被不断地完善着。

类似的小插曲很多，让阎崇年不断反思。许多学者，包括他自己在内，将更多的精力放在写论文、发表专著、学术工作上，而把学到的知识和研究的成果与大家分享，则相对较少。在阎老从2004年走上央视《百家讲坛》后，便开始了既从事专业研究，又普及大众的任务，为央视《百家讲坛》主讲并出版《正说清朝十二帝》《明亡清兴六十年》《康熙大帝》《大故宫》和《御窑千年》等，在国内外引发强烈社会反响，被誉为《百家讲坛》的“开坛元勋”。在这一方面有了更深的体会。

研究和普及是不一样的两项工作。普及的过程中，不断地被叩问，思考面就更宽。虽然在书斋里做学问和书本交流、开学术研讨会和同行之间交流，但这还是只限于学术圈。做学问需要突破，需要与来自学科之外的、更广泛读者的观点相互碰撞，这样才能打通界限，思维通达，使学术变得更完善。

史法自然　观点创新

阎崇年在多年研究的基础上，近年对东北的历史经济文化形态进行了新的定义，提出“森林文化”一说。这一提法很有新意，对东北的历史研究和现实发展都很有启发。阎老讲到，求真求理，史法自然，是他治史的旨趣。他坚持两点：说别人没有说过的义理，用别人没有用过的史料。正是秉持这样一个治学原则，他撰写了《森林文化之千年变局》一文。

对东北文化的称谓，约定俗成的有关东文化、关外文化、长白文化和白山黑水文化等，也有从民族学、文化史学等角度，概括为牧猎文化、渔猎文化或游牧文化等。这些提法，各有道理，也各有优长，但均没有突出东北民族的森林文化生存环境及其历史文化内涵。阎老因为研究满学、清史，多次亲身踏察长白山和东北各地，随着认识的加深，遂将东北地域文化总称概括为“森林文化”，并由此在史学领域第一次推衍出中华五种经济文化类型——中原农耕文化、西北草原文化、东北森林文化、西部高原文化和东部暨南部沿海及其岛屿的海洋文化，而且首次在史学领域论述了森林文化的定义、特征、演变及其作用，并论述其在中国有文字记载的3000多年历史演进中分合、盛衰的变局，阐述了森林文化与中华多元文化的冲突与融合。

中原农耕文化、西北草原文化的存在与意义，学界早已取得共识。

至于东北森林文化，相对而言，过去史料少、踏察少、研讨少、著述少、关注也少。阎老提出，森林文化在中国暨东北亚空间上是客观存在的，其在不同历史时期、不同地域范围，都影响着中华历史发展，影响着东亚历史格局，也影响着历史进程。

古代东北民族的生存环境，森林莽莽，树海无际。其早期居民，面朝河流，背靠山林，生活资源为渔猎所获。衣服，以兽皮或鱼皮缝制；食物，吃兽肉、鱼肉或野果；居住，以桦木和桦树皮为主要建筑材料。朝贡的物产，有人参、貂皮、明珠等；生产生活以采集、捕鱼和狩猎为主。总之，是一个非常典型的东北森林民族。

在研究中，阎崇年也提出满洲文化具有“满—蒙—汉”三元特征，正因如此，才使其能应付来自蒙古草原文化和汉族农耕文化的两种挑战，兼容蒙古之犷武雄风和汉族之文化气韵。另外，他还提出“三个千年”之说，中国有文字记载的3000多年历史进行了三次文化大交融——第一个1000年主要是农耕文化内部的交融；第二个1000年主要是农耕文化与草原文化的交融；第三个1000年主要是森林文化入主中原。农耕文化与森林文化、草原文化、高原文化大交融，开出中华文化之花，结出中华文明之果。3000多年历史变局的实质是由变而合，由合而大，最终统合为大中华文化，生生不息，骙骙健行。三个千年变局所形成统一多民族的持久稳固的中华文化共同体，屹立于世界民族之林。

所以，东北自古就具有森林文化优势，只是随着不断地开发和近代农耕面积的扩大，森林面积有所减少，森林文化的影响有所减弱，但仍然占据相当的比重，与农耕文化和游牧文化并存。东北的森林文化优势突出，有着深厚的历史积淀，在当代的经济文化发展上，东北也应该充分发挥森林文化的优长。

我曾听家里的老人们说起，以前，“棒打狍子瓢舀鱼，野鸡飞到饭锅里”

的场景，就在生活中真的发生过，还有耳熟能详的“东北三宝”——人参、貂皮、乌拉草等，都说明了吉林和东北居民所处的森林环境及其地域，具有优良的生态。

我在吉林省的东部山区工作过，长白山周边的地区森林覆盖率都非常高。其中白山市的森林覆盖率为83.2%，很多县份都达到90%以上，就整个吉林省来说，森林覆盖率也达到了44.1%，在全国也是排名靠前的。吉林省和海南省是国家最早批准的生态省，近年来，吉林省委省政府对这方面工作非常重视，建设步伐不断加快。我们在打生态牌，建设生态文明的过程中，也应该深入地挖掘历史内涵，明确自己的资源优势，彰显独有的文化特色，促进经济的发展。

初心未改　岁月不老

阎老虽然已经85岁高龄了，但仍潜心研究、笔耕不辍，让人敬佩。他20岁步入史学领域，50岁进入清史领域攀登学术高峰，60岁始于满学中开拓，70岁始于影视史学探索，80岁开始森林文化研究。

人生是个不断追求、不断演进的过程。虽然年事已高，但阎老仍有许多事要做，每一天都在做。

阎老80岁时，出了一套25卷本的《阎崇年集》。这几年，每年都有新书推出。眼下正在重新修订《古都北京》，这本书图文并茂，出版社对质量要求很高，他和著名摄影师严钟义克服重重困难、想尽办法拍到理想图片，如香山红叶的图片，就是照了几千张才选出一张满意的；有时，作者前一天夜里就去一个景点蹲守，就为了第二天清早能拍到太阳升起时最美的那一瞬间。

阎老说他一辈子也没什么别的爱好，就做一件事情，而且从一开始就没有变过——就是读书、写书。他出版的论文集有《燕步集》《燕史集》《袁崇焕研究论集》《满学论集》《清史论集》等；专著有《努尔哈赤传》、《清朝开国史》（上下卷）、《康熙大帝》、《古都北京》（中、英、法、德文版）、《森林帝国》等。主要著作结为25卷本《阎崇年集》。获中国版权事业终生成就者称号。

即使在当年被下放的日子，阎先生也想方设法把线装书带着，冒着风险偷偷地看。后来改革开放时，许多人下海办公司，他也没受影响。他的想法是，我们的学术研究当时处于一种落后状态,好不容易有了宽松稳定的环境和时间，可以集中精力做研究，这机会太难得了。在那段时间里，他成立了满学研究所，并连续召开了5次国际学术研讨会，奠定了中国满学研究在国际上的学术地位和影响。

在耄耋之年，阎老身体还很健康，能够继续工作，这可能和他的人生修养所提倡和践行的“四合”原则有关吧！他把自己的书斋取名为“四合书屋”。“四合”即天合、地合、人合、己合，前三个“合”都曾有人提出过，大家也理解其涵义，而“己合”却未见有人这么提。他比较喜欢看历史人物传，到目前为止，看了成百上千过万个人物传。他不断思考，逐渐得出这一人生感悟：人要和他所处的环境相融合，包括天、地、人等，而“己合”，指的是人自身的生理平衡、心理平衡和伦理平衡。人应该从小时起，就了解这几个方面的关系，并在一生当中不断地修养自己。

“己合”，指一个人的身心和谐，这非常重要。人生是一个不断地平衡自己，不断提高修养，活到老学到老的过程。人立于世，要有个健康的身体、良好的心态和坚强的内心，不要太脆弱，经受不起一点小事的打击。要多读书，使自己变得心胸开阔，看到历史上受挫折的人多了，自己这点小挫折又算什么呢？具体来说，应注意事大气静、顺谦逆奋。同时，还要心善，修身的要义是克己从善，“止于至善”。达到了“四合”，才能专心致志、心无旁骛地去做事，才能做成事，也才能做好事，做到“仰不愧于天，俯不怍于人”。

茫茫乾坤，方圆几何，旧日宫墙，寻常巷陌，几番起落，风云振作，是谁把英雄的故事一说再说……

阎崇年老先生为我们塑造的“精神道场”，令读者在古今时空中穿越想象，在人性洗礼中荡气回肠，在心血沉吟中百思千解，在感性理性撞击中豁然开朗。“为天地立心，为生民立命，为往圣继绝学，为万世开太平”，这句震烁千古的至理名言，也是他肩负一生的使命。

和阎崇年先生的交往，感觉就像置身美好的季节，清风丽景，滋润人心。

他是一位大学者，却丝毫没有高人的做派。正如古人所说，谦谦君子，温润如玉。每到节日，都能收到阎老发来的问候短信，亲切而欣然。每有新作，他也及时寄来与我分享。2017 年是农历鸡年，春节的时候，收到阎老所书“吉庆”二字，今年是农历猪年，又收到他的“逐梦”二字，笔力遒劲，线条清晰，至今挂在我办公室的显要位置，这是我们忘年之交的最好见证。

阎崇年：纵论“人生三百年”

肖秋生

【题记与作者】

本文是《天津日报·人物》著名记者肖秋生先生的专访文稿，该文于2013年6月21日刊出。

阎崇年　1934 年 4 月生人，山东蓬莱人，曾任北京市社会科学院满学研究所所长、研究员。著名清史学家。中国紫禁城学会副会长。古稀之年登上央视《百家讲坛》。主讲《清十二帝疑案》《明亡清兴六十年》《康熙大帝》《大故宫》四大系列 188 讲。出版主要专著有：《努尔哈赤传》、《袁崇焕传》、《中国古都北京》（中、英、德、法文版）、《清朝开国史》（上下卷）等。

机缘巧合上“讲坛”

记　者：我记得 2001 年《百家讲坛》开播，是一个人一讲，一些大牌科学家如杨振宁、比尔·盖茨、霍金等都讲过。怎么到您这儿就改变了？

阎崇年：一切都讲机缘。今早，我又特意查了“机缘”这个词儿。机是时机，缘是因缘。一人一讲的好处，每个人的优势可以充分发挥。但也有问题，有卓越成就的科学家不一定善于演讲。第一个你讲得特别精彩，第二个不太吸引人，第三个还不行，人家不看了。第四个讲得特别好，可人家不知道，漏掉了……

我上“讲坛”有个前因后果，这个以前没跟媒体披露过。我们北京市社会科学院满学所有个人，一直想把清史研究的一些成果推向电视台。我当所长的时候他就有这个想法，也向院领导提出过。领导认为，我们是学术单位，干嘛要通过电视台？没反对，但也没支持。后来换了个院长，他又去说。朱明德在当院长之前，跟电视台合作过，介绍北京有一个爨底下村，这个村子非常奇怪，是在山的峭壁上，地理位置特殊，又有古老的文化积淀。通过电视台一介绍，影响很大，成了旅游景点……

记　者：他认识到电视媒体的传播作用，这就是机缘巧合了？

阎崇年：2003年就找了央视。他们正为收视率发愁，双方一拍即合。讲什么呢？一研究，这样好不好，就讲“清十二帝疑案”，一个皇帝一个疑案，讲十二次搞一个系列。一个系列搞十二讲，这在此前没有过。由北京市社会科学院牵头办这个事，选研究清史的12个人。人也选好了。第一讲让我上，讲清太祖努尔哈赤。栏目组的制片人是聂丛丛，编导叫容畅。容畅给我打电话，说您1983年出版了《努尔哈赤传》，请您上“讲坛”讲努尔哈赤。我说我确实写过这本书，但我讲不了。我当时的想法，咱搞研究的，上电视上讲什么，没必要抛头露面。她就跑我家来，见我满屋子是书，形象还行，说话也还利落，她就认准我了。没过几天，人家大老远又跑来，我送他们一本书《清朝皇帝列传》，一个皇帝一个传，写了12个皇帝。聂丛丛把书通读了，继续劝我上……最后，他们带着聘书来了，很郑重其事地聘我讲《清十二帝疑案》第一讲努尔哈赤。我不好意思，没法再推了。就这么被推上了“讲坛”。

记　者：于是，您就一“讲”而不可收拾，把12个皇帝全讲了，讲火了“百家”，也讲火了自己。

阎崇年：没办法，怎么推也推不掉了。讲了疑案又让我答疑，一共讲了38讲。所以我说这也是“人合”，如果他们不那么执著，可能就是另一种状况了。

“人生四合”　心存感恩

记　者：您的“人生四合”是宝贵的人生经验，很多读者会深受启迪的。您心怀感恩地说“人合”，说您总是有很多贵人相助，给读者讲几个故事？

阎崇年：影响我人生的一个重要人物是杨向奎先生，他改变了我的研究方向。他原是山东大学历史系主任，后来到中国社科院历史研究所当明清史研究室主任，是个大学者。我最初研究先秦，读《十三经注疏》《先秦诸子》《史记》等，后来，就写了一篇文章《钻燧取火考辨》，给杨先生看。过了一个星期，他给我写了一封信，这封信我一直珍藏着。信的主要内容是，指导我应当研究清史。他讲了几个理由：你研究先秦，先秦的根基主要在西安，新的考古资料你看不到，你能看到的都是二手资料；清代的历史离我们最近；清史是一块没开垦的处女地，你随便挖个坑儿，撒下个种子就有收获；你在北京，清朝大量的历史档案、文献资料就在北京，很方便。我接到杨先生的信，一个月什么事也没干，天天琢磨这件事。

一个学者的研究方向，太重要了。杨先生的指导为我一生的研究方向奠基。这就是导师的伟大。这既是“人合”，遇到恩师，也是“地合”，在北京搞清史研究确实有地利优势。比如我写《大故宫》，故宫就去了一千多次。

记　者：白寿彝先生也是您的一位恩师。

阎崇年：我从1963年开始研究清史。从哪儿入手？当初是围绕着康熙帝这个人看书、看《清实录》、看《清史稿》。碰到很多问题，研究不下去了。我去请教白先生，他说树有根，水有源，做学问要抓根源。比如我们治理黄河，是一定要研究黄河源头的，你光研究开封那一段，不行。中国历史的根源在先秦。清史的根源在关外。我回过头来，跑关外，从努尔哈赤开始，他为什么建立八旗？当时的土地制度是什么样子？把他的根儿闹明白。我就检索资料，有一个让我震惊的发现，在此之前，关于努尔哈赤，没有人专门研究过！没人写研究努尔哈赤的学术论文，更没有出版研究努尔哈赤的学术专著，国外也没有人搞。白先生说，这是个难点。很多人不愿意碰。我说我就试试看！文章写不成没关系，我把这段历史学习一下也好。

记　者：您在“文革”期间能躲在资料室里研究清史并且写出《努尔哈赤传》书稿，只看现象，实在让人难以理解，那是冒风险的！

阎崇年：人就是这样，心中有个梦，行为方式就不由自主改变了。我认准研究努尔哈赤，其时正在北京南口农场下放，这3年，我又遇到一位好人。我是带着线装书下去接受改造的。农村的房子，3间屋子通着的大炕。上工、吃饭都排队，我在屋里拿着线装书看，没处躲藏呀。有人就打小报告了。队长麻自通找我谈话，很严肃，有人反映你看封资修的书。你老实说，这事有没有？我说有。你知道到这来做什么吗？我说知道，下放劳动，改造思想。但我是学清史的，康熙、乾隆那个时候，全是线装书。我只能看这个。他没说话，让我走了。我心想，就等着挨批判吧。等了一个多星期，没开批判会。后来通知我到队部去一趟。队长说，我反复考虑了，第一，你这个学习精神是可贵的；第二，你这个影响是不好的。怎么办呢？这样吧，我给你排夜班，去看瓜棚、看果园。白天大伙儿去上班，我能看书。晚上借着月光也能看书写字。这样就不会对群众造成不良影响。在那个年代，这样的领导，难得。

记　者：您的“天合说”，真是大智慧。我也是经历过“文革”的人，被大潮卷着，身不由己呀……

阎崇年：心中有梦，人就有主意。天时不能改变，你不能违天时，“文革”来了，谁能改变？但你可以借用这个天时。“文革”十年，我做“逍遥派”，看了十年的书，偷着研究努尔哈赤，写书。“文革”结束，出版社没有稿子，1980 年他们找到我，听说我有稿子。1983 年北京出版社出版了我的《努尔哈赤传》，这是我的第一部学术专著。

两种文化塑成今日性格

记　者：您活得非常有定力、有韧劲儿，回望走过的人生路，哪些因素影响了您形成这个性格？

阎崇年：当时可能没有意识到，但是，潜移默化的作用对人的性格形成确实影响很大。我的家乡是山东蓬莱解宋营村，在明朝就是兵营，村子现在还有明朝留下的城堡，防倭寇的。晚上躺在床上睡觉，能听到大海的波涛声，离海就这么近。

我的性格，受农耕文化和海洋文化的双重影响。我从小看到的就是春种秋收，勤劳是农民的生活方式，或者叫生存方式。小时候天蒙蒙亮就起床去捡粪。所以，我从不睡懒觉，到现在也是这样。农民的勤劳对我的影响非常大。一个是勤，一个是劳。

我是吃过大苦的人，下放劳动的时候，在河滩上种果树，挖直径两米、深两米的坑，把沙子、乱石挖走，再挑来黄土填上。有定额，一天必须挖一个坑。四九最后一天，刮大风，大会战，一人要挖两个坑，穿着背心累得满头大汗。劳动强度有多大？到最后，手都攥不住锨把儿！为什么我讲康熙耕地那么生动？因为我会耕地，种小麦，耧地，农活我全会干。让我很早就懂得，不吃苦中苦，难得甜中甜。跟同龄人比，我吃过更多的苦，所以，每天工作十几个小时，我一点儿没觉得苦。

记　者：农耕文化铸就了您勤劳的骨骼，海洋文化成就了您宽广的胸怀和勇敢精神？

阎崇年：海洋文化对我最大的影响：开阔与勇敢。看见大海就兴奋，不论到哪里，只要有海，就先去看看。到大海游泳，海浪有时比房子还高，与海浪搏击是很快乐的事。我还跟着渔民一起出海打鱼。到了大海里，渔船就像一片小树叶，没有勇敢精神，行吗？男人闯过大海是不一样的。任凭风吹浪打，我自闲庭信步。

我的定力，追根溯源，可能就是与农耕和大海有关，潜移默化的影响，当时没感觉什么，其实是渗入骨髓和心灵的。还有，人不要怕挫折。人在挫折中才能增长智慧、增长毅力。为什么毅力差的小孩儿，长大以后，难有大的成就？就是受的挫折少。下放劳动、挨批判、被歧视……如果你对自己没信心了，对生活没信心，你不是被别人打败的，是自己就“交枪”了，那还能干成什么事？

自信人生三百年

记　者：正如天文学家论光年、地质学家论亿年，历史学家至少是以百年论的，您与星云大师纵论“人生三百年”，既是您的人生感悟，也是您的人生追求，还是您的人生目标吧？

阎崇年：我比较喜欢“学者”这个称谓。有人说我是大师，我说不是。有人说我是专家，我说不是。清史这个东西，如果说专家，我就是天命十一年（努尔哈赤）的专家，所有的资料我都看了。清史的材料，我没穷尽。我算了算，三辈子也看不完。我就是一个清史学者。学者，就是不断学习的人嘛！

我这 50 年，主要干了 3 件事：一是清朝开国史研究，马上要出版一本新书《清朝开国史》，120 万字。这是几十年的心血。二是满学的研究，我和国内外的同仁，开创了满学这个学科。创立北京满学会，出版《满学论集》，主编《满学研究》《20 世纪世界满学著作提要》等，主持了五届国际满学研讨会。三是以语音、影像、文字三位一体，向大众传播历史科学。仅在央视就播出《康熙大帝》《大故宫》等4个系列，188讲，并出版相应专著。

作为一个真正的学者，你就享受不到常人的幸福。比如跟家人一起看电视，我基本不看。但是，我也能享受常人享受不到的欣慰，常常被热心观众和读者所感动……

我认为，一个学者也许可以有五段学术人生路程：第一段20岁到40岁，重在学习；第二段40岁到60岁，重在贡献；第三段60岁到80岁，重在升华；第四段80岁到100岁，重在大有；第五段如能过百岁，则登上了圣寿学者的行程。

事物有阴阳，格物无止境。人生贵在立志、勤学、顿悟、践行。惟志惟学，尚悟尚行；日新日慎，知行知止——这就是我50年学术生活的自勉。

印象：智者的淡定与执著

很早就想采访阎崇年。不仅因为在电视上听过他的许多讲座，还因为他被称为“百家讲坛第一人”的身份。其实，《百家讲坛》并非自阎崇年始。在此之前，2001年节目就开播了，杨振宁、比尔·盖茨、霍金等大牌科学家都讲过。但是，制片人聂丛丛却说阎崇年为栏目做出了奠基性、里程碑意义的贡献。因为从他开始，《百家讲坛》摸索出一条由一位主讲人用通俗活泼的方式按照电视规律讲述历史文化专题的路径——主讲人制度。

可是，联系阎崇年颇费周折。因为纪连海跟他是朋友，难题在忽然间就迎刃而解了。采访约定在6月6日下午。上午他还有讲座。地点的选择也颇具“阎氏风格”，在京城唯一的“国石馆”里，有寿山、青田、昌化、巴林四大国石相伴，与古色古香的古典红木家具亲密接触，在喧嚣的大都市里，竟还有这般宁静的处所，恍若置身桃花源中。走下“讲坛”的阎崇年，笑得还是那么儒雅、那么亲切。

我说，网上关于您的东西太多了，咱不聊那些。聊生活、聊人生，我们想探究您为什么能“所以然”？他笑了，说你想挖独家的东西？那就聊着看吧。

人世间是确有智者在的。与君一席谈，胜读十年书。有时，这可能是一句客套话。但对于那天的我，确是发自内心的感叹！智者，给人精神的照耀，如醍醐灌顶，原来人生还可以这样活！

我们是从一日生活聊起的。阎崇年每天4点钟起床，干到7点，工作3个小时。吃完早点，从8点到12点，又干4个小时。下午2点到6点，又干4个小时，这就11个小时了。晚上，至少还得干两个多小时。他一天工作4个单元，十几个小时。他没有双休日、节假日，大年初一还要工作！

我简直不敢相信自己的耳朵和眼睛。震惊！这是一位80岁学者的作息时间？这分明是“工作狂”，是“超人”么。谁受得了呀？

我问他，这么干，您能顶得住？您就没有疲倦的时候？

他说，习惯了。疲倦还真没有。如果有，我会调整的。

难怪从《正说清朝十二帝》到《大故宫》，几十部专著，像泉水一样咕咚咕咚往外冒。是什么力量，支撑着一位耄耋学者，像钢铁机器一样地高速运转呢？

阎崇年到祖国宝岛台湾讲学，他与星云大师纵论“人生三百年”，为我们做了最好的诠释。星云大师主张“人生三百年”。犹如倡导“禅茶一道”，大师是不点破禅机的，只是让你“吃茶去”，“吃茶去”，还是“吃茶去”，全靠你自己去“悟”。阎崇年对星云大师说，我冒昧地给您的“人生三百年”做个注。大师说您请讲。他说，别人一天工作 2 个单元，8 小时，你一天工作 4 个单元，十五六个小时，多出一倍。这就把别人的 100 年变成了 200 年。别人一周工作 5 天，你工作 7 天，一年 52 周，还有法定节假日，你也用来工作，不就变成 300 年了吗？星云大师会心一笑，说你也这样啊！

人，生而平等。似乎是天赋人权。来这个世界报到，你就领了人生的单程票，一去而不复返。只要你还活着，就每年派发你 365 天，每天给你 24 小时，分秒不差，绝对平等。但是，如何利用这一天一年？那就差老鼻子啦！为什么说人生有境界？超然才是境界。

阎崇年说，人生百年，100 年能活出 300 年的质量，活得就值了。

有人说《百家讲坛》火了一个阎崇年。这话得分两头说，《百家讲坛》

成全了阎崇年，阎崇年也成全了《百家讲坛》。因为，在上《百家讲坛》之前，阎崇年已经是著名学者了。在全国清史界、在世界满学界，没有不知道阎崇年的。《百家讲坛》让阎崇年走近大众，成为家喻户晓的学者明星。

阎崇年说，一切都讲机缘。我又特意查了“机缘”这个词儿。机是时机，缘是因缘。

他首次向记者披露了走上《百家讲坛》的前因后果……他的人生实践再次证明了一个真理：机会只给有准备的人。机缘来了，你推都推不掉！

因为，50年，阎崇年只凿了清史研究这一口井。他说，男怕选错行，女怕嫁错郎。当然了，选错了，你可以再选。嫁错了，也能再嫁。但是，你在一个点上凿50年，与在5个点上各凿10年，它不一样啊！影响你人生方向的选择，一定要慎重！有的孩子工作以后，不停地跳槽，成了“跳槽控”，这不好。一旦选准了，关键在坚持！哪个职业、哪个方向都会有重重困难，一遇到困难就“跳”，你很难成事。

阎崇年选择了清史研究，他遇到爬不过去的坡，多了。仅大的冲击就有3次：1963年，因为走“白专道路”被“下放劳动”3年。1966年，“文革”10年动乱。上个世纪80年代全民经商，领导找他谈话，让他“下海”办公司。

他呢，顺应天时巧应付，“下放”读了3年线装书。“文革”他当“逍遥派”，读书10年，写出《努尔哈赤传》。面对“办公司”的压力，他说干这行就准备受穷，做个学者没想发财。就是不凑那个热闹。

性格决定命运。他把自己定力十足的执著归结为受两种文化的影响：农耕文化铸就了他勤劳的骨骼；海洋文化成就了他宽广的胸怀和勇敢精神。

阎崇年的书房名曰：“四合书屋”，他解释说，天合、地合、人合、己合，是谓“四合”。我主要研究清史，因为明清史不分家，所以就看了很多明清的人物传记。感悟了那么多历史人物的成败悲喜，最后总结成两个字就是“四合”。一个人要做成事情，必须四合。

重学术开拓　兼通俗讲史

——记北京市社会科学院研究员阎崇年

丹娜

【题记与作者】

本文是《中国社会科学院院报》记者丹娜女史的专访稿，刊载于该报2008年7月29日第8版。

阎崇年是北京市社会科学院满学研究所的研究员。近30年来，北京市社会科学院注重突出首都特色，注重基础理论和应用对策研究的双重创新，涌现出一批卓有成就的专家学者和优秀的科研成果，在首都经济、北京史、满学、城市问题、文化产业、社区建设等研究领域形成自己的特色，产生了较大的社会影响。1991年，经阎崇年倡议，北京市社会科学院创建了第一个专业满学研究机构——满学研究所，阎崇年任所长。他还创办了北京满学会并任会长。他出版《满学论集》，倡议并主持举行第一至第五届国际满学研讨会，主编《满学研究》第一至七辑及《20世纪世界满学著作提要》等。他和同仁一起，于满学的开创与建设，做出开拓性的贡献。其学术影响，遍及海内外。满学研究由此成为北京市社会科学院的优长学科之一。

阎崇年研究满学、清史40余年，著作等身。在清朝开国史、满学研究领域取得多项成果。《努尔哈赤传》《袁崇焕传》《袁崇焕研究论集》《清朝通史・太祖朝》《清朝通史・太宗朝》《燕步集》《燕史集》等论著300多万字，以及数十篇学术论文，自成一家。但真正使阎崇年成为公众人物的是央视《百家讲坛》栏目热播的《清十二帝疑案》。这个节目创下了央视10频道2004年收视率最高纪录。《百家讲坛》栏目制片人聂丛丛评价阎崇年："能把学问当评书讲的，能把历史当故事说的，阎老师是第一人。"后来，央视还专门举办了"清十二帝疑案"系列学术研讨会。

历史必须“正说”

近年来戏说历史的电影、电视剧泛滥，许多历史学家深感自己责任的重大。阎崇年开始利用《百家讲坛》这个平台，用自己史学研究的成果，去正说历史，并已成为系列。他把刚开始介入《清十二帝疑案》的制作概括为八个字：如临深渊，如履薄冰。虽然阎崇年对努尔哈赤的研究深入透彻，但还是不敢懈怠。央视实行末位淘汰，如果讲得不好，编导还得跟着受连累。阎崇年与栏目的编导多次沟通后，选择了一种颇具创新性的方案：既要客观真实，又要好听好看。

此前《百家讲坛》都是每个人讲一讲。开始时，《清十二帝疑案》的编导考虑一位学者讲一个清朝的皇帝，由于阎崇年出版过《努尔哈赤传》，所以他被安排讲努尔哈赤。

2004年5月13日，阎崇年走上《百家讲坛》讲“努尔哈赤”。让他没想到的是，当天下午，编导把录制的节目剪辑出来后告诉他：“45分钟的片子剪出来了，台里开了个会，说您的这集可以称为范本。”在央视编导的要求下，阎崇年将清十二帝全部讲完，讲到“康熙帝”时，收视率创下了该栏目的收视新高。

在长达一年的《清十二帝疑案》节目制作过程中，他停掉了所有的会议和出差，专心致志地投入到节目内容的准备上。期间，阎崇年为每次讲座准备2万字的讲稿，从周一到周四，每天写5000字的文稿，周五串稿子、给家人试讲，周六再进行一次修改和调整，晚上散步时，阎先生一边遛弯儿，一边把第二天讲的内容在脑子里过一遍，周日就正式到电视台开讲。周一又开始下一讲的准备，循环往复。

这一年，看过阎崇年讲座的很多人都成了他的忠实“粉丝”“年糕”。他们中上起90岁的老翁，下到8岁小学生，遍及各行各业，反响大江南北，收到的信件、电话和网上邮件数以万计。

有一件事让阎崇年很受感动。有一次他被南京方面邀请去做讲座，事前主办方向读者发了两千多张票，不到半个小时就全部发完。不巧的是，讲座那天早晨下起了瓢泼大雨，主办方开始担心当天的上座率，在接阎崇年到会场时对他说，今天可能不会来什么人了，让阎崇年有些思想准备，但没想到当天会场座无虚席，还有不少人没有座位是站着听的。主办方后来对阎崇年说，幸亏今天下雨了，要不还不知道来多少人呢！讲座后许多人请阎崇年在书上签名，结果签名从上午11点多一直进行到下午1点。

《正说清朝十二帝》第一次只印了5000册，基本上是还没上市就没有了，第二次还是印了5000册，一上市就销售一空。正版现已重印了28次。阎崇年感慨地说，过去他写了20多本书，发行量都很少，能卖到1000册就算不错了，《袁崇焕研究论集》仅卖出不到200册。当时有些书他不要稿费出版社还不太愿意出，而现在已有80多家出版社与阎崇年联系希望与之合作。

阎先生说，现在人们对历史感兴趣了，这是一件好事，但对历史学也应该有一个正确认识，历史学的功能是多元的。阎崇年将其分为四个方面：第一是学术功能，包括学术论文和专著，主要是与同行学者交流。第二是资治功能，能从中了解、领悟历史的经验和教训，这也是很需要的，像司马光的《资治通鉴》就是这样的。第三是文化功能，历史学者要传承文化、历史，要让读者了解更多的历史知识，提高文化素质。第四是教化功能，对广大青少年进行爱祖国、爱历史、爱民族的爱国主义教育，这是历史学工作者不可推卸的责任。

经历“炼狱”的回报

《百家讲坛》改变了阎崇年的生活；而遇到阎崇年，也改变了《百家讲坛》的命运。听了阎崇年的初讲,《百家讲坛》栏目组决定变一人一讲为主讲人制，由收视率倒数第二，一跃名列前茅；甚至，在某种意义上，阎崇年的出现，改变了人们的阅读取向。2004 年秋天,《正说清朝十二帝》刚一问世，在北京书市“意外”掀起热潮，不仅开创了“正说”先河，也被认为是开启今天日益高涨的“读史热”的发轫之作。尔后，他又讲述《明亡清兴六十年》和《康熙大帝》两个系列，总共百余讲。随之出版了同名的历史著作。一个专业史学工作者，作为主讲人，利用中国中央电视台这个强势媒体，向海内外数万人讲述历史。这在史学史上前所未有，其影响既是深远的，又难以估量。

阎崇年认为，在《百家讲坛》，每讲一次，就如同进一次“炼狱”。尽管有几十年研究的积累，但仍然要琢磨讲法——讲筋骨，大家听起来没意思；讲血肉，节目时间有限。怎么办？为了既有筋骨、又有血肉，既有见解、又有史料，他爬梳史料，绞尽脑汁。

首先是讲新东西，新说会推进自己的研究。比如，讲鸦片战争，以往的主旨是落后就要挨打。阎崇年通过史实分析认为，鸦片战争失败有必然因素，也有偶然因素。道光帝的三次决策失误应当承担主要历史责任。

其次是来自观众的挑错。比如，阎崇年在讲兴城，“在辽西海湾，离海12华里”时，有观众来信特意附上详细的地图解说，兴城位置的准确说法是在“辽东湾西部”等等，这样的例子很多，对阎崇年的研究都是促进。

阎崇年说读者是很有水平的，任何一点小错误都能被看出来。在《正说清朝十二帝》一书中有幅图片，是一张皇帝诏书。有读者来信说，该图下面标注的文字和图片上说明的文字不一样，阎崇年马上翻书，用放大镜看图片原文，发现确实是错了。在《正说清朝十二帝》一书中曾提到，珍妃的哥哥，原来写的是她的胞兄，但珍妃娘家的后人拿出了自己家的家谱，告诉他应该是堂兄而不是胞兄。后来在该书重印时阎崇年把读者指出的错误都改正了。

通俗讲史是责任

历史学家肩负学术研究与大众传播的双重使命。阎崇年认为，不必苛求历史学家都写普及读物，但专家受过专业训练，进行过深入的研究，写出的作品应更加扎实。他认为：历史学的发展经过为神服务、为君服务、为民服务三个阶段。今天的史学工作者应在开拓学术的同时，多腾出一些时间和精力来，普及历史知识、尽力为普通大众服务。

今年，阎先生又推出了一部通俗历史著作——《中国古都北京》。全书记录了50万年来北京地区的世事变迁，尤其对元明清三代帝都的演变作了系统而细致的描述。随文插入的北京风物照片、图片资料达700余幅，照片均为严钟义等著名摄影家为该书实地拍摄的。虽是普及性读物，其文其图却体现出作者严谨的学术风格。

自古以来，中国政治中心即首都的选址，呈现出一种先东西摆动，后南北摆动的“大十字”形变动的特点。《中国古都北京》的“主角”自然是北京，阎崇年从2000年来中国政治中心的“十字”摆动说起，抑扬顿挫，分析阐述，尽显大家风范。写作《中国古都北京》这本学术普及读物，对他来说，却不轻松。这和阎崇年曾在中国古都学、北京史领域，多年来的深入研究与深厚积累不无关系。他是北京史研究会、中国古都学会的创始人之一，曾长期担任两个学会的秘书长，对该领域研究状况有充分的了解。

实地考察，不迷信前人旧说，追求第一手资料，是科学研究的基本要求。《中国古都北京》一书里写到的所有现存明清古迹，阎崇年都亲自实地探察过——坤宁宫萨满教祭祀的大锅，直径多少、深多少？他不仅去看，还带了个尺子去量。探察，每每让他有新的发现——前门箭楼的箭窗有多少？书上有记载，这么简单的问题，会错吗？他带人一个个数，书上说的，就是差一个！安定门外的西黄寺塔名，包括一些著名学者都称其为“清净化域塔”，“化域”作“王化外域”讲也解释得通，可没有这个词啊？他们去实地看，当时天已经黑了，就用手摸，确认不是“化域”，而是“化城”。而“化城”一词，却在广济寺图书馆藏《法华经》里，找到了典故的出处。

在书里，有一些与众不同的看法。比如清代八旗兵驻防北京的方位，有人说是按“五行”布阵的。努尔哈赤懂“五行”么？其实，清军入关，一路向南。敌人在南边，攻城略地时自然北面最安全，所以皇帝直属的黄旗在北；东西次之，所以他的两个儿子分掌的白旗、红旗在东西两侧；南边是敌人突围、救兵驰援的必争之地，最为危险，交给了努尔哈赤侄子执掌的蓝旗。方位不同，实际是亲疏有别。驻防北京的八旗兵，不过是延续了过去的传统。

在《中国古都北京》中，很多看似不起眼的段落，实际上都是从阎崇年几百万字的学术成果中萃取而来的。与那些靠网上资料拼拼改改，与“重在包装”的“时髦读物”相比，自有天壤之别。细细品味，不难体会。

学习历史，总结历史，并为今天的人们所用，这是阎崇年进行历史研究的一贯态度。在讲座中，他总结的四合、四力，在读者和观众中产生了很大的影响。在讲努尔哈赤时，他把努尔哈赤的成功归结为“天合、地合、人合、己合”，其中尤以“己合”为最重要，他说现在很多人能够面对成功，无法面对失败，心理不平衡，这都是“己合”没有处理好的原因。他总结的“四力”也是一个人在现实社会中通向成功应该具备的能力，即智力、努力、毅力和合力。他说，只有把这四个力组合好才能有所作为。

感悟“四合”话人生

——访著名清史专家阎崇年

李学江

【题记与作者】

本文是《秘书工作》杂志记者李学江先生对阎崇年的专访文稿，登载于该刊2007年第6期。

编者按：“没有风浪，就不能显示帆的本色；没有曲折，就无法品味人生的乐趣。”成功者的励志事迹向来是人类的精神财富，人们总是从这些不同寻常的故事中领略到追求快乐和人生的真谛。从本期开始，本刊推出“百味人生”栏目，希望通过对成功者人生经历的揭示，来启迪我们的心灵和智慧，本期让我们一起走近清史专家阎崇年，来感受他不平凡的人生历程。

著名清史专家阎崇年，因在央视《百家讲坛》讲述《清十二帝疑案》和《明亡清兴六十年》而闻名。他用生动的讲述方式揭示了明亡清兴的百年风云和大清王朝的兴衰成败，并成为让新版《百家讲坛》而走红的第一人。其《正说清朝十二帝》自问世以来，总销售数量累计已达50余万册。《明亡清兴六十年》系列讲座目前已分上下册出版，销售已达数十万册，其讲座光盘已出了四部，十分畅销。

阎老在清史和满学界可谓大名鼎鼎。作为北京市社会科学院满学研究所所长、北京满学会会长、中国紫禁城学会副会长，先后出版了《努尔哈赤传》《古都北京》《天命汗》等27部专著，并发表满学、清史论文250余篇。他倡议并创建第一个专业满学研究机构——北京市社会科学院满学研究所。被北京市政府授予有突出贡献专家称号，享受国务院颁发的特殊津贴。

这样一位学识渊博的人物，一定有他的传奇的人生，他的人生感悟是什么呢？许多观众和读者对他充满了好奇，这也是记者采访他的初衷。4月25日，记者如约来到他的家中进行了采访。

面前的阎老面容清癯，虽然岁月使他的双鬓染霜，但精神矍铄。阎宅俨然一片书的海洋，书架上堆的、地上摞的、桌子上摆的全是书，书房上方悬挂一幅书法作品“四合书屋”，显得格外醒目。

阎老不仅博学儒雅，思维敏捷，妙语连珠，而且非常谦逊。每次接待来访毕，他都会换上拖鞋，亲自把来访者送到附近的电梯口，挥手告别。这是阎老多年不变的习惯。

每天工作 14 小时以上

由一位埋头故纸堆、默默无闻的学者，一夜之间变成了家喻户晓的“明星”，他的人生经历有几分传奇，而他又是如何评价自己的呢？阎老说：“我出生在一个临海靠山的小乡村，从小受农、渔、商三种文化的熏陶，我能吃苦，像农民；我比较勇敢，像渔民；我求机变，像商人。我身上有着比别人多一点的刻苦、勇敢和通变。”

电视屏幕上的阎老儒雅潇洒、声音洪亮，看上去最多六十岁左右，可阎老说他早已过了古稀之年。1934 年 4 月，他出生在山东省蓬莱市解宋营村，这个村面临大海，在屋里睡觉能听到海涛的声音。阎老的家庭亦农亦商，又受到渔村纯朴风气的影响，农民的勤劳与朴实，渔民的机智与勇敢，商人的睿智与机变。三种文化，三种养育，都对阎老性格的形成产生过很大的影响。正因为不同文化的熏陶，阎老认为若想做成一件事就必须有勤奋耐劳、锲而不舍、力求创新的精神。首先做事要专一，确定方向之后不能东一榔头西一棒槌，要一往无前；其次要在已经确定的方向上下功夫，十几年、几十年地钻研下去，能抵得住各种诱惑；再次，要有胆识，要善于找准突破点，冲破传统的桎梏，敢于挑战陈腐的观点，大胆创新，直到得到认可为止。

阎老勤奋首先体现在他的阅读上，除了将主要精力放在清史研究上，他还经常读《大学》《中庸》《论语》《孟子》以及《说文解字》等中国古典著作。因为从事清史研究工作，阎老对每一个字、每一个词都力求精准，所以《说文解字》一直在案头摆放着。《史记》《春秋繁露》同样是对阎老产生过重大影响的书籍。采访中，阎老可以把《史记·太史公自序》及《春秋繁露》部分章节郎朗背出，足见其学术功底之深厚。

“我每天工作都在 14 个小时以上。”阎老轻描淡写地告诉记者。他生活很有规律，凌晨 4 点到早上 7 点，这是他工作的第一单元。接下来是洗漱、吃早餐，早 8 点到 12 点是他工作的第二单元。吃完午饭后，他会稍微休息一会儿，也许就是迷瞪一下，便进入他工作的第三单元。到下午 5 点半或者 6 点钟，是他看报与吃晚饭的时间，晚饭之后就是他工作的第四单元，大概到晚上 10 点，最晚不会超过 11 点，他就会洗漱休息。一年 365 天，几乎天天如此。

让记者颇为感慨的是，在答应接受记者采访时，阎老刚从美国讲学回来，在回国的当天下午他便开始了工作。

正宗的汉人成了清史专家

因在央视《百家讲坛》主讲清史，阎老声名大振。因此，许多人都以为阎老师是满族人，否则他又为何对清史、对满学有那么深的研究呢？

阎老说，他是地地道道的汉族人，从中学就喜欢历史。当时，他就读于北京市第六中学，那时男女分校，简称男六中。是当时北京市最好的中学之一。现在很多人问阎老，是不是因为数理化不好才去研究历史的？阎老说，恰恰相反，当时他的数理化成绩也很好，还考过班上和全年级的第一名。

高中与大学期间，阎老学的都是通史，而且他偏爱中国古代史。修完北京师范大学历史系课业后，阎老最初选择先秦史作为他的研究方向。后来他把读书中碰到的一些问题写成一篇小"论文"，拿给原中国科学院历史研究所明清史研究室主任杨向奎教授看。杨教授看后说写得不错，还建议帮他把"论文"拿到杂志上发表，这令阎老欣喜不已。过了一周以后，阎老收到杨向奎教授的一封信，大意是建议阎老研究清史。杨教授认为，在北京研究先秦史有诸多不便，而改研清史却有得天独厚的优势：第一，清朝的首都在北京；第二，清宫档案在北京，在中国第一历史档案馆馆藏的清宫档案有1000多万件，有满文档案大约有200万件，而且清朝的皇宫、坛庙、王府、皇家园林等也主要集中在北京。在杨教授的指点下，阎老毅然作出抉择，从1962年3月起，他开始了漫长的清史治学之旅。

确定研究清史后，从哪里入手呢？寻找清史研究的切入点是阎老面临的又一难题，起初他觉得康熙在位 61 年，影响也大，于是便看《清圣祖仁皇帝实录》，看了一段时间以后，阎老觉得不行，好多问题解决不了。蓦然之间，他想起北京师范大学白寿彝先生经常讲学术研究要寻根溯源，清史的“根”在哪儿？阎老一下子豁然开朗了。他考虑到明亡和清兴的那一段历史，即公元1583年（万历十一年）到公元 1644 年（顺治元年），这正是明史和清史的切入点。他终于找到了今后几十年的研究方向。

不畏磨难是因为“勇敢”

在采访过程中，阎老一再强调勇敢对学者的重要性。“我碰到过太多的人生磨难，除了监狱没有坐过，别的困难都碰到过。我最困难的时候是在‘文革’之前的下放与‘文革’之中。尽管遇到挫折，但我始终很乐观。”阎老认为，“一位学者在遇到困难时没有胆量是不行的，勤奋、执着、创新这些因素固然重要，但勇敢才是学者最为重要的品格。”

1963 年，阎老被下放到北京市南口农场劳动，为了学习，阎老当时带了很多书，包括许多被归入“封资修”之类的线装书。为了避免麻烦，这些线装书的封面他都事先用旧杂志包了书皮，封面上写上“祝毛主席万寿无疆”几个红色大字。阎老至今仍很庆幸，是这些书籍陪伴他度过了艰难的农场岁月。

后来有人打阎老的小报告，说他劳动时看“封资修”的“封”字书，劳动队的领导便把他叫去问话，说："阎崇年，有人反映你不好好改造，有这事没有？"阎老说："请你举个例子吧！"那位领导说："有人说你看封建主义的东西，有没有？"阎老说："我是研究清史的，康熙朝、乾隆朝没有平装书、也没有洋装书，就只有线装书。"隔了一周，这位领导麻自通再次找他谈话，说："经过认真研究和考虑，尽管你学习精神可贵，但读线装书影响不好，怎么办呢？让你值夜班。这样你既可以看书，也可以避免在群众中造成不良影响。"就这样，阎老又可以看书了。

"文革"期间，阎老所在的单位成立了好多战斗队，造反派、保皇派互相争斗。那时他就一个态度，任何派别都不参加，当逍遥派，这样他就可以安心看一些书，《努尔哈赤传》初稿就是在那一时期写成的。"文革"结束后，很多出版社没有书可出版，后来打听到阎老有书稿，就找到他问书稿是什么时候写成的，阎老说是"文革"期间。后来这本书就顺利地出版了。

上世纪 80 年代，阎老看到我国有藏学、蒙古学等学科，但没有满学，便于 1989 年给北京市委写了书面报告，提出成立满学研究所的建议。几经磨难，1991 年北京市社会科学院成立了满学研究所，这也是全世界第一个把满族历史、语言、文化整合成一个学科来研究的专业满学研究机构。

成功源于顺应"四合"

问起人生感悟及"四合书屋"的由来，阎老沉思片刻后娓娓地说："但凡成功的人，无论是专家学者，还是秘书工作者，都有一个共同特点，就是要顺应‘四合’。所谓‘四合’，即天合、地合、人合、己合。而那些没有实现自己人生价值的，也都有一个共同原因，就是‘四不合’，即天不合、地不合、人不合、己不合。”

什么是“天合”呢？阎老解释说：“天有很多种解释，天意、天道、天帝、天命等都是‘天’，我所说的天是天时，孟子说‘五百年必有王者兴’，这五百年是个概略的数字。清代著名学者魏源说，‘小天时以决利钝；大天时以决兴亡。’”阎老说他注意到“明亡清兴”这个天时，就是清太祖努尔哈赤遇到一个大天时。努尔哈赤早生100年，明朝还不是那样的腐败；晚生100年，也许“闯王”李自成占领了北京，建立别的什么政权了。所以努尔哈赤生逢其时。

阎老还认为，天和人经常不合，如果经常合，就没有必要强调“天合”。为什么天和人经常不合？因为天体是在不停地运行。《易经》说：“天行健，君子以自强不息。”天体在不断运行，时间瞬息万变，年、月、日、时、分、秒时刻都在变化。人的认识如果落后于时间的变化，就会与天时发生矛盾，做事就会事与愿违，不得其旨。

谈到“地合”，阎老说：“每一个人都生活在大地之上，无一例外。没有一个人可以脱离地面。航天英雄杨利伟可以上天，但是他最终还得回到地面。然而，我们经常身在某地而不知其地利，比如我家有好几代都是生活在北京的，没有人敢说我们对北京不了解，原来的那些老胡同，比如耳朵眼胡同、狗尾巴胡同、取灯胡同，都知道在哪儿。但是身在北京却未必知道其地利，比如召开一次国际性的研讨会，如果不在北京，比如说在某个偏僻的县，人家根本不去，这就是北京的地利。所以我们做任何事情，都要考虑‘地合’的问题。”

阎老眼中的“人合”是人际关系经常不合，如果没有差异、矛盾、冲突，就不存在“人合”的问题。阎老举例说，相传古代印度有个国王派王子出征，王子凯旋，国王为其举办了盛大的庆功宴。王子在庆功宴上致祝酒词，感谢国王英明睿智，军官们英勇奋战，士兵们顽强杀敌，最后感谢自己的马夫不辞辛苦。然后，国王却说：“你还得感谢你的敌人，正是他们才成全了你的战功。”这位王子率军取得征战的胜利，“人合”是一个重要因素。阎老说这就是一个“人合”的问题，但还要虑及碰到对手，碰到小人，甚至碰到“敌人”，对他们要“感谢”，因为他们激励自己的顽强意志和奋斗精神。

对于“己合”的理解，阎老认为主要是三个平衡。第一，心理平衡，别自己跟自己过不去。第二，生理平衡，维护健康，减少闹病。第三，伦理平衡，就是儒家讲的“格物、致知、诚意、正心、修身、齐家、治国、平天下”，修养自己，完善人格。据记者了解，2003 年当阎老得知其子阎天获北京市高考文科状元时，只是轻描淡写地说了句：“这是个好消息。”如此心态，足见其对“己合”的领悟。

最后，阎老语重心长地告诉记者，对于秘书工作者来说，也应该顺应“四合”，不断提高个人修养，并努力做到心理平衡、生理平衡和伦理平衡。

600 春秋　芳华依旧

——历史学家阎崇年先生谈故宫文化

王小宁　谢颖

【题记与作者】

本文是《人民政协报》记者王小宁、谢颖女史对阎崇年的专访稿，刊载于《人民政协报》2020 年 8 月 17 日“文化周刊”专版上。王小宁女士为《人民政协报》“文化周刊”主编、高级编辑。

编者按：作为中国历史上明清两代的皇宫，故宫（紫禁城）是中国千年典章文物的结晶和五千年中华民族多民族文化融合的见证，拥有无与伦比的历史价值和文化价值。她始建于明永乐十八年（1420年），到今年整整600年。著名历史学家阎崇年先生致力于故宫文化的研究和弘扬，一生与故宫结缘，他曾先后千余次走进故宫。不久前，他的又一部以时间为线索，讲述明代故宫、清代故宫、民国故宫和新中国故宫四个时期的历史新著《故宫六百年》面世。本刊记者借此机缘专访阎崇年先生，请他谈谈故宫的建筑之美、蕴含之丰和收藏之富。

一生与故宫结缘

文化周刊：您去过故宫千余次，研究故宫、讲故宫、写故宫，还记得最初结缘故宫是什么样的情形吗？

阎崇年：我出生在山东蓬莱一个半山半海的小乡村。因乡村地少人多，且土地瘠薄，难以糊口，曾祖父、祖父、父亲、兄长先后四代到北京谋生。清代、民国来京打工多不带家眷，老了落叶归根。他们每一年或两年回乡探亲一次，自然要讲北京、讲皇宫的故事。我的祖母很会讲故事、特别会讲宫廷的故事。老家有一句民谚："为人不上京，等于白托生。"儿童少年的我，脑子里装了很多北京、宫廷的传说和故事，引起我浓厚的兴趣。1949年北平解放之初，我来到北京，父亲带我第一次走进故宫，终于圆了我的一个童年向往故宫的梦。

1949年4月我到北京后，又同故宫有了地缘。我家住在北新华街北口，今北京音乐厅旁边。这里同故宫、中南海、中山公园（社稷坛）、天安门、文化宫（太庙）等南北只有长安街的一街之隔。我上中学在南长街南口路西的北京市第六中学。这里是清朝升平署的旧址。学校同故宫东西只有南长街一街之隔。我们体育课一度就在天安门广场上，我们还参加了新中国成立的开国大典。课余时间，我和同学们的脚步，可以说经常徜徉在天安门、故宫、社稷坛、太庙，甚至中南海。我们学校的老校工徐沛霖曾做过皇宫侍卫，学校北边的会计司胡同里住着清宫老太监，我曾经多次听他们讲过故宫和清朝的往事。这些都成为后来我研究故宫所特有的地缘。

文化周刊：作为明清史学者，在学术研究上与故宫“接触”又是怎样的？

阎崇年：我与故宫有很深的学缘。学，既指读万卷书，也指行万里路。先是读书，我学清史，清承明制，也涉猎明史，所看的文献、档案、文集、笔记、宫史等，多是有关明清宫廷的记载。故宫是明清皇权的核心、文化的中心、艺术品收藏的中心。所以，研究明清史离不开故宫。因为学术研究的关系，我经常去故宫明清档案部即后来的第一历史档案馆，开会、考察、看书、查档案，总算约有千次之多。我也写过研究故宫的学术专著和学术论文。再是行路。故宫姻系中的沈阳故宫、避暑山庄、木兰围场、南京明宫遗迹、台北故宫博物院等，我都多次去参观考察过，并结识许多学界师友。这些都为我“故宫系列”八本书，做了理性与感性的、资料与体验的准备，打下学术的基础。

此外，跟故宫相关联的学术团体，如北京史研究会、清宫史研究会、北京满学会、中国紫禁城学会、中国古都学会等，我都在其中任过职务。上个世纪八九十年代，故宫成立紫禁城出版社，恢复《故宫学刊》和《故宫博物院院刊》，创办《紫禁城》杂志，成立中国紫禁城学会，编纂《故宫志》和《故宫词典》，创建清宫史研究室等，我都从朋友那里先知其事，有的还参与其中。这样，我在故宫内外，结识了一批多行业、多学科、多单位、多领域的老年专家和青年俊彦，得以对明清皇宫及其外延有更多的、更细微的了解。

文化周刊：从2012年到2020年，即从78岁到86岁的8年之间您连续出版了关于故宫的8本书，这个“故宫系列”是怎么讲故宫的？

阎崇年：第一次写故宫，是2010年至2012年，值与央视《百家讲坛》和长江文艺出版社合作的机缘。成果是在《百家讲坛》开讲《大故宫》系列讲座66讲，出版了《大故宫》一、二、三部，之后又补充播出和出版了其第四部——《御窑千年》。今年，为纪念故宫600年，故宫出版社将《大故宫》修订出版。

第二次写故宫，是2019年至2020年，值与网络音频平台喜马拉雅和华文出版社、青岛出版社合作的机缘。成果是在喜马拉雅开讲《大故宫六百年风云史》系列讲座100讲，出版了文字翔实版《故宫六百年》（上下册）和简明版《大故宫六百年风云史》。

本来，故宫的写作计划告一段落，但是庚子年前夕疫情来临，禁足在家，于是梳理已积累的资料，写出《故宫疑案》书稿，由中国民主法制出版社付梓。通过电视视频、网络音频和图书文字等形式，讲述故宫的历史、建筑、艺术、人物和精神。

故宫是中华文明的文化宝库

文化周刊：今年是故宫建成 600 年，历史上相关的记载是怎样的？

阎崇年：《明太宗实录》永乐十八年（1420 年）十一月初四日记载：“爰自营建以来，天下军民，乐于趋事，天人协赞，景贶骈臻，今已告成。”北京皇宫坛庙告成，永乐皇帝在奉天殿（今太和殿）暨殿前广场，接受朝贺，大宴群臣，以及贡使。这就表明，从故宫建成于 1420 年，到现在 2020 年，整整 600 年了。故宫已被联合国教科文组织定为世界文化遗产，所以北京故宫，既是中国的，又是世界的。北京故宫的 600 年，是紫禁芳华的 600 年。这是中国文化史、也是世界文化史的一件大事。只有伟大的中华文明，才有伟大的北京故宫。

文化周刊：故宫是中华文明史上一座文化的宝库，它有什么显著特色？请您举例谈谈。

阎崇年：故宫的建筑形式各样，丰富多彩，是一座中国古代建筑的博物馆。永乐十八年（1420 年）十二月二十九日，《明太宗实录》记载：初营建北京，凡庙社、郊祀、坛场、宫殿、门阙，规制悉如南京，而高敞壮丽过之。复于皇城东南建皇太孙宫，东安门外东南建十王邸，通为屋八千三百五十楹。自永乐十五年六月兴工，至是成。从上述记载可以看出：明朝规划营建皇宫和京城，是在元大都城旧址基础上，以南京皇宫、城垣为蓝本，而“高敞壮丽过之”。明朝北京皇宫之建筑，其理念之深、选址之优、等级之尊、规模之巨、建筑之高、体量之大、用材之贵、工艺之精、艺术之美、藏品之多，创中国历史之最。北京城是一座伟大的都城，皇宫殿宇是一座伟大的建筑群。

故宫还是一座伟大的丰富的艺术宝库，是中华五千年文明所积累的艺术品总汇，而且这些艺术品传承有序。故宫博物院藏品至 2020 年，经过清点，凡 28 类，共 1863404 件（套）。诸如玉器、青铜器、玺印、瓷器、书法、绘画、碑帖、典籍、档案、金器、漆器、乐器、织绣、家具、文房、舆图等，其价值珍贵，数量巨大，种类繁多。

比如书画。《平复帖》，西晋陆机书，书风朴拙，行笔挺健，是存世最早的书法名品。此帖从清宫流入民间，张伯驹先生花重金将其购买，藏缝在棉袄里，带出日据的北京城，后捐献给故宫博物院收藏。又如《兰亭序》，冯承素临摹本，被誉为临摹之最精美之本。东晋顾恺之的《洛神赋图卷》（宋人摹），取材于曹植的《洛神赋》，体现六朝时期山水人物的画风。唐阎立本《步辇图》（宋人摹），绘画表现吐蕃赞普松赞干布遣使长安，拜见唐太宗李世民，迎接文成公主前往与松赞干布成婚的历史画卷。卷卷卓异，件件珍品。

又如中国瓷器，唐宋名窑，瓷苑新葩。宋“汝、定、官、哥、钧”和德化白瓷等，故宫多有收藏。元代青花，开启了瓷器史的新时期。明清两代，皇宫在景德镇设立御窑，以举国之力发展瓷器，瓷器艺术达到一个高峰期。明朝御窑的永宣青花、成化斗彩、万历粉彩等，在不断创新。清朝以康熙郎窑、雍正年窑、乾隆唐窑为代表的御窑瓷器，不断推陈出新，引领世界艺术风尚。

故宫体现中华传统文化的精粹

文化周刊：故宫既是珍贵的文化遗产，也凝聚着中华文化精神，在您看来，故宫的文化精神是什么？

阎崇年：司马迁说：“究天人之际，通古今之变”，打通天、人、古、今的关系，就是哲学。故宫所体现出的精神，是中华传统文化的精粹，是传统哲学的理念。

如“中”“正”“和”“安”的理念。北京城和故宫有一条贯穿南北的子午线即中轴线，突出一个“中”字，中轴线上北京城的正阳门突出一个“正”字，乾清宫内宝座上方悬匾御书“正大光明”也突出一个“正”字；皇宫的太和、中和、保和三殿与太和殿前太和、协和、熙和三门，都突出一个“和”字；皇城六门——天安门、长安左门、长安右门、东安门、西安门、地安门，都突出一个“安”字。

中与正——北京城又是按照都城中正型理论建造的。宫城在北京居中，三大殿在宫城又居中。居中与对称相呼应，北京的宫殿、坛庙等也多是对称的。这体现儒家文化大中至正的哲学理念。

和与安——就“和”而言：宫城外朝的三大殿，明初分别为奉天殿、华盖殿、谨身殿，突出“天”，就是皇权神授；明嘉靖重修三大殿后，依次改名为皇极殿、中极殿、建极殿，突出“极”，就是皇权；清初重修三大殿后，依次改名为太和殿、中和殿、保和殿，突出“和”，就是社会协和。这个由神权的“天”，到君权的“极”，再到社会的“和”，前述皇城六门都突出“安”字。这反映出帝制社会虽然发展缓慢，思想理念却在不断进步。

“中正和安”——中则正，和则安。这体现了中华优秀传统文化的精髓与核心。《礼记·中庸》言：“中也者，天下之大本也；和也者，天下之达道也。致中和，天地位焉，万物育焉”。当然，“中正安和”在帝制时代只能是一种理念、一种期望，实际上是不可能真正完全实现的。

文化周刊：悠悠600年，穿越历史的风云激荡，故宫在新的时代背景下依然散发着无与伦比的魅力，您认为原因是什么？

阎崇年：故宫所体现的哲学，就是创新的哲学；故宫所体现的精神，就是创新的精神。朱熹《观书有感》诗云：

半亩方塘一鉴开，
天光云影共徘徊。
问渠那得清如许，
为有源头活水来。

诗分四层，因果递进：因源头活水，方渠清如许；因渠清如许，才光影徘徊；因光影徘徊，故方塘如鉴。所以，朱熹这首诗的旨趣就是“活水”，也就是“日新”。正如《礼记·大学》引述汤之《盘铭》所说的“苟日新，日日新，又日新”。600 年的故宫，为我们充盈哲学理念、修润精神境界、涵养艺术素质、蕴育高尚品德，提供了可信的路径、可贵的场所、可看的实物、可鉴的俊杰。故宫既是中华传统文化的一部伟大的教科书，故宫也是人类文明史上一座伟丽的丰碑。

老骥伏枥　求新又新
——感谢辞

阎崇年

我从农历甲戌年即民国二十三年（1934年）来到世间，到今年辛丑年（2021年），虚岁八十八。过去有句俗话："人活七十古来稀。"在那个时代的人，活到八十八岁，被称作"米寿"，这含有高寿、敬慕、祝贺的意思。现在，文化环境、物质生活、医药保健、科学素养等都比过去进步，人们高寿的目标应是《尚书·洪范》所期颐的一百二十岁。听说有几位贤达，成立了"120俱乐部"，对于"期颐之寿"还是蛮有信心的。

我的一些朋友，从近二十年来，报纸、期刊、电视、图书、电台、网络等写我的500多篇文章中，选出41篇，辑成《日新集——师友笔下阎崇年》出版，我却之不恭，受之有愧，只好随时顺势、遵从诸君美意。但在文章中，过多的肯定、鼓励、赞扬、溢美之词，心感愧赧，实不敢当，当作鞭策，以励学志。

回顾以往，时间飞逝。正如小学时作文常套用的“光阴似箭”“日月如梭”。我从事清史研究整六十年，有些许成果，从主观来说，得益于“三个一”，即“志一、心一、力一”。在研究清史六十年间，大约每十年，算一个段落，有一个变化，也有点进步。

第一，1960—1970 年代：确定方向，研究清史。历史学是一门大学科，从地域分有世界史、亚洲史、中国史等；中国史从时间分有商周史、秦汉史、魏晋史、隋唐史、宋辽金元史、明清史等；从内容分有思想史、经济史、文化史、军事史、典制史、文献史等。我在上世纪六十年代初，选定研究清史。至今 60 年过去，一直坚守未变。时逢动乱，两遇疫情，身历磨难，不敢旁骛，孜孜汲汲，锲而不舍，铁杵可以磨成针，治史也可以穿通。

第二，1970—1980 年代：寻根溯源，博览广取。上个世纪七八十年代，正好遇上社会大转折时期。我动中取静，聚精会神，殚心竭力，坚守不懈，寻根溯源，博览群书，查阅档案，抄写卡片，专注于自己的研究领域，并力求“独上高楼，望尽天涯路”。

第三，1980—1990 年代：首出专著，日美讲学。上个世纪八九十年代，我连续出版《努尔哈赤传》、《中国历史大事编年·清代》、《古都北京》（中、英、德、法文版）和《燕步集》、《燕史集》、《袁崇焕研究论集》等，如蛾破茧，似苗出土。并受邀到日本东洋文库清史研究室及美国的哥伦比亚大学、宾夕法尼亚大学、耶鲁大学、达姆斯大学、印第安纳大学、夏威夷大学等历史系讲学，拓展了学术眼界，进行了学术交流。后来我的儿子到耶鲁大学读博士，看到耶鲁大学图书馆收藏我的著作 23 种，其他收藏如美国国会图书馆 20 种，普林斯顿大学图书馆 21 种，哥伦比亚大学图书馆 22 种，哈佛大学图书馆 38 种等。

第四，1990—2000 年代：创立满学，走向世界。我在上个世纪最后十年，倡议并创立第一个专业满学研究机构——北京市社会科学院满学研究所，随之成立北京满学会，并任创会会长，从而创立满学这一人文社会科学的新学科。连续主持召开五届国际满学研讨会，主编出版《满学研究》（第一至第七辑），主编《20 世纪世界满学著作提要》。我自己也出版《满学论集》。满学走向亚洲、美洲、欧洲、澳洲，成为一门新兴的国际性学科。

第五，2000—2010 年代：百家讲坛，媒体传播。本世纪的第一个十年，我走上中央电视台《百家讲坛》，开始在电视、广播、网络等媒体平台，传播历史知识。在央视《百家讲坛》主讲 200 讲，被誉称“为影视网络史学独着先鞭”。在海内外收看、收听的观众、听众、读者数以亿计。这超越了之前的想象，却是时代赋予的成果。与广大受众交流，促成我的学术新境界：更宽泛地读书，更辽阔地踏查，更深层地思考，更高远地视野。

第六，2010—2020 年代：森林文化，学术创新。本世纪的第二个 10 年，我一方面梳理五十年来研究清史、满学的新得，出版《清朝开国史》（上下卷）、《清史论集》《阎崇年集》（25 卷）、《阎崇年自选集》等，另一方面发表论文《森林文化之千年变局》，出版新著《森林帝国》等，开创性地提出并阐述史学的新概念、新观点：（1）提出中华文明是由五种文化形态，即中原农耕文化、西北草原文化、东北森林文化、西部高原文化和沿海暨岛屿海洋文化共同构成；（2）提出东北森林文化的定义、范围、特征、演进的史学新见；（3）提出满洲以少胜多、以小治大的文化根因，在于以森林文化统合农耕、草原、高原、海洋文化；（4）提出中华文明的“文化统合”，“分则小，合则大；分则寡，合则众；分则散，合则聚；分则弱，合则强；分则乱，合则治；分则辱，合则荣；分则败，合则胜；分则否，合则泰”的观点。总之，探寻清朝历史演变的文化背景，重新解读3000年来，森林文化对东北地区历史演进和族群发展及其对中华历史、亚洲历史、世界历史的重大影响。

祭先河而后海，人后来者居上。回顾八十八年人生，在历史学领域，做了一丁点事情，取得一丁点成绩，既是自然，又是本分。这得益于亲人、友人、恩人、贵人的关怀、支持、帮助和鼓励。所以，我要说出发自肺腑的、油然而生的一句话，就是谢谢、谢谢、再谢谢！

感谢亲人。从学吃饭、学说话、学走步，到做人、做事、做学问，没有亲人的养育、关怀、照顾和支持，就没有今天的我，更没有我的一切。

感谢友人。每一个年龄段，我都有朋友，相互交流，相互扶持，相互砥砺，相互帮助，总是朋友帮助我的多，却是我帮助朋友的少。对此，我时感愧疚。60年来，没有友人的关怀、支持、启示、鼓励，不会有今天的学业进步和学术成果。

感谢恩人。在自己惶惑、无奈、困苦、艰难的时刻，在无力自拔自救，心灵几乎崩溃的时候，冥冥之中，恩人出现，慷慨相助，理清思绪，安神定志，振作精神。我之所以从极度艰难、万分困苦中走出来，得益于恩人的真诚无私的关怀和温暖。没有恩人的指点，没有恩人的抚慰，没有恩人的鼓励，没有恩人的支持，有些难关可能跨不过去，也就不会有后来的进步和成绩。

感谢贵人。在史学研治的路上，幸遇贵人，北京师范大学白寿彝师、北京大学邓广铭师、中国社会科学院杨向奎师和著名学者王光先生等，出于大爱、提携之心，在史学理论、研究方向、治学方法、课题选择、史料掌握、释疑解惑等方面，高屋建瓴，指点津要，拨云散雾，加持济渡，使我调正航向，绕过暗礁，顺利行进，得修学果。

此外，还要感谢小人和敌人。

感谢小人。小人的特点是“羡慕嫉妒恨”，“羡慕嫉妒”并不一定是小人，再加上“恨”则一定是小人。人的一生，都会遇到人数或多或少、时间或长或短的小人骚扰。小人会制造许多麻烦、苦恼、障碍、困难，但《论语·述而》说：“君子坦荡荡，小人长戚戚。”以“坦荡荡”对“长戚戚”也是一种快乐。小人从侧面或反面给予一种刺激，使我发现未知的自己，并转化作前进的动力。因此，小人虽给人诸多烦恼，却受到了锻炼，还是要感谢小人的。

感谢敌人。敌人与小人不同，敌人是要“打倒对方”，要“进行围猎”，必欲置之死地而后快。面对敌人，下定决心，跨越障碍，昂首前进，得胜之后，感而谢之。

最后特别感谢原国家新闻出版总署副署长、原国家新闻出版广电总局副局长、全国政协文化文史和学习委员会副主任、中国版权协会理事长阎晓宏先生撰写《史学旨趣　四合人生》（代序），感谢中国出版集团有限公司原董事长谭跃先生和中国出版集团有限公司党组成员、中国出版传媒股份有限公司总经理李岩先生担纲本书主编，感谢华文出版社社长宋志军先生和总编辑余佐赞先生担任执行主编，感谢著名书法家杨再春先生题写书签，感谢诸位德高望重、文界名流、著名记者、专家教授著文给以鼓励，惠于支持，恕不列名，一并敬谢。

感谢之外，表个祈愿：研究清史，痴心不改，老骥伏枥，修养四合。秉持“苟日新，日日新，又日新”之先贤遗训，步步前进，日日求新。

（于烟台紫金山庄）

阎崇年著作简目（1982—2021年）

【104种】

1982年

·〔001〕《北京史话》，中华书局，1982年，北京。

1983年

·〔002〕《努尔哈赤传》，北京出版社，1983年，北京。

·〔003〕《努尔哈赤传》（精装本），北京出版社，1983年，北京。

1984年

·〔004〕《袁崇焕资料集录》（上下）〔合作〕，广西民族出版社，1984年，南宁。

1986年

·〔005〕《古都北京》（中文版），朝华出版社，1986年，北京。

1987年

·〔006〕《中国历史大事编年·清代》，北京出版社，1987年，北京。

·〔007〕《古都北京》（英文版），朝华出版社，1987年，北京。

1988年

·〔008〕《古都北京》（德文版），朝华出版社，1987年，北京。

1989年

·〔009〕《燕步集》，北京燕山出版社，1989年，北京。

1992年

·〔010〕《努尔哈赤传》(竖排繁体字修订本)，文史哲出版社，1992年，台北。

1993年

·〔011〕《天命汗》，吉林文史出版社，1993年，长春。

1994 年

·〔012〕《袁崇焕研究论集》（竖排繁体字本），文史哲出版社，1994 年，台北。

1997 年

·〔013〕《燕史集》，北京燕山出版社，1997 年，北京。

·〔014〕《中国都市生活史》(竖排繁体字本)，文津出版社，1997 年，台北。

1999 年

·〔015〕《满学论集》，民族出版社，1999 年，北京。

2000 年

·〔016〕《屏障中原关盛衰——古代北京》（横排繁体字本），万卷楼图书公司，2000 年，台北。

2002 年

·〔017〕《清朝皇帝列传》（上下册），紫禁城出版社，2002 年，北京。

2003 年

·〔018〕《清朝通史·太祖朝》，紫禁城出版社，2003 年，北京。

·〔019〕《清朝通史·太宗朝》，紫禁城出版社，2003 年，北京。

2004 年

·〔020〕《正说清朝十二帝》（图文本），中华书局，2004 年，北京。

2005 年

·〔021〕《清十二帝疑案》，中国人民大学出版社，2005 年，北京。

·〔022〕《袁崇焕传》，中华书局，2005 年，北京。

2006 年

·〔023〕《正说清朝十二帝》（增订图文本），中华书局，2006 年，北京。

·〔024〕《明亡清兴六十年》（上），中华书局，2006 年，北京。

·〔025〕《努尔哈赤传》（第二版），北京出版社，2006 年，北京。

·〔026〕《清朝第一帝：努尔哈赤》，华文出版社，2006 年，北京。

2007 年

·〔027〕《正说清朝十二帝》（韩文本、上下册），2007 年，首尔。

·〔028〕《明亡清兴六十年》（下），中华书局，2007 年，北京。

·〔029〕《明亡清兴六十年》（上下册）竖排繁体字本，联经出版公司，2007 年，台北。

·〔030〕《清宫疑案正解》，中华书局，2007 年，北京。

·〔031〕《努尔哈赤》（竖排繁体字本），联经出版公司，2007 年，台北。

·〔032〕《清宫十大疑案正解》（横排繁体字本），联经出版公司，2007 年，台北。

2008 年

·〔033〕《正说清朝十二帝》（彩图珍藏本），中华书局，2008 年，北京。

·〔034〕《明亡清兴六十年》（彩图珍藏本），中华书局，2008 年，北京。

·〔035〕《康熙大帝》（图文本），中华书局，2008 年，北京。

·〔036〕《中国古都北京》（中文典藏本），中国民主法制出版社，2008 年，北京。

·〔037〕《中国古都北京》（中文精装本），中国民主法制出版社，2008 年，北京。

·〔038〕《中国古都北京》（中文平装本），中国民主法制出版社，2008 年，北京。

·〔039〕《中国古都北京》（英文典藏本），中国民主法制出版社，2008 年，北京。

·〔040〕《中国古都北京》（英文精装本），中国民主法制出版社，2008 年，北京。

·〔041〕《中国古都北京》（英文平装本），中国民主法制出版社，2008 年，北京。

2009 年

·〔042〕《阎崇年说清史》（彩色精装三册本），中华书局，2009 年，北京。

·〔043〕《〈康熙顺天府志〉校注》（竖排繁体字本），中华书局，2009 年，北京。

·〔044〕《康熙大帝》（竖排繁体字本），联经出版公司，2009 年，台北。

·〔045〕《合掌录：阎崇年对话星云大师》（合著），九州出版社，2009 年，北京。

2010 年

·〔046〕《明亡清兴六十年》（上）（再版），中华书局，2010 年，北京。

·〔047〕《明亡清兴六十年》（下）（再版），中华书局，2010 年，北京。

·〔048〕《正说清朝十二帝》（修订本），中华书局，2010 年，北京。

·〔049〕《康熙大帝》（再版），中华书局，2010 年，北京。

·〔050〕《清朝十二帝》，紫禁城出版社，2010 年，北京。

·〔051〕《北京文化史举要》，北京出版社，2010 年，北京。

2012 年

·〔052〕《大故宫》（1），长江文艺出版社，2012 年，武汉。

·〔053〕《大故宫》（2），长江文艺出版社，2012 年，武汉。

·〔054〕《大故宫》（3），长江文艺出版社，2012 年，武汉。

·〔055〕《大故宫》（1），竖排繁体字本，联经出版公司，2012 年，台北。

·〔056〕《大故宫》（2），竖排繁体字本，联经出版公司，2012 年，台北。

·〔057〕《大故宫》（3），竖排繁体字本，联经出版公司，2012 年，台北。

2013 年

·〔058〕《大故宫》彩图精装本（1），长江文艺出版社，2013 年，武汉。

·〔059〕《大故宫》彩图精装本（2），长江文艺出版社，2013 年，武汉。

·〔060〕《大故宫》彩图精装本（3），长江文艺出版社，2013 年，武汉。

2014 年

·〔061〕《清朝开国史》（上下卷），中华书局，2014 年，北京；

·〔062〕《清朝开国史》（上下卷），竖排繁体字本，联经出版公司，2014 年，台北。

·〔063〕《阎崇年集》（25 卷本），中国友谊出版公司，2014 年，北京。

01〔立春〕《努尔哈哈赤传》

02〔雨水〕《清朝开国史》（一）

03〔惊蛰〕《清朝开国史》（二）

04〔春分〕《清朝开国史》（三）

05〔清明〕《清朝开国史》（四）

06〔谷雨〕《燕步集》

07〔立夏〕《燕史集》

08〔小满〕《袁崇焕研究论集》

09〔芒种〕《满学论集》
10〔夏至〕《清史论集》
11〔小暑〕《清史大事编年》
12〔大暑〕《演讲录》
13〔立秋〕《正说清朝十二帝》
14〔处暑〕《明亡清兴六十年》（上）
15〔白露〕《明亡清兴六十年》（下）
16〔秋分〕《康熙大帝》
17〔寒露〕《大故宫》（一）
18〔霜降〕《大故宫》（二）
19〔立冬〕《大故宫》（三）
20〔小雪〕《清朝皇帝列传》（上）
21〔大雪〕《清朝皇帝列传》（下）
22〔冬至〕《袁崇焕传》
23〔小寒〕《中国古都北京》
24〔大寒〕《中国都市生活史》
25〔附录〕《合掌录》（合著）

·〔064〕《清史论集》，中国友谊出版公司，2014 年，北京。

·〔065〕《阎崇年讲谈录》，九州出版社，2014 年，北京。

·〔066〕《努尔哈赤全传》（图文本），江苏文艺出版社，2014 年，南京。

2015 年

·〔067〕《袁崇焕传》（修订本），中华书局，2015 年，北京。

2016 年

·〔068〕《阎崇年自选集》，九州出版社，2016 年，北京。

·〔069〕《康熙帝大传》，中华书局，2016 年，北京。

·〔070〕《古都北京》（精装本），中文版，朝华出版社，2016年，北京。

·〔071〕《古都北京》（精装本），英文版，朝华出版社，2016年，北京。

·〔072〕《古都北京》（平装本），法文版，朝华出版社，2016年，北京。

2017年

·〔073〕《御窑千年》，生活·读书·新知三联书店，2017年，北京。

·〔074〕《御窑千年》（竖排繁体字本），香港中华书局，2017年，香港。

·〔075〕《合掌录：阎崇年对话星云大师》（增订版），九州出版社，2017年，北京。

·〔076〕《天朗集》（线装繁体字本），北京联合出版公司，2017年，北京。

2018年

·〔077〕《森林帝国》（平装本），生活·读书·新知三联书店，2018年，北京。

·〔078〕《御窑千年》（定制本），生活·读书·新知三联书店，2018年，北京。

·〔079〕《森林帝国》（精装本），生活·读书·新知三联书店，2018年，北京。

·〔080〕《森林帝国》（竖排繁体字本），香港中华书局，2018年，香港。

·〔081〕《森林帝国》（竖排繁体字本），联经出版公司，2020年，台北。

2019年

·〔082〕《阎崇年讲谈录——读史阅世五十年》（横排繁体字本），崧博出版事业公司，2019年，台北。

·〔083〕《北京史话》（新编历史小丛书），北京人民出版社，2019年，北京。

·〔084〕《于谦》（新编历史小丛书），北京人民出版社，2019年，北京。

·〔085〕《袁崇焕》（新编历史小丛书），北京人民出版社，2019年，北京。

·〔086〕《康熙大帝》（新编历史小丛书），北京人民出版社，2019年，北京。

2020年

·〔087〕《故宫六百年》（上下册），华文出版社，2020年，北京。

·〔088〕《故宫六百年》（重印本、上下册），华文出版社，2020年，北京。

·〔089〕《故宫六百年》（横排繁体字本），香港三联书店，2020年，香港。

·〔090〕《故宫六百年》（上下册），羊皮精装本，华文出版社，2020年，北京。
·〔091〕《大故宫六百年风云史》，青岛出版社，2020年，青岛。
·〔092〕《故宫疑案》，中国民主法制出版社，2020年，北京。
·〔093〕《森林帝国》（修订平装本），生活·读书·新知三联书店，2020年，北京。
·〔094〕《森林帝国》（修订精装本），生活·读书·新知三联书店，2020年，北京。

2021年

·〔095〕《大故宫》（上下册），纪念版，故宫出版社，2021年，北京。
·〔096〕《大故宫》（上下册），纪念版，繁体字本，香港中华书局，2021年，香港。
·〔097〕《北京文化史》，北京出版社，2021年，北京。
·〔098〕《故宫六百年》（上下册）、繁体字本，时代文化出版公司，2021年，台北。
·〔099〕《袁崇焕研究论集》，故宫出版社，2021年，北京。
·〔100〕《阎崇年史学论文集·清史卷》（上），生活·读书·新知三联书店，2021年，北京。
·〔101〕《阎崇年史学论文集·清史卷》（中），生活·读书·新知三联书店，2021年，北京。
·〔102〕《阎崇年史学论文集·清史卷》（下），生活·读书·新知三联书店，2021年，北京。
·〔103〕《阎崇年史学论文集·满学卷》，生活·读书·新知三联书店，2021年，北京。
·〔104〕《阎崇年史学论文集·燕史卷》，生活·读书·新知三联书店，2021年，北京。

阎崇年论文要目（1975—2020 年）

【113 篇】

〔001〕《评康熙帝》，《北京师范学院学报》，1975 年第 2 期，北京。

〔002〕《论努尔哈赤》，《中央民族学院学报》，1977 年第 4 期，北京。

〔003〕《论雅克萨之战》，《北京师范大学学报》，1978 第 5 期，北京。

〔004〕《“钻木取火”辨》，《社会科学战线》，1980 年第 3 期，长春。

〔005〕《论明代保卫北京的民族英雄袁崇焕》，《北京史论文集》，北京史研究会编印，1981 年，北京。

〔006〕《袁崇焕籍贯考》，《历史研究》，1982 年第 1 期，北京。

〔007〕《纳兰性德与吴兆骞》，《明清档案与历史研究论文集》，中华书局，1983 年，北京。

〔008〕《蒋良骐及其〈东华录〉》，《广西历史人物传》（第四辑），广西人民出版社，1983 年，南宁。

〔009〕《孙承泽生年考》，《史苑》，1983 年第 2 辑，北京。

〔010〕《努尔哈赤建立后金考》，《社会科学辑刊》，1983 年第 3 期，沈阳。

〔011〕《努尔哈赤入京进贡考》，《清史研究通讯》，1983 年第 2 期，北京。

〔012〕《清代史坛大家孙承泽》，《故宫博物院院刊》，1983 年第 1 期，北京。

〔013〕《袁崇焕“谋款”辨》，《光明日报·史学》，1984 年 6 月 6 日，北京。

〔014〕《论袁崇焕》，《袁崇焕研究论文集》，广西民族出版社，1984 年，南宁。

〔015〕《满洲的兴起》，《历史教学》，1984 年第 5 期，天津。

〔016〕《清入关前满洲的社会经济形态》，《社会科学辑刊》，1984 年第 4 期，沈阳。

〔017〕《清初满汉文化交流的新篇章》，《北京社会科学》，1986 年第 1 期，北京。

〔018〕《〈明珠及妻觉罗氏诰封碑文〉考释》，《四平民族研究》，1987 年第 2 期，四平。

〔019〕《评〈清代八旗王公贵族兴衰史〉》，《历史研究》，1987 年第 2 期，北京。
〔020〕《明珠论》，《满族研究》，1987 年第 1 期，沈阳。
〔021〕《抗俄名将萨布素》，《中国历代名将传》（下册），苏双碧、陈梧桐主编，河南人民出版社，1987 年，郑州。
〔022〕《后金都城佛阿拉驳议》，《清史研究通讯》，1988 年第 1 期，北京。
〔023〕《论戚继光》，《戚继光研究论集》，知识出版社，1989 年，北京。
〔024〕《清净化城塔名辨正》，《燕步集》，北京燕山出版社，1989 年，北京。
〔025〕《清代法制简论》，《社会科学辑刊》，1989 年第 4 辑，沈阳。
〔026〕《清太祖肇纪条件与历史功过》，《故宫博物院院刊》，1989 年第 4 期，北京。
〔027〕《袁崇焕“斩帅”辨》，《袁崇焕学术论文集》，广西人民出版社，1989 年，南宁。
〔028〕《清初四京与都城三迁》，《中国古都研究》（第四辑），浙江人民出版社，1989 年，杭州。
〔029〕《评〈清代宫廷史〉》，《光明日报·史学》，1991 年 4 月 24 日，北京。
〔030〕《北京宫苑的民族特征》，《中外城市研究》，1991 年第 1 期，北京。
〔031〕《清初京师旗人生活探略》，《京华旧事存真》（第一辑），北京古籍出版社，1992 年，北京。
〔032〕《满族认同的价值趋向——评〈孤军〉》，（台）《满族文化》，1992 年第 16 期，台北。
〔033〕《郭琇论》（合），（台）《淡江史学》，1992 年第 4 辑，台北。
〔034〕《论袁崇焕固守宁远之扬榷》，《明末清初华南地区历史人物功业研讨会论文集》，香港中文大学出版社，1992 年，香港。
〔035〕《中国满学研究评述（1949—1991）》，《满学研究》，第一辑，吉林文史出版社，1992 年，长春。
〔036〕《满学研究刍言》，《满学研究》（第一辑），吉林文史出版社，1992 年，长春。
〔037〕《满洲神杆祀神考源》，《历史档案》，1993 年第 3 期，北京。
〔038〕《清代宫廷与萨满文化》，《故宫博物院院刊》，1993 年第 2 期，北京。

〔039〕《满学：正在兴起的国际性学科》，《北京社会科学》，1993 年第 1 期，北京。
〔040〕《抗御后金名将袁崇焕》，《袁崇焕研究论集》，（台）文史哲出版社，1994 年，台北。
〔041〕《宁锦防线与宁锦大捷》，《袁崇焕研究论集》，（台）文史哲出版社，1994 年，台北。
〔042〕《康熙皇帝与木兰围场》，《故宫博物院院刊》，1994 年第 2 期，北京。
〔043〕《论天命汗》，《袁崇焕研究论集》，（台）《文史哲出版社》，1994 年，台北。
〔044〕《袁崇焕“死因”辨》，《历史档案》，1995 年第 4 期，北京。
〔045〕《论宁远争局》，《故宫博物院建院七十周年特刊》，1995 年，北京。
〔046〕《论觉华岛之役》，《清史研究》，1995 年第 2 期，北京。
〔047〕《新疆察布查尔锡伯学术考察记略》(合)，《北京社会科学》，1995 年第 1 期，北京。
〔048〕《评司徒琳教授所著〈南明史〉》(合)，《北京社会科学》，1996 年第 2 期，北京。
〔049〕《满文——中西文化交流的桥梁》，《中外文化交流》，1996 年第 1 期，北京。
〔050〕《康熙大帝》，（台）《历史月刊》，1997 年 11 月号，台北。
〔051〕《清太祖努尔哈赤》，（台）《历史月刊》，1997 年 7 月号，台北。
〔052〕《清太宗皇太极》，（台）《历史月刊》，1997 年 9 月号，台北。
〔053〕《清宫建筑的满洲特色》，《满学研究》（第三辑），民族出版社，1997 年，北京。
〔054〕《辽西争局兵略点评》，《故宫博物院院刊》，1997 年第 2 期，北京。
〔055〕《〈张吉午与〈康熙顺天府志〉》，《文史》，第四十二期，中华书局，1997 年，北京。
〔056〕《读〈中国通史·清时期卷〉》，《史学史研究》，1998 年第 1 期，北京。
〔057〕《满洲初期文化满蒙二元性解析》，《故宫博物院院刊》，1998 年第 1 期，北京。
〔058〕《论满洲老档》，《满学研究》（第四辑），民族出版社，1998 年，北京。
〔059〕《〈无圈点老档〉乾隆朝办理钞本长编》，《满学研究》（第四辑），民族出版社，1998 年，北京。
〔060〕《〈无圈点老档〉及乾隆钞本译研述评》，《故宫博物院院刊》，1998 年第 3 期，北京。

〔061〕《〈无圈点老档〉乾隆朝办理钞本始末》，《国学研究》（第五卷），北京大学出版社，1998年，北京。
〔062〕《〈无圈点老档〉及乾隆钞本名称诠释》，《历史研究》，1998年第3期，北京。
〔063〕《于谦六百年祭》，《于谦研究》（第一辑），中国文史出版社，1998年，北京。
〔064〕《满洲文化对京师文化的影响》，《北京联合大学学报》，1999年第6期，北京。
〔065〕《于谦〈石灰吟〉指疑》，《明清论丛》（第一辑），紫禁城出版社，1999年，北京。
〔066〕《论于谦》，《故宫博物院院刊》，2000年第1期，北京。
〔067〕《于谦〈石灰吟〉考疑》，《于谦研究》（第二辑），2001年，杭州。
〔068〕《中国满学研究五十年（1950～2000年）》，《阿尔泰学报》，2001年第11期，汉城（首尔）。
〔069〕《北京满族的百年沧桑》，《北京社会科学》，2002年第1期，北京。
〔070〕《满文的创制与价值》，《故宫博物院院刊》，2002年第2期，北京。
〔071〕《努尔哈赤论》，《明清论丛》（第三辑），紫禁城出版社，2002年，北京。
〔072〕《京师八旗都统衙门建置沿革及遗址考察》（合），《满学研究》（第七辑），民族出版社，2002年，北京。
〔073〕《清史研究的宝贵资料》，《光明日报》，2003年4月10日，北京。
〔074〕《评校点本〈八旗通志〉》，《北京社会科学》，2003年第3期，北京。
〔075〕《评校点本〈钦定八旗通志〉》，《满语研究》，2003年第1期，哈尔滨。
〔076〕《论大凌河之战》，《清史研究》，2003年第1期，北京。
〔077〕《顺治继位之谜新解》，（台）《历史月刊》，2003年12月号，台北。
〔078〕《满族历史研究百年》，《20世纪世界满学著作提要》，民族出版社，2003年，北京。
〔079〕《北京文化的历史特点》，《北京师范大学学报》，2004年第5期，北京。
〔080〕《清太宗经营索伦辨》，《历史档案》，2004年第2期，北京。
〔081〕《论〈康熙顺天府志〉》，《故宫学刊》，2004年创刊号，北京。
〔082〕《北京城市的历史演进》，《中国古代地图集·城市地图卷》，2005年，西安地图出版社，西安。

〔083〕《袁崇焕论》，《袁崇焕传》，2005年，中华书局，北京。
〔084〕《清朝错失八次革故鼎新的历史机遇》，《北京日报·理论周刊》，2005年2月28日，北京。
〔085〕《清太祖迁都沈阳时间考》，《沈阳故宫博物院院刊》，2005年第1期，沈阳。
〔086〕《清初的王府》，《清代王府及王府文化——国际学术研讨会论文集》，文化艺术出版社，2006年，北京。
〔087〕《明亡清兴六十年的历史经验》，《广州讲坛演讲录》（第三辑），商务印书馆，2008年，北京。
〔088〕《读史·治国·修身》，《部级领导干部历史文化讲座》，北京图书馆出版社，2008年，北京。
〔089〕《屏障中原关盛衰——关于民族与边疆问题的三方面历史思考》，《中国民族报》，2008年8月1日，北京。
〔090〕《康熙盛世的历史经验》，《文苑讲坛——山西省领导干部历史文化讲座》，山西人民出版社，2009年，太原。
〔091〕《康熙南巡与碧螺春茶》，《苏州大讲坛》，文汇出版社，2010年，上海。
〔092〕《雍正理王府址考》，《为君难——雍正其人其事及其时代论文集》，台北故宫博物院出版，2010年，台北。
〔093〕《清郑各庄行宫、王府、城池与兵营考》，《北京社会科学》，2010年第6期，北京。
〔094〕《论袁崇焕精神》（《学习历史修养人生》），《解放军理论学习》，2010年第12期，北京。
〔095〕《治学七议》，《故宫学术讲坛》(第一辑)，故宫出版社，2011年，北京。
〔096〕《康熙盛世的历史思考》，《人民政协报》，2011年1月31日第C3版，北京。
〔097〕《郑各庄康熙行宫与理亲王府之研究》，《沈阳故宫博物院院刊》，2011年第11辑，沈阳。
〔098〕《康熙其人其事及其时代》，《康熙大帝与太阳王路易十四特展——中法艺术交流会·专论》，台北故宫博物院出版，2011年，台北。

〔099〕《康熙：千年一帝》，《两岸故宫第三届学术研讨会：十七、十八世纪（1662 ~ 1722）中西文化交流》，台北故宫博物院刊印，2011 年，台北。
〔100〕《袁崇焕其人、其事及其精神》，《紫光阁》，2011 年第 1 期、第 2 期，北京。
〔101〕《盛清社会与扬州文化》，《盛清社会与扬州研究：恭贺陈捷先教授八秩华诞论文集》，远流出版公司，2011 年，台北。
〔102〕《清太祖汉译名考》，《北京历史文化研究》，人民出版社，2012 年，北京。
〔103〕《森林文化之千年变局》，《辽宁大学学报》，2014 年第 1 期，沈阳。
〔104〕《海洋文化：中华历史的文化短板》，《天津日报》，2015 年 12 月 14 日第 10 版，天津。
〔105〕《清朝历史的文化记忆》，《辽宁大学学报》，2015 年第 6 期，沈阳。
〔106〕《工匠：卓绝技艺与高尚精神》，《景德镇古窑》，2016 年第 1 期（创刊号），景德镇。
〔107〕《唐英：千年一瓷人》，《景德镇古窑》，2017 年第 4 期，景德镇。
〔108〕《御窑：彰显千年工匠精神》，《光明日报》，2017 年 8 月 15 日。收入《中华文明十二讲》，上海交通大学出版社，2018 年 8 月，上海。
〔109〕《唐英旗分身份考辨》，《历史教学》，2019 年第 1 期，天津。
〔110〕《陈捷先教授与清代台湾》，《陈捷先教授纪念文集》，九州出版社，2019 年，北京。
〔111〕《康熙大帝与避暑山庄》，《阎崇年史学论文集·清史卷》，出版社 2021 年，北京。
〔112〕《紫禁芳华六百年》，《集邮博览》，2020 年 7 月号，北京。
〔113〕《读〈冯尔康文集〉》，《历史教学》，2020 年第 20 期，天津。